Gabriel Patrocínio
José Mauro Nunes
(organizadores)

Design & Desenvolvimento: 40 anos depois

Contribuições
Ajanta Sen
Anna Whicher
Cai Jun
Darragh Murphy
Gabriel Patrocínio
Gisele Raulik-Murphy
Gui Bonsiepe
H. Alpay Er
Izabelle Fernanda Silveira Vieira
José Mauro Nunes
Juan Camilo Buitrago
Marcos da Costa Braga
Mugendi K. M'Rithaa
Ravi Poovaiah
Roberto Aragão
Robson Gonçalves
Sylvia Xihui Liu
Victor Margolin

Blucher

Gabriel Patrocínio
José Mauro Nunes
(organizadores)

Design & Desenvolvimento: 40 anos depois

Blucher

Publisher
Edgard Blücher

Editor
Eduardo Blücher

Produção editorial
Bonie Santos
Camila Ribeiro
Maria Isabel Silva

Traduções
Carolina Oliveira

Preparação de texto
Bárbara Waida

Revisão de texto
Maria Aiko Nishijima

Projeto gráfico
Silvia Fernández

Diagramação e montagem
Maurelio Barbosa / designioseditoriais.com.br

Copyright © Gabriel Patrocínio, José Mauro Nunes, 2015
Editora Edgard Blücher Ltda.

Rua Pedroso Alvarenga, 1.245, 4º andar
04531-012 – São Paulo – SP – Brasil
Tel.: 55 (11) 3078-5366
editora@blucher.com.br
www.blucher.com.br

Segundo o Novo Acordo Ortográfico, conforme 5. ed. do *Vocabulário Ortográfico da Língua Portuguesa*, Academia Brasileira de Letras março de 2009.

É proibida a reprodução total ou parcial por quaisquer meios sem autorização escrita da Editora.

Todos os direitos para o português reservados pela **Editora Edgard Blücher Ltda.**

FICHA CATALOGRÁFICA

Design & desenvolvimento: 40 anos depois / organização de Gabriel Patrocínio e José Mauro Nunes. -- São Paulo: Blucher, 2015.
264 p.: il.

ISBN: 978-85-212-0971-3

1. Desenho industrial 2. Desenho (Projetos) 3. Desenvolvimento econômico 4. Desenvolvimento industrial I. Patrocínio, Gabriel II. Nunes, José Mauro

15-1028   CDD 745.2

Índices para catálogo sistemático:

1. Desenho Industrial

Conteúdo

7 **Apresentação – A UNIDO e o design industrial**
Gustavo Aishemberg

9 **Apresentação – O papel do design na era do conhecimento**
Edna dos Santos-Duisenberg

11 **Introdução – Por que falar de políticas de design?**
Gabriel Patrocínio

13 **Design para o desenvolvimento: mapeamento do contexto**
Victor Margolin

29 **Padrões de desenvolvimento do design industrial no Terceiro Mundo: um modelo conceitual para países recém-industrializados**
H. Alpay Er

55 **Design e os países em desenvolvimento: a dialética entre o design para a necessidade e o design para o desenvolvimento**
Gabriel Patrocínio

75 **40 anos depois – entrevista com Gui Bonsiepe**
Gabriel Patrocínio e José Mauro Nunes

83 **Da América Latina para a América Latina: o design como ferramenta para o desenvolvimento econômico e cultural**
Juan Camilo Buitrago e Marcos da Costa Braga

111 **De Prebisch ao novo desenvolvimentismo: teoria e prática das políticas industriais**
Robson Gonçalves e Roberto Aragão

125 **Por dentro da eterna "atemporalidade" da Índia – o design traz mais perguntas que respostas?**
Ajanta Sen e Ravi Poovaiah

155 **Design na África: participo, logo existo – entrevista com Mugendi K. M'Rithaa**
Gabriel Patrocínio

167   **Design para o desenvolvimento: uma perspectiva da China**
Sylvia Xihui Liu e Cai Jun

183   **Uma mudança de paradigma nas políticas: integrando o design à agenda europeia de inovação**
Gisele Raulik-Murphy, Darragh Murphy e Anna Whicher

203   **Consumo e desenvolvimento: perspectivas, limites e impasses do consumo colaborativo na contemporaneidade**
José Mauro Nunes e Izabelle Fernanda Siveira Vieira

223   **Sobre os autores**

229   **Anexo 1 – Desenvolvimento pelo design**
Gui Bonsiepe (1973)

251   **Anexo 2 – Diretrizes básicas para políticas de design industrial em países em desenvolvimento**
Secretaria da UNIDO (1975)

Apresentação

A UNIDO e o design industrial

Ao ser criada, em 1966, como um organismo autônomo da ONU, foi atribuída à Organização das Nações Unidas para o Desenvolvimento Industrial (UNIDO) a missão de promover e acelerar a industrialização dos países em desenvolvimento. Quando, no início da década de 1970, a UNIDO juntou forças ao Conselho Internacional de Sociedades de Design Industrial (ICSID), foi por entender o design industrial como uma ferramenta indispensável à sua missão. Que melhor maneira de promover e acelerar a industrialização do que contar com parceiros estratégicos entre as melhores instituições e profissionais de design no mundo?

O primeiro resultado da parceria da UNIDO com o ICSID foi a constituição, em 1973, de uma comissão especial que deu origem aos dois documentos reproduzidos neste volume. O primeiro tem como origem o ICSID, que, atendendo à demanda da comissão conjunta, entregou o relatório preparado pelo professor Gui Bonsiepe. Nele, busca-se estabelecer definições e proposições para a adoção de políticas industriais que contemplem o design industrial como uma ferramenta indispensável nos países em desenvolvimento. Finalmente, em 1975 – há exatos 40 anos –, com o final dos trabalhos dessa comissão especial, o Secretariado da UNIDO publicou o documento intitulado *Basic guidelines for policy of industrial design in developing countries* (Diretrizes básicas para políticas de design industrial em países em desenvolvimento), que apresentava de forma sintética as propostas do grupo de trabalho que reunira *experts* de diferentes origens e instituições. Esse documento não pretendia ser prescritivo de um padrão único, mas antes apresentar recomendações gerais, que poderiam ser então adotadas ou adaptadas respeitando-se particularidades das culturas locais e de parâmetros como grau de industrialização, tipo de economia e diversos outros fatores.

Em 1977, a UNIDO e o ICSID firmaram um novo Protocolo de Intenções que estendeu as metas estabelecidas anteriormente e gerou a Conferência de Ahmedabad em janeiro de 1979, no Instituto Nacional de Design da Índia, dando origem a outro documento fundamental para as políticas industriais dos países em desenvolvimento: *Principais recomendações para a promoção do desenho industrial para o desenvolvimento*, conhecido como a *Declaração de Ahmedabad sobre design industrial para o desenvolvimento*.

Há, portanto, uma história de parcerias que situa a UNIDO no protagonismo das ações referentes a políticas de design para países em desenvolvimento, iniciada há cerca de quatro décadas. Nessa oportunidade, a UNIDO contribui mais uma vez para este debate ao trazer a público os dois documentos reproduzidos neste livro – que inexplicavelmente permaneceram à margem deste debate por longos anos e que, agora, ficam disponíveis para pesquisadores do design e das políticas industriais, de inovação e de desenvolvimento.

Acreditamos que este conhecimento e as vozes que se expressam a esse respeito neste livro vêm ao encontro do mandato da UNIDO de promover o desenvolvimento sustentável e inclusivo, em linha com os objetivos de desenvolvimento sustentável, especialmente com o objetivo número 9, que apresenta de forma direta a necessidade do desenvolvimento industrial como premissa para que a humanidade possa reduzir a pobreza e oferecer um mundo sustentável às gerações futuras. Nesse sentido, é com grande satisfação que oferecemos o aporte da UNIDO à iniciativa e recomendamos sua leitura e seu estudo.

Gustavo Aishemberg
Representante da UNIDO no Brasil

Apresentação

O papel do design na era do conhecimento

Na atual fase de transição da era industrial para a era do conhecimento e da criatividade, o design passou a ter papel cada vez mais relevante como suporte para melhorar o bem-estar social e o desenvolvimento urbano. A abordagem do design tem sido usada para promover qualidade de vida e facilitar interações entre os aspectos econômicos, tecnológicos, sociais, culturais e ambientais da sociedade contemporânea. Consequentemente, o design inovador passou a ser um elo catalisador para a elaboração de estratégias de desenvolvimento que sejam mais adaptadas à realidade do século XXI e melhor respondam às suas necessidades. O *design thinking* tem sido usado no processo de implementação de políticas públicas transversais, principalmente ao se repensar o planejamento urbano das cidades com o intuito de torná-las humanamente habitáveis tanto para a população atual como para futuras gerações.

Recentemente, tanto nos países mais avançados como nos países em desenvolvimento, os governos gradualmente estão usando a ferramenta do design para estimular mudanças estruturais e rever modelos de crescimento econômico a fim de torná-los mais inclusivos e sustentáveis a longo prazo. Ao classificar o design como indústria criativa em seus Relatórios de Economia Criativa de 2008 e 2010, a ONU deu uma contribuição efetiva que ajudou a sensibilizar a comunidade internacional, principalmente os políticos e os acadêmicos, sobre a importância de políticas concertadas e multidisciplinares para revitalizar o desenvolvimento e promover a sustentabilidade. A globalização, a conectividade e a democratização do acesso à informação fizeram com que a sociedade civil se tornasse mais ativa, crítica e participativa, podendo assim se engajar no design de soluções criativas para os problemas da vida cotidiana. Nesse contexto, o design impacta não só a configuração de espaços urbanos, mas também a dinâmica das economias locais e a vida dos cidadãos, além de alavancar negócios, gerando empregos e promovendo inclusão e inovação.

Cabe ressaltar que o design não só lida com a forma e a aparência dos produtos, mas também representa criações funcionais e estéticas expressas de diversas maneiras, como bens ou serviços criativos. A criação de uma joia, a arquitetura de um edifício, o design de um bem industrial como um automóvel ou a concepção de um objeto de decoração de interior único ou produzido em escala são todos produtos de design que incorporam conteúdo criativo, objetivo de mercado e valor econômico e cultural. Design é o setor que mais contribui para a expansão do comércio mundial das indústrias criativas, representando mais de 65% das exportações totais de bens criativos e 60% dos serviços criativos. Segundo os dados da Conferência das Nações Unidas sobre Comércio e Desenvolvimento (UNCTAD), cerca de 414 bilhões de dólares circularam anualmente pelo mercado mundial resultantes da comercialização das diversas facetas dos produtos de design.

O design é um setor complexo em razão do seu vasto escopo, da subjetividade de suas definições e de suas características distintas. Portanto, a reflexão, a pesquisa e os questionamentos expressos neste livro sobre a dialética do design para o desenvolvimento são extremamente oportunos e dão um aporte significativo para a melhor compreensão dessa problemática. O livro analisa a evolução e a polaridade de visões ao longo de quatro décadas, identificando assimetrias na conceituação do design e apontando alguns mecanismos usados em políticas governamentais, mas sabiamente enfoca complementariedades, identificando possíveis convergências. É importante também reconhecer o legado deixado por pesquisadores e instituições, tais como a ONU, principalmente por meio de estudos e publicações da UNCTAD, da Organização das Nações Unidas para o Desenvolvimento Industrial (UNIDO) e da Comissão Econômica para a América Latina e o Caribe (CEPAL), assim como do Conselho Internacional de Sociedades de Design Industrial (ICSID), para o avanço do debate e a onipresença do design na articulação de políticas de desenvolvimento.

Edna dos Santos-Duisenberg
Assessora do Instituto das Nações Unidas para Treinamento e Pesquisa (UNITAR)
e consultora internacional em Economia Criativa e Desenvolvimento

Introdução

Gabriel Patrocínio

Por que falar de políticas de design?
O discurso do design como ferramenta para o desenvolvimento (seja este econômico, social, ou um ideal de convergência de ambos) se estabelece no contexto do debate sobre as políticas nacionais de design. Esse debate, embora esteja se ampliando desde a década de 2000, ainda é bastante restrito no ambiente acadêmico, com raros estudos, publicações e pesquisas sobre o tema.

Por outro lado, não é nova a ideia de que o design deve integrar o rol de ferramentas de que o governo dispõe para enfrentar os problemas cada vez mais complexos de gestão e políticas públicas. Autores como Gui Bonsiepe, John Heskett, Victor Margolin, Alpay Er, Brigitte Borja de Mozota, entre outros, chamam a atenção para o tema, que surgiu na Academia, inicialmente, na área de História do Design, e depois também na área de Gestão do Design. Nos últimos anos, o crescente interesse sobre o tema tem partido principalmente do entendimento do design no contexto da Economia Criativa – segmento da economia que vem crescendo frequentemente a taxas superiores a todos os demais, incluindo a área financeira. A convergência de interesses inclui organismos internacionais como a Conferência das Nações Unidas para o Comércio e Desenvolvimento (UNCTAD), o Fórum Econômico Mundial e a Comissão Europeia, com o apoio de instituições profissionais como o Bureau Europeu de Associações de Design (BEDA) e o Conselho Internacional de Sociedades de Design Industrial (ICSID). Conferências, novos estudos e documentos encomendados por órgãos de governo têm sido gerados em constante progressão a cada ano que passa. Hoje, não se fala mais apenas em políticas de design, mas também em design para a política – reconhecendo a importância de ferramentas do design para a construção de entendimento e de maior clareza na formulação de políticas públicas. Para citar apenas um documento que ganhou destaque nos últimos anos, *Design for growth and prosperity* (Design para o crescimento e a prosperidade) foi editado pela Comissão Europeia em 2012 como um relatório do Conselho Europeu de Lideranças de Design.

Nele, há diversas recomendações aos países-membros, agrupando de forma interconectada os sistemas de inovação, educacionais e de pesquisa, empresas e setor público, com diversas diretrizes que visam a promover o desenvolvimento da economia por meio do design.

Nesse contexto, este livro surge a partir do resgate de um documento editado no ano de 1975 pela Organização das Nações Unidas para o Desenvolvimento Industrial (UNIDO), que discorre sobre políticas nacionais de design como mecanismo de suporte às políticas industriais dos países em desenvolvimento. O documento *Diretrizes básicas para políticas de design industrial em países em desenvolvimento*, produzido pelo Secretariado da UNIDO, é consequência do trabalho de uma comissão conjunta entre o ICSID e a UNIDO. Precede este documento final um relatório produzido por Gui Bonsiepe em 1973, representando o ICSID, que se intitula *Desenvolvimento pelo design*. Ambos os documentos, pouco conhecidos – até mesmo por sua classificação como "restritos" –, são reproduzidos pela primeira vez neste livro, com autorização concedida pela UNIDO. Apesar de sua abrangência, são documentos que sintetizam a ideia sem a proposição de prescrever uma fórmula única de implantação de políticas de design. Por isso mesmo, são referências importantes ainda hoje, e temos certeza de que a sua divulgação irá contribuir para a construção ou a reestruturação de programas de design ao redor do mundo.

Celebra-se aqui, então, os quarenta anos passados da publicação do documento-síntese da UNIDO, ao mesmo tempo em que se procura trazer à tona como esta ideia – o design como uma ferramenta de desenvolvimento – foi abordada ao longo destas quatro décadas em diversos países. Diferentes autores foram convidados a trazer suas contribuições a partir do Brasil, da Índia, da China, da Turquia, e ainda visões gerais sobre a África e a América Latina, além de um panorama da Europa hoje. Somam-se a estes a perspectiva histórica trazida por Victor Margolin e os comentários de Gui Bonsiepe, em entrevista concedida especialmente para este livro. Visões sobre políticas públicas, desenvolvimento industrial, estratégias, trajetórias convergentes e divergentes, design como ferramenta de consumo, de competitividade e de desenvolvimento social – um amplo panorama que não se propõe a ser completo, mas apenas a dar início (ou reinício) ao debate sobre o tema, e que deve servir de provocação para debates futuros e, certamente, para outras publicações de extensão e aprofundamento do assunto.

Design para o desenvolvimento: mapeamento do contexto[1]

Victor Margolin

1.

Design para o desenvolvimento não é um conceito novo. Embora raramente possa ser encontrado na literatura sobre teoria do desenvolvimento, desde a década de 1960 este termo tem sido esporadicamente incluído no processo de desenvolvimento, apesar de ainda não ter conquistado para si um lugar permanente. A ideia de desenvolvimento tem uma história relativamente curta. A estrutura tripartida de Primeiro, Segundo e Terceiro Mundos, dominante nos estudos sobre desenvolvimento após a Segunda Guerra Mundial, foi baseada em uma ideologia decorrente da Guerra Fria, a qual identificava o capitalismo como o sistema econômico mais favorecido. O Primeiro Mundo era composto pelas nações ocidentais capitalistas e industrializadas; o Segundo Mundo consistia nas economias de regime centralizado dos países comunistas; enquanto o Terceiro Mundo abrangia principalmente as novas nações, as quais haviam anteriormente sido colônias dos países de Primeiro Mundo, mas posteriormente alcançaram a independência, muitas vezes por meio de guerras e revoluções. Os fundamentos ideológicos dessa estrutura assimétrica politizaram os três grupos e impregnaram as práticas de cooperação e assistência técnica entre as nações de conotações propagandistas.

Com o colapso da União Soviética e do Pacto de Varsóvia em 1989, esta ordem tripartida perdeu o seu significado ideológico, assim como o termo "Terceiro Mundo", o qual, infelizmente, designou a muitos países uma condição de pobreza e desespero que não permitia reconhecer suficientemente o potencial deles para o desenvolvimento. Nesse ínterim, algumas nações anteriormente agrupadas na categoria de Terceiro Mundo alçaram níveis suficientemente

---

1 Uma versão anterior deste artigo foi publicada em *Design Studies* v. 28, n. 2, mar. 2007.

elevados de crescimento econômico para que alcançassem a designação de países recém-industrializados.

Apesar dessas mudanças políticas e econômicas de nomenclatura entre as nações, o desenvolvimento manteve-se focado principalmente no avanço econômico, mas, em razão do contexto ideológico que o definiu nos anos do pós-guerra, obedecia aos modelos previstos pelos países mais industrializados. Como parte desse processo, o Fundo Monetário Internacional e o Banco Mundial forneceram enormes empréstimos a países menos desenvolvidos para projetos essenciais de infraestrutura, como barragens, rodovias e grandes empreendimentos industriais[2]. Para complementar esses empreendimentos, organismos nacionais e internacionais de ajuda bilateral introduziram projetos sociais ligados à agricultura, à saúde e, eventualmente, à manufatura em pequena escala.

Uma mudança no paradigma de desenvolvimento começou a tomar forma na década de 1980, quando uma série de comissões internacionais, tanto de dentro como de fora das Nações Unidas, ampliou a definição de desenvolvimento para nela incluir a capacidade de criar bem-estar humano, e não apenas uma infraestrutura econômica. O Programa das Nações Unidas para o Desenvolvimento (PNUD) adotou a ideia de *desenvolvimento humano*, que abrange as questões de cultura, igualdade social, saúde, nutrição, educação, entre outras. Em 1987, as Nações Unidas patrocinaram a Comissão Mundial sobre Meio Ambiente e Desenvolvimento, também conhecida como Comissão Brundtland. Presidida por Gro Harlem Brundtland, ex-primeira-ministra da Noruega, a Comissão introduziu a expressão *desenvolvimento sustentável*, agregando-a ao conceito de desenvolvimento em seu relatório *Our common future*. A preocupação da Comissão com as "necessidades dos pobres de todo o mundo, para as quais prioridade absoluta deveria ser dada" (WCED, 1987, p. 43) alterou o argumento fundamental dos projetos de desenvolvimento previstos, indo da construção de projetos industriais de larga escala para a atenuação da condição social e econômica dos cidadãos menos afortunados. Ela também deu forte ênfase às questões ambientais, reforçando "a ideia de limitações impostas pelos avanços da tecnologia e pela organização social à capacidade do meio ambiente de atender às necessidades do presente e do futuro" (WCED, 1987, p. 43). O destaque aos fatores sociais e culturais do desenvolvimento ganhou ainda mais proeminência em 1995, quando a Comissão Mundial de Cultura e Desenvolvimento, grupo que havia sido estabelecido pela UNESCO, criou seu próprio relatório sobre o tema, *Our creative*

---

2   Para mais material sobre a história do desenvolvimento, ver David Stoesz, Charles Guzzetta e Mark Lusk, *International Development*, Boston et al.: Allyn e Bacon, 1999.

diversity. Nele, afirmou que "o objetivo final do desenvolvimento é o bem-estar físico, mental e social de todo ser humano" (WCCD, 1995, p. 16).

Essa Comissão estava preocupada com a preservação das culturas locais, bem como a garantia dos direitos de crianças, jovens e mulheres. Entre os temas discutidos pelos membros estavam também o patrimônio cultural, a manutenção da pluralidade das culturas e a ética global.

Como resultado dessas comissões das Nações Unidas e de outras, em meados da década de 1990 a noção de desenvolvimento já abarcava nada mais, nada menos do que a todo o bem-estar econômico, social, físico, cultural e ambiental de uma determinada população, fosse ela uma aldeia, uma região, uma nação, ou mesmo todo o planeta. No entanto, apesar das definições abrangentes de desenvolvimento que as comissões das Nações Unidas abraçaram, seus altos ideais ainda não conseguiram constituir o núcleo do processo de desenvolvimento.

Em vez disso, o desenvolvimento ainda é impulsionado mais agressivamente pelo Consenso de Washington, um conjunto de políticas econômicas originalmente concebido em 1989, com o objetivo de promover o crescimento na América Latina, e que se tornou a base das ideias neoliberais que promoveram as práticas de livre mercado, a privatização das empresas públicas e as maiores oportunidades para empresas multinacionais nas economias dos países em desenvolvimento. Um estudioso que se opôs ao Consenso de Washington é Joseph Stiglitz, antigo economista-chefe do Banco Mundial, hoje professor de economia da Universidade de Columbia. Em artigo publicado em 2001, Stiglitz defendeu que "as políticas do Consenso de Washington, que foram impostas aos países em desenvolvimento, pouco fizeram para aumentar o crescimento econômico e podem ter contribuído significativamente para a instabilidade econômica" (STIGLITZ, 2001, p. 3). Em oposição a isso, Stiglitz propõe um "paradigma alternativo" que, segundo ele, "deve centrar-se em torno de (i) identificar e explicar as principais características dos países em via de desenvolvimento e explorar suas implicações macroeconômicas, por exemplo, para o crescimento e a estabilidade" e "(ii) descrever o processo de *mudança*, de como as instituições (incluindo as instituições políticas e sociais) e as estruturas econômicas são alteradas no processo de desenvolvimento" (STIGLITZ, 2001, p. 2).

Em oposição às políticas neoliberais que continuaram a dominar a economia do desenvolvimento, as Nações Unidas estabeleceram os Objetivos do Milênio (ODM), resultantes de uma reunião de 147 chefes de Estado em Nova York, em setembro de 2000. Os oito ODM, que serviram como um ponto de aproximação entre governos e organizações não governamentais em todo o mundo, originalmente comprometiam as nações a reduzir a pobreza até 2015. Todavia, no início de 2015 apenas três dos seus objetivos haviam sido alcançados, e ainda restava muito trabalho a ser feito para o cumprimento dos outros[3]. O problema é que os fins humanitários dos ODM entraram em competição direta com as políticas neoliberais, causadoras de efeitos tão nocivos sobre as economias em todo o mundo, de modo que não tem sido feito um esforço coordenado, e o desenvolvimento continua a ser conduzido por interesses privados em concorrência com as políticas públicas.

A economia global é assimétrica e a questão do comércio internacional justo, assunto que é discutido à parte dos ODM, continua a desempenhar um papel central para a conquista do desenvolvimento mundial. A disseminação, do mundo desenvolvido para o menos desenvolvido, de empresas multinacionais como a rede de supermercados Walmart tem trazido benefícios e problemas consideráveis para os países em desenvolvimento onde essas empresas estabelecem mercados, mesmo que elas introduzam novas, abundantes – e frequentemente baratas – mercadorias para as populações locais. Empresas gigantescas como o Walmart absorvem quantidades consideráveis de capital local dos países que as acolhem, em troca de fornecer bens e serviços que o país anfitrião poderia ter produzido ele mesmo. Esta tem sido uma das tristes consequências do acordo do NAFTA entre Estados Unidos, Canadá e México, e há grande possibilidade de que seja repetida no CAFTA, zona de comércio a que aderiram os Estados Unidos e os países da América Central, bem como na Parceria Trans-Pacífico (PTP), acordo comercial que o presidente Obama busca promover.

O ponto a ser defendido pela justaposição da política de comércio internacional com a agenda social ambiciosa dos Objetivos de Desenvolvimento do Milênio é de que o processo de desenvolvimento é repleto de contradições em nível macro, ainda que projetos de pequena e média escala possam ser muito bem-sucedidos. Essas contradições contribuem para a dificuldade de se elaborarem planos de desenvolvimento nacionais viáveis – baseados na intenção de otimizar recursos e condições locais – ainda que contrários à agenda neoliberal.

O que fica claro, no entanto, é que o processo de desenvolvimento é agora muito mais complexo do que era depois da Segunda Guerra Mundial, quando a demarcação de nações em Primeiro, Segundo e Terceiro Mundos determinava a dinâmica de crescimento da economia internacional e da promoção social. Há, atualmente, muito mais atores no processo, que se estendem desde as milhares de ONGs às agências das Nações Unidas, governos, universidades, corporações multinacionais e redes internacionais de ativistas.

---

[3] Após a Conferência das Nações Unidas sobre Desenvolvimento Sustentável (Rio+20) em 2012, foi assumido o compromisso de desenvolver um conjunto de Objetivos de Desenvolvimento Sustentável (ODS), complementares aos objetivos já em vigor.

Para muitas das pessoas e organizações envolvidas na área de desenvolvimento, este hoje significa a redução da pobreza em vez do planejamento econômico nacional. Enquanto a maioria das situações extremas de pobreza, fome e falta de moradia permanece nos países menos desenvolvidos, a diferença entre os mais ricos e os mais pobres continua a aumentar em nações como os Estados Unidos, ainda considerados como pertencentes ao Primeiro Mundo. Do mesmo modo, a sustentabilidade do meio ambiente, que não estava na agenda imediata do desenvolvimento durante os anos pós-guerra, agora diz respeito a todos, não importando o quanto sejam privilegiados. Por esse motivo, o desenvolvimento atualmente assume um significado muito mais amplo do que teve no passado. Não significa tirar a atenção das partes menos desenvolvidas do mundo, onde a demanda por assistência é maior, mas implica entender que a necessidade humana existe em toda parte.

2.

Em que lugar, então, se encaixa o design neste cenário amplo de desenvolvimento? Para responder a essa pergunta, eu gostaria de começar tratando da *Declaração de Ahmedabad sobre design industrial e desenvolvimento*, a qual resultou de uma reunião, em janeiro de 1979, para discutir a promoção do design industrial em países em desenvolvimento. Começar por esse documento permitirá descrever uma trajetória muito diferente do movimento do design para o desenvolvimento daquela que geralmente é apresentada pelos que se apoiam no trabalho de Victor Papanek, *Design for the real world* (Design para o mundo real, em tradução livre), e no de E. F. Schumacher, *Small is beautiful* (O negócio é ser pequeno). A Conferência de Ahmedabad, organizada pelo Instituto Nacional de Design da Índia, resultou de um protocolo assinado em abril de 1977, entre a Organização das Nações Unidas para o Desenvolvimento Industrial (UNIDO) e o Conselho Internacional de Sociedades de Design Industrial (ICSID).

É significativo que o parceiro original do ICSID dentro das Nações Unidas tenha sido a UNIDO em vez do Programa das Nações Unidas para o Desenvolvimento (PNUD), pois isso reforça o fato de que as Nações Unidas entendiam, inicialmente, o design como parte do processo de desenvolvimento industrial, não como um parceiro no esforço humanitário para a diminuição da pobreza. É claro que os dois objetivos estão ligados, mas, em determinado momento, particularmente depois que Papanek publicou a edição em inglês de *Design for the real world* em 1972, a concepção de design para o desenvolvimento passou a ser associada principalmente a projetos de mão de obra intensiva, de baixa tecnologia, mais relacionados às necessidades de sobrevivência das comunidades do que a uma possível contribuição para as estratégias de desenvolvimento nacional. É possível encontrar evidências desse pensamento em uma profusão de livros, catálogos de exposições e atas de conferências que aliam design a intervenções de baixa tecnologia[4].

Papanek, na verdade, havia criado em *Design for the real world* uma oposição binária entre a irresponsabilidade e o desperdício dos produtos criados pelos designers do Primeiro Mundo e os produtos mais significativos que ele e seus alunos haviam projetado para usuários do Terceiro Mundo. O produto às vezes citado por ele como um exemplo de design para países do Terceiro Mundo era um rádio feito de lata e movido a cera de vela[5]. Ele se referia à criação como um "dispositivo transitório", alegando que levou pessoas de pouca sofisticação a posteriormente adotarem Panasonic, Philips e outros rádios produzidos industrialmente.

O antagonismo de Papanek ao design industrial como era praticado nos países desenvolvidos foi reforçado pelo amplo movimento de contracultura do início da década de 1960, o qual desafiava os valores sociais e econômicos das sociedades capitalistas ocidentais. Além de abraçar a crítica de Papanek ao design industrial no Ocidente, estudantes e outros públicos também aceitaram o ceticismo de Schumacher sobre a modernização. Não é surpreendente que, na orelha do livro de Schumacher, *Small is beautiful,* esteja, em destaque, uma foto de Mahatma Gandhi, defensor do artesanato tradicional como um símbolo do nacionalismo indiano, ao contrário de Jawaharlal Nehru, primeiro-ministro indiano, responsável por acolher e implementar diversas políticas industriais do Ocidente.

Poder-se-ia provocativamente fazer uma comparação entre a defesa de Schumacher e Papanek aos projetos de pequena escala e baixa tecnologia e o modelo colonial de desenvolvimento que os britânicos aplicaram de forma pioneira na Índia no século XIX, embora as motivações de ambos sejam bastante diferentes. Schumacher e Papanek auferiram um alto valor à capacitação local como forma de rejeição à hegemonia ocidental. Já o Gabinete Colonial Inglês

---

4 Ver T. Coward, J. Fathers e A. Thomas (Ed.), *Design & development: seminar proceedings.* Cardiff 11-12, July 2001. (Cardiff: UWIC Press, 2002); Å. K. Haugeto e S. A. Knutslien (Ed.), *Design without borders: experiences from incorporating industrial design into projects for development and humanitarian aid* (Oslo: A Norsk Form, 2004); e *Design para os outros 90%* (Nova York: Cooper-Hewitt, National Design Museum Smithsonian Institution, 2007). O último é o catálogo de uma exposição realizada no Museu Nacional de Design Cooper-Hewitt, de 4 de maio a 23 de setembro de 2007. Os projetos apresentados incluíam uma bomba d'água de bambu movida a pedal, um abrigo de papelão ondulado e um aparelho auditivo movido a energia solar.

5 A afirmação de Papanek sobre a necessidade de objetos de transição, tais como o rádio de lata, pode ser rebatida pela recente introdução bem-sucedida de telefones celulares em zonas rurais da África. Ver S. LaFraniere, *Cellphones Catapult Rural Africa to 21st Century,* disponível em *The New York Times,* 25 ago. 2005.

apoiou o desenvolvimento do ensino de artesanato em escolas de arte indianas, dando uma forte ênfase à expressão da identidade indiana por meio do cultivo de artes decorativas, enquanto, simultaneamente, produtores britânicos miraram na Índia como um mercado para suas próprias máquinas têxteis, que lá vendiam competindo com a parca concorrência dos produtores indianos[6].

Um ano depois de *Design for the real world* ter sido publicado, e talvez por causa disso, o ICSID formou um grupo de trabalho para discutir as formas com que designers poderiam contribuir para minimizar os problemas do Terceiro Mundo. Conhecida como "Grupo de Trabalho 4: Países em Desenvolvimento", a iniciativa foi conduzida por Paul Hogan, do Comitê Irlandês de Exportação, e incluiu entre seus membros Papanek, Knut Yran (da Philips), Jorg Glasenapp, Goroslav Kepper e Amrik Kalsi, um queniano que foi o único membro da equipe a representar um país em desenvolvimento. Segundo Papanek, a equipe se reuniu em intervalos de alguns meses por quase três anos. Em sua breve descrição sobre o trabalho do grupo, ele observa que sua sensibilidade às necessidades culturais estava em oposição "ao viés de alta tecnologia almejado para o expansionismo do design e sentido como desejável por parte de alguns no ICSID" (PAPANEK, 1986, p. 46). Uma das propostas do grupo era de "uma escola internacional de design para o hemisfério sul do globo" (PAPANEK, 1983, p. 61), e um dos principais objetivos da escola, como observou em seu artigo de 1983, seria de enfrentar as realidades dos países periféricos, mais bem caracterizados pela "mão de obra intensiva, de pequena escala" (PAPANEK, 1983, p. 61)[7].

A caracterização de Papanek da realidade dos países periféricos não poderia ter sido mais diferente dos objetivos da *Declaração de Ahmedabad*, de 1979. Os acontecimentos políticos que levaram ao acordo entre ICSID e UNIDO começaram, na verdade, com a formação do Grupo dos 77 em junho de 1964. O Grupo dos 77 foi uma coalizão de 77 países em desenvolvimento, que assinaram uma declaração conjunta para esclarecer e promover seus interesses econômicos coletivos e aumentar sua capacidade de negociação em temas de grande importância econômica no interior do sistema das Nações Unidas.

A formação do grupo levou a uma sucessão de declarações, entre as quais está a *Declaração e plano de ação sobre o desenvolvimento industrial e a cooperação de*

---

[6] Para uma discussão das práticas coloniais britânicas relacionadas a design e educação sobre design na Índia do século XIX, ver V. Margolin, *World history of design*, v. 2. [Capítulo 34: Colonies: India, Hong Kong, and Burma. 1900-1945, p. 729-742] (Londres, Nova Deli, Nova York, Sydney: Bloomsbury, 2015).

[7] Como aponta Papanek, Paul Hogan, que liderou Grupo de Trabalho 4, apresentou a proposta para o congresso do ICSID de 1975, em Moscou, mas esta recebeu pouco apoio e nenhuma ação por parte do órgão.

Lima, do ano de 1975, que foi adotada a partir da Segunda Conferência Geral da UNIDO nesse mesmo ano. O documento era explícito ao enfatizar o papel da indústria como "um instrumento dinâmico de crescimento, essencial para o rápido desenvolvimento econômico e social dos países em desenvolvimento, em particular dos países menos desenvolvidos" (UNIDO, 1975, p. 1). A declaração foi também associada à proposta de uma Nova Ordem Econômica Internacional (NIEO), proposta pela primeira vez na Conferência de Cúpula dos Países não Alinhados, realizada na Argélia, em 1973. Pouco depois, a Assembleia Geral das Nações Unidas aprovou a pesada *Carta dos direitos e deveres econômicos dos Estados*, a qual afirmava que cada Estado tinha plena soberania sobre suas riquezas e recursos naturais, incluindo o direito de apropriação sobre empresas estrangeiras com compensação adequada, se necessário. No longo prazo, o clamor por uma Nova Ordem Econômica Internacional acabou não transformando o sistema econômico internacional, embora tenha se tornado um apelo para a coalizão dos países em desenvolvimento que a apoiaram.

Foi então sob o espírito de uma agressiva reivindicação dos países em desenvolvimento pela reestruturação da economia mundial que a conferência de Ahmedabad foi realizada, e a *Declaração de Ahmedabad sobre design industrial para o desenvolvimento* foi produzida[8]. O documento afirmava explicitamente que estava alinhado com a *Declaração e plano de ação de Lima*, responsável por destacar o papel central da indústria no processo de desenvolvimento. Ele também previu acertadamente que o design poderia dar uma valiosa contribuição para o desenvolvimento econômico de uma nação e que a "metodologia do design é pouco conhecida e insuficientemente utilizada como um recurso econômico" (BALARAM, 2009, p. 65). Além disso, enquanto reconheceu que o design em países em desenvolvimento teve de se utilizar de "habilidades, materiais e tradições indígenas", tal como propuseram Papanek e o Grupo de Trabalho 4 do ICSID, a declaração também afirmou que o design deveria absorver "o extraordinário poder que a ciência e a tecnologia podem fornecer a ele" (BALARAM, 2009, p. 66).

Os redatores do documento encorajaram os países em desenvolvimento a estabelecer instituições e centros de design, que deveriam "desenvolver uma estreita e duradoura relação com a atividade industrial no governo e no setor privado em todos os níveis, incluindo indústrias pesadas, de média escala, de pequena escala, rurais e de artesanato, bem como com instituições de ensino e pesquisa e com os consumidores finais do design" (BALARAM, 2009, p. 66).

---

[8] A *Declaração de Ahmedabad* foi republicada em *Design Issues* com uma introdução de S. Balaram (2009).

O compromisso com ciência e tecnologia e o desenvolvimento de vínculos estreitos com a indústria foram um importante complemento para as ideias – orientadas para a comunidade – de Papanek e Schumacher sobre o desenvolvimento, ao mesmo tempo em que também permitiram uma nova abordagem do ICSID em relação aos países em desenvolvimento, mudando daquela proposta do Grupo de Trabalho 4, com base em soluções de baixa tecnologia, para uma posição organizacional de apoio às metas de produção industrial da UNIDO.

Todavia, em seu artigo de 1986, *Design in developing countries 1950-1985: a summing up*, Papanek descreve a história de forma um pouco diferente. Nele, o autor reconhece que a *Declaração de Ahmedabad* foi um importante indicador para o futuro, que marcou a década de 1970, mas critica a ênfase industrial do documento, declarando que "tentar ingressar apressadamente em um século XXI centralizador de otimização e de alta tecnologia é, obviamente, entrar em um beco sem saída" (PAPANEK, 1986, p. 46). Papanek conclui seu artigo com um polêmico argumento que contesta a necessidade de *experts* internacionais, e alega que a cooperação entre os países em desenvolvimento é "uma alternativa e o caminho natural para a ajuda mútua" (PAPANEK, 1986, p. 47).

Papanek também elogiou o trabalho que o designer alemão Gui Bonsiepe fez no Chile como membro da INTEC, uma equipe de designers industriais que Salvador Allende, presidente socialista do Chile, estabeleceu para criar novos produtos, como equipamentos agrícolas, para atender às necessidades do país. Bonsiepe, na verdade, foi um forte crítico de *Design for the real world*, intitulando a crítica que escreveu sobre o livro, em sua coluna semanal na revista argentina *Summa*, de *Piruetas do neocolonialismo*. Papanek, em resposta, caracterizou Bonsiepe como tendo um "ponto de vista claramente definido e politicamente fracionado" (PAPANEK, 1986, p. 45).

De todos os teóricos que escreveram sobre design para o desenvolvimento desde a *Declaração de Ahmedabad*, Gui Bonsiepe é um dos únicos que honrou o espírito desse documento, assim como o da *Declaração e plano de ação de Lima*. Em 1991, o autor publicou um capítulo sobre design em países em via de desenvolvimento para a obra em três volumes *History of industrial design*, publicada pela Electa, em Milão. Nele, Bonsiepe alinha claramente design e indústria, defendendo que "uma história bem fundamentada e detalhada do design industrial na periferia da civilização moderna não pode ser escrita até que os historiadores construam um retrato do desenvolvimento industrial com todas as suas ramificações nos domínios do negócio, do comércio, da ciência, da tecnologia e, sobretudo, da vida cotidiana da sociedade" (BONSIEPE, 1991, p. 252).

Em seus escritos subsequentes, Bonsiepe trabalhou com base em um modelo centro/periferia, o qual destaca um relacionamento desigual de poder e privilégio entre os países desenvolvidos e os em via de desenvolvimento, e demonstrou que o design tem um papel importante a desempenhar no desenvolvimento industrial dos países periféricos. Para organizar os dados históricos, Bonsiepe criou uma matriz que cruza os seis domínios do design – gestão, prática, política, educação, pesquisa e discurso –, apresentando cinco fases de desenvolvimento. As fases evoluiriam de uma situação de artistas autodidatas trabalhando fora da indústria (um lugar confortável para a teoria de Papanek) para uma busca por serviços que caracterizariam o design industrial, finalmente chegando aos designers que trabalham em empresas industriais. Entre outras atividades que Bonsiepe vislumbrou para o quinto estágio de desenvolvimento estavam: desenvolvimento de equipes multidisciplinares; simpósios internacionais, congressos e competições; cursos educacionais exigentes em escolas bem equipadas; design como um objeto de estudo científico; e publicação de livros que lidassem com prática de design, além de sua história e teoria. De fato, a fase final prevista por Bonsiepe se parece exatamente com a prática do design em um país do mundo desenvolvido. A sugestão de sua matriz é que o design e seu meio social podem e devem amadurecer, assim como a economia, a administração e a prestação de serviços de um país também se desenvolvem (BONSIEPE, 1991).

A reivindicação de Bonsiepe por um papel para o design no planejamento e no processo de desenvolvimento de uma nação se aproxima razoavelmente das recomendações da *Declaração de Ahmedabad*. Assim como a declaração, que aconselha os designers a trabalharem com uma vasta gama de organizações, desde indústrias pesadas até pequenas cooperativas artesanais, Bonsiepe, em sua carreira como consultor e diretor de uma empresa de design, bem como em sua obra, nunca previu a rejeição de indústrias de pequena escala em favor de um movimento linear em direção à produção industrial.

A aplicação da matriz que Bonsiepe propôs para o progresso do estudo e da prática do design nos países em desenvolvimento tem sido impossibilitada nos últimos anos pelas práticas globais de empresas multinacionais, as quais desenvolvem seus produtos nos Estados Unidos ou no Japão, mas depois transferem o processo de fabricação para países de baixos salários, como, por exemplo, China, Tailândia, Romênia ou Bangladesh. As ferramentas de fabricação foram separadas do processo de design, proporcionando aos países onde produtos globais são fabricados experiência com a produção, mas não com o design.

Em alguns casos, essa situação vem mudando, na medida em que países que começaram trabalhando na produção, com mão de obra barata, para as empresas estrangeiras perceberam que, se eles quisessem o desenvolvimento de suas indústrias locais, precisariam ter seus próprios designers. O Japão foi, talvez, o primeiro a compreender isso e começou, durante a era Meiji, a formar seus próprios designers, muito antes de o país começar a fabricar produtos baratos sob a ocupação norte-americana, após a Segunda Guerra Mundial[9]. Durante a década de 1950, os japoneses aprenderam a fabricar seus próprios produtos eletrônicos, adotando tecnologias como o transistor antes mesmo das empresas norte-americanas e utilizando-se, inclusive, de especialistas norte-americanos, como Edward Deming, para criar com pioneirismo inovações nos meios de fabricação e produção. Na década de 1960, os japoneses já haviam derrotado a indústria americana da televisão com seus artefatos eletrônicos superiores e seguiram injetando no mercado diversos dispositivos originais, como o Walkman[10]. Também começaram a produzir automóveis de qualidade superior à maioria das suas congêneres norte-americanas, e continua a fazê-lo até hoje.

Enquanto os japoneses foram se tornando mais e mais bem-sucedidos no design e no marketing de produtos globais, a Coreia do Sul começou a seguir seu exemplo e, em 1967, já havia criado suas próprias companhias automobilísticas, a Hyundai e a Kia. Hoje, a Índia está crescendo rapidamente no campo de design de *software* e, semelhantemente ao exemplo japonês em bens duráveis, começando a formar seus próprios designers de *software*, além de funcionários para laboratórios de pesquisa da Microsoft e equipes de *call center* para outras empresas estrangeiras. A China, antes considerada o centro manufatureiro do mundo, também está projetando seus próprios produtos para o mercado global. À medida que essas nações desenvolveram com sucesso formas de integrar designers industriais a seu setor de produção, elas também assumiram um papel mais forte no ICSID, desta vez como países em fase de maturidade do desenvolvimento industrial.

3.

Se compararmos a forma como Gui Bonsiepe descreve o design no mundo em desenvolvimento em seu artigo de 1991 com a de Papanek, é evidente que o modelo de cinco fases de Bonsiepe oferece muito mais oportunidades para a intervenção do design em diferentes setores da economia, pois reconhece, assim como a *Declaração de Ahmedabad,* que o design pode e deve desempenhar vários papéis no processo de desenvolvimento. Bonsiepe apresentou um modelo abrangente desse processo, muito mais amplo do que o frequente reforço à ideia de satisfação de necessidades básicas, embora também tenha reconhecido a importância destas. Considerando que Bonsiepe obtém seus exemplos de design a

---

[9] Ver V. Margolin, *World history of design*, v. 1 [Capítulo 15: Protoindustrialization in diverse regions, p. 437-440] e *World history of design*, v. 2 [Capítulo 36: Ásia: Japan, its colonies, and its territories, p. 783-800].

[10] Ver A. Morita com E. M. Reingold e M. Shimomura, *Made in Japan. Akio Morita and the Sony Corporation* (New York: Dutton, 1986).

partir do que ele chamou de países periféricos, principalmente Brasil e Índia – que têm desde então desenvolvido fortes setores de produção –, sua matriz pode, não obstante, ser aplicada a qualquer país em desenvolvimento, mesmo um que esteja mergulhado nas condições de pobreza mais primárias.

Bonsiepe não alega em seu trabalho que cada país tem o potencial de alterar rapidamente seu papel atual na economia global, mas sugere que isso não é impossível. Em outras obras, o autor coloca um forte destaque na diferença entre os países que historicamente exportavam matérias-primas e importavam produtos acabados, prática que ainda caracteriza grande parte do mundo em desenvolvimento, e aqueles que produzem bens acabados para seu próprio consumo e também para exportação. Claramente, estes últimos são os que perpetuam a vantagem assimétrica, de modo que Bonsiepe constantemente incita os países em desenvolvimento a incluírem o design em seus setores industriais.

Por outro lado, a abordagem de Papanek, acolhida por muitos designers quando tratam da ideia de design para o desenvolvimento, corresponde muito mais a um aspecto específico do planejamento social, conhecido como desenvolvimento comunitário. Essa ideia é atualmente conservada em grande parte pelo Terceiro Setor, que é composto principalmente de organizações locais e internacionais dedicadas à promoção social, incluindo a redução da pobreza. O Terceiro Setor difere do Primeiro Setor, formado por empresas que operam no mercado, e do Segundo Setor, que é composto principalmente por agências governamentais. As organizações do Terceiro Setor obtêm financiamento dos dois outros Setores, bem como de outras fontes, tais como fundações e contribuições públicas. O que distingue o Terceiro Setor do Primeiro e do Segundo é o fato de que seus projetos, em geral, desempenham um papel mais modesto em planos nacionais de desenvolvimento do que os projetos de crescimento de empresas de manufatura em grande escala. Frequentemente, designers de países desenvolvidos trabalham em conjunto com pequenas e médias empresas (PME), como também o faz a organização Dutch Design in Development, a qual tem colaborado com empreendimentos e cooperativas em uma série de países[11]. Trabalho semelhante vem sendo conduzido por Fernando Schultz, da Universidade Autônoma do México em Azcapotzalco, fora da capital Cidade do México, que tem trabalhado com artesãos locais em diferentes partes do México a fim de produzir objetos artesanais modernizados voltados para o mercado de exportação.

---

[11] Informações sobre a Dutch Design in Development podem ser encontradas no site do grupo: http://www.ddid.nl. O trabalho da organização no Níger foi apoiado pelo Programa das Nações Unidas para o Desenvolvimento (PNUD).

As oportunidades para uma participação do design no processo de desenvolvimento são geralmente determinadas pela estrutura disponível de assistência ao desenvolvimento. Antes de considerar meios para que o design possa desempenhar um papel mais proeminente nesse processo, vamos fazer uma consideração sobre essa estrutura. A assistência ao desenvolvimento pode assumir muitas formas: subsídios a fundo perdido e doações de dinheiro, bens e serviços; empréstimos; conselhos de especialistas e formação de agentes locais tanto no país de origem como no exterior. O design como serviço é uma forma de colaboração social, realizada por designers locais que adquiriram seus conhecimentos por meio de estudo ou aprendizagem, ou de treinamento oferecido por *experts* estrangeiros que participam da formação ou da capacitação de designers locais. As colaborações de especialistas estrangeiros variam desde as anteriormente mencionadas consultas a pequenas e médias empresas, até a formação de designers em empresas de grande porte. Considere, por exemplo, no último caso, o impacto que os designers de automóveis americanos tiveram após a Segunda Guerra Mundial ao ensinar a seus colegas japoneses como projetar automóveis para produção em massa.

Dentro da família das organizações das Nações Unidas, o design tem geralmente sido ligado ao PNUD e quase nunca à UNIDO, apesar do copatrocínio desta organização à Conferência de Ahmedabad, de 1979. Há pouca ou nenhuma evidência de que outras agências especializadas da ONU – como a Organização Mundial de Saúde (OMS), a Organização para a Alimentação e a Agricultura (FAO), a UNESCO, ou a UN Habitat – tenham dado um lugar de destaque ao design em seus programas de ajuda.

Agências nacionais de desenvolvimento, como a Agência dos Estados Unidos para o Desenvolvimento Internacional (USAID), a Agência Norueguesa de Cooperação para o Desenvolvimento (NORAD) e o Departamento de Desenvolvimento Internacional da Grã-Bretanha, também fazem pouco uso do design como parte integrante dos seus planos de desenvolvimento. Da mesma forma, falta aos milhares de organizações não governamentais existentes a compreensão sobre o trabalho do designer, assim como o entendimento da medida em que o design pode contribuir para seus programas e objetivos.

Entre as corporações multinacionais que participam do processo de desenvolvimento construindo plantas de fabricação em países menos desenvolvidos, há pouco interesse em cultivar profissionais locais de design, uma vez que o design de um produto pode ser feito em qualquer lugar, e que as empresas não se sentem incentivadas a trabalhar com designers que podem não ter níveis de sofisticação e conhecimento técnico iguais aos de profissionais advindos de países desenvolvidos.

Há várias razões para essa falta de envolvimento com o design. A primeira é que o design é algo pouco difundido entre as inúmeras organizações envolvidas no processo de desenvolvimento, particularmente nos estágios menos avançados. A segunda, e mais importante, é que, se o design começar a contribuir para o sucesso das grandes empresas nacionais, isso pode alterar ainda mais a assimetria das vantagens comerciais dos países desenvolvidos. Os exemplos do Japão e da Coreia do Sul tornaram-se modelos para outros países. Por conseguinte, as organizações de ajuda humanitária deveriam contribuir para fortalecer as empresas de maior porte, bem como as pequenas e médias empresas e cooperativas de pequena escala. É verdade também que o impacto de algumas empresas multinacionais é tão grande nos países onde operam que seria extremamente difícil competir com elas sem algumas alterações em sua legislação comercial. Por último, o design é pouco considerado nas teorias de desenvolvimento nas quais os governos e as agências de financiamento externo baseiam suas políticas.

4.
O que, então, pode ser feito? Em primeiro lugar, a teoria do desenvolvimento deveria integrar melhor os múltiplos fatores que envolvem comércio, transferência de tecnologia e expansão cultural, e que afetam as condições de desenvolvimento. Enquanto os mecanismos de alívio de dívidas e os milhões de dólares que os países desenvolvidos e os organismos internacionais dedicam à erradicação da pobreza são essenciais, o que é mais necessário para o desenvolvimento é o fortalecimento das economias nacionais das nações em desenvolvimento, a fim de ajudá-las a melhor competir nos mercados globais. Isso significa uma maior consideração das preocupações desses mercados no âmbito da Organização Mundial do Comércio, a fim de evitar uma repetição do desastre de 2003 da Conferência Ministerial da OMC em Cancún, na qual um grupo de nações em via de desenvolvimento simplesmente se retirou dos debates.

O que é necessário é um modelo de desenvolvimento mais dinâmico, que reconheça um encadeamento de atividades, começando pela redução da pobreza para atingir ao final o aperfeiçoamento do comércio. Partindo desse modelo, uma determinada situação que necessite de design pode ser analisada de acordo com uma matriz espacial e temporal. Por um lado, tal matriz pode caracterizar melhor a situação em relação a outros fatores que determinam uma abordagem mais holística. Por outro lado, ela pode ser posicionada em uma trajetória temporal que sugere possíveis expansões ou transformações no futuro.

Para influenciar as teorias do desenvolvimento, os defensores do design para o desenvolvimento devem participar dos foros apropriados em que essas teorias estão sendo discutidas, notadamente as conferências de diversas associações profissionais, incluindo aquelas que lidam com questões comerciais. Por serem agentes de mudança, há atualmente uma demanda por designers com formação avançada em desenvolvimento internacional, economia e comércio, pois estes podem aliar a filosofia do design à teoria do desenvolvimento e motivar outros a também fazê-lo[12].

O design para o desenvolvimento necessita ampliar seu repertório de uma defesa da redução da pobreza e da consulta com pequenas e médias empresas para a criação estratégica de produtos para o mercado global e para a relação entre design e planejamento de média e larga escala. A indústria mundial da música oferece um excelente exemplo de como músicos oriundos de países desenvolvidos se lançaram em carreiras internacionais muito bem-sucedidas e se tornaram famosos artistas internacionais. Um bom exemplo relacionado a design se apresenta na área de moda, na qual o artesanato típico pode ser facilmente combinado a um componente de design de forte valor agregado a fim de produzir mercadorias de alta qualidade para venda no exterior. Em diversos casos se observa que tais empreendimentos são iniciados por indivíduos oriundos de países desenvolvidos que possuem um entendimento de marketing internacional, em detrimento da população local, maior contribuinte para o trabalho da empresa. No caso da *United States Fubu (For Us By Us)*, criada em 1992 por cinco homens afro-americanos com fundos limitados, no bairro do Queens, em Nova York, a aposta no estilo urbano se transformou em um negócio multimilionário, que incluiu não apenas roupas para homens, mulheres e crianças, mas também acessórios domésticos, tais como roupa de cama. Operando em países de todo o mundo, a expansão da Fubu baseou-se em princípios sagazes de marketing, permitindo à empresa levantar o capital necessário à medida que ela crescia[13].

5.

O meu apelo, neste artigo, é para que se repense o escopo do design para o desenvolvimento, de modo que este possa atender às necessidades dos países em desenvolvimento de maneiras profundamente significativas. A *Declaração de Ahmedabad* clamava por intervenções que variassem de consultoria a empresas de pequeno porte até as mais sofisticadas formas de transferência de ciência e tecnologia. Nos anos seguintes, nem o ICSID nem a UNIDO seguiram essa visão, e um conceito muito mais limitado de design para o desenvolvimento, reforçado principalmente por Victor Papanek, dominou o design e o discurso sobre

---

12   Veja, por exemplo, a tese de doutorado *Design attitude and social innovation: empirical studies of the return on design*, que M. Amatullo apresentou em 2015 à Weatherhead School of Management, Case-Western Reserve University.

13   Ver http://www.fubu.com.

desenvolvimento[14]. É hora de reconsiderar a *Declaração de Ahmedabad*, juntamente com o modelo polifásico mais abrangente de Gui Bonsiepe, a fim de abordar de maneira mais ampla a vasta gama de complexos fatores que determinam as possibilidades de desenvolvimento no âmbito da economia global em evolução.

Referências

BALARAM, S. Design in India: the importance of the Ahmedabad Declaration, *Design Issues Autumn 2009*, v. 25, n. 4, p. 54-79, 2009.
BONSIEPE, G. Developing countries: awareness of design and the peripheral condition. *In:* PIROVANO, C. (Ed.) *History of design:* 1919-1990 The dominion of design. Milão: Electa, 1991.
PAPANEK, V. For the southern half of the globe. *Design studies*, v. 4, n. 1, jan. 1983.
_____. Design in developing countries 1950-1985: a summing-up. *Art Libraries Journal*, v. 11, n. 2, 1986.
STIGLITZ, J. E. *An agenda for the new development economics.* [Rascunho preparado para a reunião da UNRISD, The need to rethink development economics, set. 2001.] Disponível em: <http://www.unrisd.org/80256B3C005BCCF9/%28httpPublications%29/11660BB5D7A4BB11C1256BC9004B75FE?OpenDocument>. Acesso em: 25 ago. 2015.
UNIDO. *Lima declaration and plan of action on industrial development and co-operation*, 1975. Disponível em: < https://www.unido.org/fileadmin/media/images/1975-Lima_Declaration_and_Plan_of_Action_on_Industrial_Development_and_Co-operation_26.3.1975.pdf>. Acesso em: 25 ago. 2015.
WCCD. *Our creative diversity.* World Commission on Culture and Development. Paris: EGOPRIM, 1995.
WCED. *Our common future*, from one Earth to one world. World Commission on Environment and Development. Oxford; New York: Oxford University Press, 1987.

---

14   O ICSID tentou criar uma organização com o objetivo de relacionar design e desenvolvimento. Chamada de *Design para o mundo*, e promovida inicialmente por Kenji Ekuan, ela idealizou vários projetos, mas nunca conseguiu construir uma base sólida de financiamento e, consequentemente, fechou suas portas. Ver Kenji Ekuan, Design for the world, *ICSID News*, v. 3 p. 8, 1999.

Padrões de desenvolvimento do design industrial no Terceiro Mundo: um modelo conceitual para países recém-industrializados[1]

H. Alpay Er

Em primeiro lugar, este artigo examina criticamente os primeiros trabalhos sobre o papel do design industrial no Terceiro Mundo e, em seguida, propõe-se a explicar a dinâmica por trás de seu desenvolvimento em um grupo de países do Terceiro Mundo categorizado como países recém-industrializados (*newly industrialized countries* – NICs). Para o desenvolvimento da atividade de design industrial nesses países, o ingrediente vital parece ser a concorrência. Esta está também condicionada à orientação do mercado para a atividade econômica/industrial, o que, por si só, é em grande parte determinado pelas estratégias de desenvolvimento governamentais no contexto de uma economia mundial globalmente organizada. O artigo conclui-se com um novo modelo teórico para os padrões de desenvolvimento de design industrial nos NICs.

Introdução

No mercado global de hoje, o design industrial é reconhecido como uma poderosa ferramenta corporativa e desempenha um papel cada vez mais importante em termos de competitividade. Em um número cada vez maior de estudos[2], a ligação entre uma atividade de design propriamente coordenada e o desempenho competitivo das empresas é amplamente reconhecida nas economias de mercado industrializadas do Ocidente e do Japão. Na maior parte desses estudos, o design tem sido definido como uma atividade na qual informações de mercado são transformadas em ideias iniciais – conceitos de design – e, em seguida, em uma configuração

---

1 Texto originalmente publicado no *Journal of Design History*, v. 10, n. 3. © 1997 The Design History Society.

2 Alguns exemplos significativos desses estudos são: C. Lorenz, *The design dimension*: new competitive weapon for business (Oxford: Basil Blackwell, 1986); e Ughanwa e Baker (1989). Há também vários estudos realizados pelo Grupo de Inovação em Design da Universidade Aberta e da UMIST.

específica de materiais e componentes – especificações técnicas – para a fabricação de um novo produto. Em outras palavras, o design industrial/de produto pode ser definido como um processo estratégico que contém o conhecimento acerca de um produto, a partir do qual este pode ser materializado e posicionado no mercado, em resposta às questões básicas "por que" e "como" sobre um produto.

No entanto, pouco se sabe sobre o desenvolvimento desta atividade industrial estratégica fora dos países centrais do sistema econômico global. Uma vez que o design industrial tem sido geralmente associado às atividades de inovação de produtos das economias de mercado industrializadas, a falta de literatura no que tange às questões sobre design no Terceiro Mundo pode não ser uma surpresa para muitos. Não obstante, um número crescente de países periféricos começou a desempenhar um papel cada vez mais ativo na economia internacional ao longo das últimas duas décadas. Contudo, apesar de toda a atenção dada pelos acadêmicos ao desenvolvimento desses países na literatura sobre economia, o desenvolvimento das potencialidades do design industrial/de produto no Terceiro Mundo permaneceu por muito tempo subaproveitado. Como Bonsiepe afirmou em 1977:

O design industrial tem avançado consideravelmente nos países em desenvolvimento, seja para o bem ou para o mal. Organizações de design foram estabelecidas. Programas de promoção do design foram patrocinados pelos governos locais em países semi-industrializados. Mas, ainda temos a falta de uma avaliação crítica desses projetos – de seu sucesso e de suas falhas (1977, p. 14).

Essa afirmação continua verdadeira, vinte anos mais tarde. O assunto tem sido vastamente marginalizado nos estudos sobre design, bem como nos estudos sobre mudanças tecnológicas e desenvolvimento no Terceiro Mundo. Madge (1993) e Woudhuysen (1985) apontam que o Terceiro Mundo está geralmente ausente das discussões contemporâneas sobre design. Como Margolin (1989) também prevê, pouco material sobre a questão do design industrial em países em via de desenvolvimento aparece na literatura sobre o tema. Essa falta de interesse parece estar relacionada à tendência geral, que define o design apenas no contexto do mercado industrializado das economias do Ocidente e do Japão (ALPAY ER; LANGRISH, 1993). De acordo com Bonsiepe (1990), a aparente falta de estudo sobre o design no Terceiro Mundo se encaixa no padrão ideológico e na autointerpretação paroquial dos países industrializados, os quais afirmam estar na vanguarda da história e consideram tudo o que aconteceu – e acontece – nos países periféricos como uma história emprestada, e não algo original, a que esses países da periferia tenham direito. Em suas próprias palavras:

É muito fácil olhar para o design industrial na periferia como uma repetição atrasada, de baixo orçamento e de segunda classe, de um processo pelo qual os países industrializados passaram por nove décadas durante o século XX, quando o design industrial foi transformado em uma realidade social. No entanto, esta visão paroquial – assumidamente bastante comum no centro – não permite a percepção da realidade diferenciada e das conquistas na área de design industrial da periferia (BONSIEPE, 1990, p. 252).

No entanto, a crescente dimensão da atividade de design e o nível de preocupação por parte dos governos de alguns países do Terceiro Mundo com o desenvolvimento do ensino e a prática do design industrial parecem ter um impacto crescente nos mercados mundiais (FORREST et al., 1990), sendo que tais acontecimentos têm levantado questões quanto à natureza da mudança industrial em diferentes contextos sociais, econômicos e políticos, natureza que pode alterar as construções teóricas sobre o papel do design. A esse respeito, como uma realidade diversa que vem sendo marginalizada por um longo período de tempo nos estudos sobre design, as características do aparecimento e do desenvolvimento do design industrial no Terceiro Mundo exigem sua investigação como um dado objetivo, e merecem ser sistematicamente exploradas.

Com o intuito de lançar o debate sobre esse campo emergente, este artigo inicialmente examina de maneira crítica os primeiros trabalhos sobre o papel do design industrial no Terceiro Mundo e, em seguida, propõe-se a explicar a dinâmica por trás do desenvolvimento do design industrial em um grupo de países classificados como países recém-industrializados (NICs). Há uma grande diversidade entre os países do chamado Terceiro Mundo, termo geral que não está bem delineado – caso também de outros termos relacionados, como "países em desenvolvimento", "países menos desenvolvidos", "países subdesenvolvidos", e "periferia" ou "países periféricos". As diferenças entre esses termos dependem em grande parte das variadas abordagens teóricas. No entanto, todos esses conceitos se referem às mesmas regiões geográficas do mundo, entre elas a América Latina, o sul e o sudeste da Ásia (exceto o Japão), a África (exceto a África do Sul) e o Oriente Médio (exceto Israel). O estudo (ALPAY ER, 1994) a partir do qual este artigo extrai seus dados centra-se no particular subgrupo frequentemente descrito nos artigos de economia do desenvolvimento como "países recém-industrializados". Estes são os mesmos países que tentaram desenvolver funcionalidades na área de design em paralelo com seu desenvolvimento industrial nas três últimas décadas, embora o design industrial seja ainda uma prática desconhecida em muitas partes do Terceiro Mundo.

Design industrial do Terceiro Mundo: primeiros estudos

A literatura sobre design no Terceiro Mundo é limitada a um pequeno número de estudos superficiais, nos quais a introdução do conceito de design industrial aos contextos industrial, econômico e social dos países do Terceiro Mundo é associada ao "desenvolvimento" nessas áreas[3]. Em outras palavras, o design industrial era percebido como uma "atividade de solução de problemas", direcionada para o desenvolvimento e a melhoria básica dos problemas desses países. Alguns dos pioneiros e mais influentes estudos sobre o assunto até mesmo sugeriam um papel especificamente "desenvolvimentista" a ser desempenhado pelo design industrial neste novo contexto (PAPANEK, 1972).

Dos textos que surgiram durante o início da década de 1970, o prestigiado *Design for the real world* (*Design para o mundo real*, em tradução livre), de Victor Papanek (1972), é o mais popular. No entanto, o trabalho de Papanek não trata inicialmente do Terceiro Mundo. Sua principal preocupação era muito mais a prática do design no Primeiro Mundo e o consumismo, e sua abordagem, que pode ser descrita como uma combinação idealizada dos conceitos de "necessidades básicas" e "tecnologia apropriada", emergiu como um subproduto de sua crítica radical ao papel do design industrial nas sociedades capitalistas ocidentais. Segundo Papanek, o design industrial tem, ou deveria ter, um papel moralmente motivado pelo ideal anticonsumista no Terceiro Mundo, baseado nas necessidades primordiais desses próprios países. Entretanto, a abordagem de Papanek, embora socialmente responsável, não oferecia qualquer explicação sobre a dinâmica que levaria à emergência e ao desenvolvimento do design industrial nesses países. Também não explicava o real papel do design industrial nesse novo contexto. Embora Papanek tenha revisto alguns de seus primeiros argumentos mais tarde[4], ele continuou defendendo que os designers têm uma função moral a desempenhar no processo de desenvolvimento do Terceiro Mundo.

Gui Bonsiepe foi o segundo designer ocidental a observar o design industrial no Terceiro Mundo. Inicialmente, ele atuou como uma das principais figuras da Escola de Design de Ulm. Depois do fechamento da instituição, em 1968, foi para o Chile, a fim de realizar uma série de projetos para o governo socialista de Allende. Durante a maior parte de sua vida profissional, Bonsiepe viveu em países da América Latina, onde fez sua reputação como um designer/teórico que

---

[3] Para uma revisão da literatura em língua inglesa sobre design industrial do Terceiro Mundo, veja Alpay Er e Langrish (1993). Uma versão mais curta do mesmo artigo também apareceu, sob o título de *Developing countries in the design literature*, em *ICSID News*, v. 92, n. 6, p. 5-6, 1992.

[4] No prefácio da segunda edição de seu livro, de 1985, Papanek fez a seguinte declaração: "Muito do que eu escrevi sobre o design para o Terceiro Mundo na primeira edição do livro agora parece um pouco ingênuo. No entanto, eu fui ridicularizado por deixar algumas de minhas observações na segunda edição, porque elas ilustram o ponto de vista um pouco condescendente que muitos de nós tínhamos sobre os países mais pobres há mais de uma década" (PAPANEK, 1985, p. xvii).

abordava os problemas de design nos países do Terceiro Mundo (MARGOLIN, 1989). Sua primeira grande contribuição foi um artigo preparado como resultado de uma discussão entre representantes da Organização das Nações Unidas para o Desenvolvimento Industrial (UNIDO) e o Congresso Internacional de Sociedades de Design Industrial (ICSID). Esse artigo foi o primeiro documento no qual o design industrial foi claramente definido como um mecanismo específico para o processo de desenvolvimento do Terceiro Mundo. "O design industrial deve ser utilizado como uma ferramenta no processo da industrialização dos países em desenvolvimento. De fato, ele constitui um indispensável instrumento para todos os esforços em direção ao desenvolvimento" (BONSIEPE, 1973, p. 19).

Segundo Bonsiepe, a importância do design industrial era baseada no argumento de que ele poderia ajudar no desenvolvimento desses países. O autor definitivamente partilhava com Papanek, embora em um contexto específico, a ideia de um papel "desenvolvimentista" para o design industrial, sem se referir à natureza capitalista da atividade[5]. No entanto, a similaridade entre os dois termina nesse ponto. Enquanto, em Papanek, a ausência de um debate sobre a natureza capitalista do design industrial resultou de uma abordagem ingênua e moralista, para Bonsiepe, foi resultado de uma perspectiva ideológica. O quadro teórico de Bonsiepe para o design industrial na periferia – no qual as influências neomarxistas e da Teoria da Dependência da América Latina podem ser facilmente detectadas – foi essencialmente apoiado em materiais advindos das análises práticas de países como Chile, Argentina e Brasil (ALPAY ER; LANGRISH, 1993; MADGE, 1993). O autor definiu o design industrial na periferia como "a equivalente dialética do design industrial no centro" (BONSIEPE, 1985) e, a partir dessa perspectiva,

---

[5] A associação entre design industrial e capitalismo industrial corporativo baseia-se em uma avaliação histórica de seu surgimento como uma atividade especializada no âmbito do processo de trabalho. Segundo Heskett (1980), o design industrial profissional surgiu no início do século XX como uma característica essencial da atividade industrial e comercial, um elemento específico dentro da divisão do trabalho implícita na produção em massa e nas vendas.

Em uma corrente semelhante, Fry (1988) argumenta que o design industrial como um tipo de trabalho especializado é um recurso do capitalismo moderno tanto quanto a produção em massa, a robótica ou a publicidade. Nesse sentido, o surgimento do design industrial em países ocidentais foi um resultado do desenvolvimento do capitalismo industrial.

Em apoio a essa conclusão, Sparke (1986) aponta que, ao final do século XIX, todos os fatores necessários para o desenvolvimento do design industrial já ocorriam simultaneamente na Europa e nos Estados Unidos, tais como a expansão da produção em massa e o surgimento do mercado de massa. Por conseguinte, parece altamente problemático considerar o design industrial como uma ferramenta de desenvolvimento "neutra" que pode ser utilizada com a mesma eficácia em modelos econômicos diversos.

percebeu-o como uma variável tecnológica no contexto de desenvolvimento dos países do Terceiro Mundo. Como ele próprio afirmou, "a questão do design na periferia está ligada ao problema da subordinação tecnológica e, por consequência, financeira" (BONSIEPE, 1985). Com uma típica influência da Teoria da Dependência, Bonsiepe sustentou que a "subordinação" tecnológica e financeira das economias nacionais na América Latina, que vivenciaram a essência do capitalismo por meio da instalação de empresas transnacionais (TNCs), era o principal motivo para o fracasso do design industrial em se enraizar nas indústrias locais[6].

Bonsiepe, ao estabelecer a primeira ligação teórica entre design industrial e dinâmica socioeconômica no contexto dos países periféricos, pôde justamente ser reconhecido como o fundador deste novo campo de estudo na área de design. Ainda assim, sua análise teórica inicial sobre o assunto, ao reproduzir muitas vezes os argumentos gerais de "subdesenvolvimento tecnológico" da Teoria da Dependência, ficou aquém de proporcionar uma explicação consistente para a dinâmica e o desenvolvimento do design industrial no Terceiro Mundo.

Sob a influência dos argumentos de Papanek e Bonsiepe, a década de 1970 e o início da década de 1980 testemunharam uma crescente produção de literatura sobre design, com uma forte tendência "desenvolvimentista", alavancada principalmente por designers de países do Terceiro Mundo[7]. No entanto, ao ignorarem, por motivos morais ou políticos, a natureza capitalista, motivada pelo lucro, da atividade de design industrial, estes primeiros trabalhos o reduziram a uma "metodologia de solução de problemas", uma ferramenta de planejamento "neutra" que poderia ser empregada independentemente do contexto social e econômico.

---

[6] O presente pode ser mais bem demonstrado nas palavras do próprio Bonsiepe (1977): "Muito pouco se pode esperar das corporações globais, em termos de promoção de design industrial local, pois elas têm uma hostilidade congênita a qualquer desenvolvimento tecnológico autônomo" (p. 15). No entanto, Bonsiepe mudou sua opinião sobre as corporações transnacionais no final da década de 80. Em um artigo recente, o autor aponta que "uma vez que o design é uma atividade estratégica, não é de se admirar que as corporações controladas por capital estrangeiro tenham preferido concentrar suas atividades inovadoras em sua sede central. Não obstante, a presença de empresas multinacionais não explica por que razão as empresas locais ainda não exploraram mais intensamente as possibilidades que o design tem a oferecer" (BONSIEPE, 1991, p. 17; também em BONSIEPE, G. Projetando o futuro: perspectivas do design na periferia. In: _____. *Do material ao digital*. São Paulo: Blucher, 2015. p. 115-119).

[7] Alguns exemplos são: A. Charterjee, *Design in developing countries*; A. G. Rao, *Idealities of the real world: Indian example*; e M. Rezende, *In search of a Brazilian product identity*, todos disponíveis em *Proceedings of the 10th ICSID International Congress* (Dublin: SDI, 1977); e S. M. Idris, *A framework for design policies in Third World development*; e L. R. Morales, *Whose needs does design solve?*, disponíveis em R. Langdon e N. Cross (Ed.), *Design policy: design and society* (Londres: Design Council, 1984).

Tanto Papanek quanto Bonsiepe ignoraram o fato de que o design tinha de atuar em um determinado sistema econômico, social e político e, no entanto, esperavam que ele pudesse satisfazer às "necessidades básicas", reduzir a "dependência tecnológica e financeira", transformar "indústrias artesanais" para criar uma "identidade cultural", e melhorar as condições de vida das massas, desempenhando assim um papel "desenvolvimentista" no Terceiro Mundo (ALPAY ER, 1993). Embora tais expectativas pareçam não ter se confirmado, a ideia de que, em termos morais e políticos, o design deve funcionar como um agente de desenvolvimento do Terceiro Mundo tem persistido. A influência dessas correntes pode ainda ser encontrada em alguns estudos recentes que analisam o design industrial nos países em desenvolvimento[8].

Modelo histórico de desenvolvimento do design industrial na periferia

A mais importante contribuição recente para a questão do design industrial na periferia também vem de Bonsiepe. Sua abordagem inovadora, pós-dependência, do final da década de 1980 oferece uma periodização histórica do desenvolvimento do design industrial em países periféricos, e assim permite traçar um modelo histórico para ele. Bonsiepe identifica seis domínios como um conjunto de indicadores para organizar a massa não estruturada de dados históricos desconectados sobre design industrial em países periféricos (BONSIEPE, 1990).

I. Gestão do design – produtos abertos a intervenções de design.
II. Prática profissional – a inserção de designers em empresas de manufatura, a criação de organizações profissionais e a existência de escritórios de design.
III. Política do governo – a integração do design industrial aos programas de desenvolvimento e promoção, e o financiamento de eventos de design.
IV. Ensino – o desenvolvimento de órgãos de educação em design de nível universitário.
V. Pesquisa – a produção de um corpo substancial de conhecimentos sobre a área.
VI. Discurso – a propagação da consciência sobre design "como um sistema particular de distinções linguísticas que estruturam, de maneira coerente, uma realidade; e que permitem falar sobre um determinado domínio de forma consistente" (BONSIEPE, 1990, p. 256). Isso é conseguido por meio de publicações especializadas.

---

8 Veja-se, a título de exemplo, A. Hanna, *Design aid* (*International design*, jan. 1986); e R. Ghose, *Design and development in South and Southeast Asia: an overview* (GHOSE, 1990). Argumentos semelhantes têm sido recentemente levantados novamente por Nigel Whiteley em seu livro, *Design for society* (Londres: Reaktion Books, 1993).

Utilizando estes seis domínios, Bonsiepe define uma periodização do desenvolvimento do design industrial na periferia como um processo de cinco fases:

1. período de protodesign (da independência ao final da Segunda Guerra Mundial);
2. período de gestação do design industrial (década de 1950);
3. período de institucionalização incipiente (décadas de 1960 e 1970);
4. período de expansão e consolidação incipiente (década de 1980);
5. fase de soberania, que pode ser atingida no futuro.

De acordo com esse modelo, que se baseia principalmente em dados históricos de países da América Latina, como o Brasil, o desenvolvimento do design industrial teve lugar durante as três décadas entre 1960 e 1990.

Embora Bonsiepe traga uma importante contribuição teórica para a discussão sobre o design industrial no contexto do Terceiro Mundo, seu modelo está muito longe de estar completo. Ele considera principalmente um determinado grupo de países com economias grandes e introspectivas, e não pode ser generalizado para o Terceiro Mundo incluindo, por exemplo, os países asiáticos orientados para a exportação. Além disso, o modelo não trata da dinâmica que determina o progresso dos seis domínios de um estágio para o outro.

Um estudo do design industrial nos países recém-industrializados

Reconstruindo criticamente o modelo de Bonsiepe, o estudo a partir do qual este artigo extrai seus dados tenta explicar as características comuns e diversas do desenvolvimento do design industrial em alguns países periféricos, os países recém-industrializados (NICs). São os países que experimentaram crescimento elevado de produção nas décadas de 1960 e 1970, tendo em sua maioria como base, mas não necessariamente, produtos manufaturados para exportação. Não há indicadores comumente aceitos para a composição deste grupo, e o número de países incluídos na categoria de NIC é elástico, uma vez que há duas abordagens principais na definição dos países recém-industrializados: "A primeira define os NICs como aqueles países com uma estratégia de produção orientada para a exportação; a outra inclui nessa categoria os países onde a produção já atingiu um determinado patamar de Produto Interno Bruto (PIB), como 20% ou 25%" (WEISS, 1988).

No presente estudo, os países do Terceiro Mundo onde a produção industrial atingiu 20% ou 25% do PIB serão considerados NICs. A característica mais significativa de todos os NICs é que eles têm explicitamente tentado desenvolver suas economias com base na industrialização. No entanto, apesar de suas características semelhantes, há também diferenças entre esses países. Na economia, faz-se uma distinção entre os países asiáticos, orientados para a exportação, e os países latino-americanos, com políticas econômicas voltadas para o mercado interno, estando Coreia, Taiwan, Hong Kong e Singapura no primeiro grupo, e Brasil, México e

Argentina no último. Índia e Turquia têm experiências de evolução similares às dos países latino-americanos, e a Malásia pode ser considerada um NIC asiático.

Tem havido um interesse crescente sobre os NICs na literatura de economia, em virtude da crescente importância desses países, especialmente os asiáticos, no contexto da economia global. Para os economistas, o fenômeno dos NICs tem atraído atenção por dois motivos distintos (MOON, 1990). Em primeiro lugar, esses países desafiam a divisão do mundo em norte e sul com a sua nova imagem de "classe média de uma sociedade em evolução"; em segundo lugar, a síndrome dos NICs tem provocado debates sobre política, tanto em termos de durabilidade da ordem industrial e estabilidade do Ocidente, quanto de estratégias de desenvolvimento dos países do Terceiro Mundo. Entretanto, na literatura de design esse fenômeno não atraiu nenhuma atenção especial, embora os NICs tenham sido até agora os únicos países do Terceiro Mundo que tentaram e conseguiram, pelo menos em alguns setores, estabelecer o design como atividade industrial. A discussão continua acontecendo em um contexto mais amplo, no qual design é raramente mencionado.

Este artigo extrai seus dados das descobertas do estudo de pós-doutorado do autor, concluído na Universidade Metropolitana de Manchester (ALPAY ER, 1994). Tal estudo, além de uma extensa revisão sobre design e outras áreas relacionadas, consistiu-se em entrevistas semiestruturadas com designers industriais de Brasil, Argentina, México, Hong Kong, Coreia do Sul, Singapura, Taiwan e Malásia que estavam concluindo seus estudos de pós-graduação em design no Reino Unido, e estudos de caso das empresas de eletrônicos e de mobiliário na Turquia. As seções a seguir apresentam as principais conclusões desse trabalho, encerrando com a previsão de um novo modelo para o desenvolvimento do design industrial nos NICs.

O papel do design industrial nos NICs: competitividade por meio da modificação de produto

O estudo revela que, enquanto a modificação de produto – por meio da reformulação de produtos existentes, para fins como adaptação às condições locais de produção ou redução de custos – foi a função dominante do design industrial nos NICs, a criação de novos conceitos de produtos e a avaliação de oportunidades de mercado foram raramente consideradas como funções do design.

A imitação surgiu como uma das principais práticas da atividade de design industrial nos NICs (KIM, 1989; ALPAY ER, 1994)[9]. No entanto, isso não significa,

---

[9] NICs, especialmente os asiáticos, têm também a pouco invejável reputação de imitar produtos a preços baixos. Ver D. Johston, *Design protection in practice*, disponível em M. Oakley (Ed.), *Design management: a handbook of issues and methods* (Oxford: Blackwell, 1990).

necessariamente, a simples reprodução integral de produtos estrangeiros, uma vez que, na maioria dos casos, é financeiramente inadequado e tecnologicamente impossível para as empresas desses países copiar aqueles produtos em cada detalhe. A imitação é vista principalmente como a réplica da função do produto e de sua posição no mercado; assim, pesquisas sobre necessidade e marketing são contornadas. Reproduzir produtos estrangeiros, em termos de atividade de design, envolve um processo de "engenharia reversa" para encontrar as potenciais limitações de um produto durante o processo de fabricação e, em seguida, "redesenhá-lo" para eliminá-las. Em um estudo inicial sobre a Coreia do Sul (KIM, 1989), também foi revelado que o design industrial evoluiu a partir da mutação dos produtos existentes, em vez da geração de conceitos inovadores de design. Portanto, pode-se afirmar que o design industrial nos NICs é realizado fundamentalmente como um elemento da atividade de modificação de produto em vez da de criação.

No entanto, apesar do surgimento de um papel comum para o design industrial – ou seja, modificação de produto – nos NICs, os fatores que motivam essa atividade parecem ser divergentes nesses países. Por exemplo, a modificação de produto visando à redução de custos parece ser especialmente comum em NICs asiáticos, como Taiwan e Coreia do Sul. É sabido há muito tempo que o design de um produto pode afetar elementos de preço e, consequentemente, sua competitividade (UGHANWA; BAKER, 1989). Desse modo, o design industrial tem sido amplamente promovido como parte de um método alternativo para a concorrência de preços – ou seja, concorrência com base na qualidade –, diferenciando e "agregando valor" a produtos nas economias de mercado industrializadas. Em contraste, nos NICs, o design industrial é aparentemente considerado parte complementar de uma estratégia de concorrência baseada no preço, e isso parece ser especialmente empregado pelos NICs asiáticos, que competem nos mercados internacionais apoiados em preço em vez de excelência técnica (ALPAY ER, 1994). Por outro lado, a "adaptação das tecnologias às necessidades locais" emerge como sendo mais importante do que a " redução de custos pelo design" nos NICs latino-americanos, como o Brasil. Tais descobertas confirmam que as atividades locais de mudança técnica nos NICs voltados ao mercado interno tendem, na maioria das vezes, a funcionar como estratégias de adaptação (TEITEL, 1984), o que parece ser o caso das atividades de design industrial também.

As diferenças quanto aos fatores que levam à modificação de produto entre os NICs exportadores e os voltados ao mercado interno também surgiram, de maneira um pouco semelhante, entre as indústrias de exportação e as de abastecimento interno. Por exemplo, na indústria eletrônica turca, de natureza exportadora, o objetivo da modificação de produto é diferenciar produtos para diferentes mercados e reduzir custos, ao mesmo tempo em que se procura adaptar produtos estrangeiros às condições locais no mercado moveleiro interno (ALPAY ER, 1994).

Por conseguinte, a meta e o âmbito da modificação de produto, como principal função do design industrial nos NICs, parecem ser influenciados pela orientação do mercado de uma economia ou indústria. Isso também leva ao padrão de desenvolvimento desigual do design industrial entre os países, indústrias e produtos.

O papel das exportações no desenvolvimento do design industrial

Em nosso estudo, a produção para os mercados de exportação emergiu como o fator mais importante de estímulo do desenvolvimento das capacidades em design industrial nos NICs[10]. Em economias, indústrias, empresas e produtos orientados para a exportação, a extensão da participação do design foi maior e mais sistemática que nos voltados às demandas internas. Encontramos evidências de que, nos NICs, existe uma correlação entre a criação de recursos em design e a exportação para mercados internacionais. Isso é particularmente verdadeiro para as indústrias movidas por investimentos, de escala intensiva, como a de consumo eletrônico.

Essa evidência confirma claramente os resultados de alguns estudos anteriores sobre economia do desenvolvimento, que buscavam entender a natureza da mudança tecnológica nos NICs[11]. Também confirma os resultados de uma pesquisa do Banco Mundial (MACDONALD, 1993) sobre o desenvolvimento industrial dos NICs asiáticos: as exportações, facilitando a transição para as melhores práticas internacionais em tecnologia, direcionam o desenvolvimento das economias locais no sentido da aquisição de recursos tecnológicos adicionais. E esses recursos incluem o design industrial. Como é afirmado no caso coreano:

Até que algum tipo de experiência tenha sido adquirido, é sem dúvida melhor para a relação custo/benefício, e pode até mesmo ser necessário, confiar em compradores estrangeiros quanto à tecnologia de design de produto. Não se pode ignorar, a este respeito, que a produção para exportação oferece um potente meio para aquisição de tecnologia em design de produto, por meio do processo de aprendizagem na prática, o qual resulta no desenvolvimento de produtos também para o mercado local (WESTPHAL; KIM, 1985).

---

10 Para uma discussão mais detalhada sobre o papel das exportações no desenvolvimento de funcionalidades para o design nos NICs, ver H. Alpay Er, *Design by export: the role of exports in the development of new product design capabilities in the Turkish consumer electronics industry*, disponível em *Proceeding of International Product Design Symposium: Design, Industry and Turkey*, Ankara, Middle East Technical University, 1994. Veja também Alpay Er (1995).

11 Por exemplo, C. Dahlman e L. Westphal, *Technological effort in industrial development: an interpretative survey of recent research*, disponível em F. Stewart e J. James (Ed.), *The economics of new technology in developing countries* (Londres: Frances Pinter Ltd., 1982).

Há também evidências que denunciam o escopo limitado e subdesenvolvido das atividades de design industrial na ausência das motivações significativas causadas pelo intuito de exportação. Por exemplo, nos NICs introspectivos da América Latina, com a exceção de algumas tentativas não comercializadas, o design industrial tem sido mais amplamente praticado na indústria de móveis, para um grupo de clientes da elite. Na Turquia, até a transição para uma atitude mais extrovertida, durante a década de 1980, existia um padrão semelhante. Enquanto o design era amplamente praticado no setor mobiliário – uma indústria por natureza orientada para o design –, ele era uma atividade desconhecida no setor da indústria eletrônica durante as décadas de 1960 e 1970. Com base em tais evidências, pode-se concluir que a exportação para os países industrializados cria um meio muito propício para a evolução do design industrial nos NICs (ALPAY ER, 1994; 1995).

O papel do governo: estratégia de desenvolvimento e design industrial

A crescente aquisição pelos NICs de habilidades de design industrial em nível empresarial tem sido, em grande parte, um produto da atividade econômica mais extrovertida e guiada pelas exportações. No entanto, a mudança para essas políticas de crescimento não foi simplesmente decorrente da receptividade do setor privado às novas oportunidades nos mercados internacionais, mas de estratégias governamentais para lidar com problemas econômicos e sociais locais, por meio de medidas de industrialização voltadas à exportação (EOI). Nesse sentido, o crescimento e os padrões de desenvolvimento do design industrial nos NICs foram influenciados pelas medidas desenvolvimentistas dos governos, as quais determinaram não apenas os regimes de comércio – a orientação do mercado –, mas também a forma de transferência de tecnologia, por meio de políticas de investimento estrangeiro, e a formação de uma estrutura industrial, por meio de políticas setoriais. A ligação entre estratégia de desenvolvimento e design industrial indica a natureza do envolvimento governamental no progresso da área de design. Os NICs têm sido caracterizados pelo envolvimento do Estado em seu processo de industrialização, e isso se estende ao processo de evolução do design industrial. Embora o envolvimento direto do Estado, por meio da promoção do design, não tenha sido amplamente difundido nos NICs, o envolvimento indireto, por meio de estratégias de desenvolvimento, tem tido um impacto crítico sobre o desenvolvimento das atividades de design em nível empresarial. As estratégias de desenvolvimento, ao definirem as políticas para indústria, comércio e investimentos estrangeiros, determinaram efetivamente a natureza do ambiente competitivo em que as empresas operam. Nesse sentido, as perspectivas para o desenvolvimento do design industrial nos NICs estão relacionadas mais à quantidade de design que os governos estão dispostos a absorver como parte integrante de suas estratégias de desenvolvimento em longo prazo, do que à quantidade de apoio direto que eles darão a instituições e à promoção do design.

Consequentemente, o efeito principal da participação do governo no desenvolvimento de habilidades em design parece ser estimular as empresas de produção a utilizarem o design industrial como uma ferramenta competitiva nos mercados nacionais e internacionais. A ausência desse tipo de envolvimento do governo, em muitos casos, se manifesta na forma de subdesenvolvimento de design industrial no Terceiro Mundo. Portanto, qualquer tentativa de vincular design a desenvolvimento econômico exige uma avaliação do papel do design no contexto mais amplo das estratégias governamentais de desenvolvimento.

O papel do design industrial nos NICs: desenvolvimento por meio da competitividade
O papel "desenvolvimentista" do design nos NICs, como sugerido pelos primeiros estudos da área (PAPANEK, 1972), não foi confirmado pelos nossos resultados de pesquisa. Em outras palavras, a contribuição direta para o processo de desenvolvimento dos NICs, em termos de redução da pobreza e satisfação das necessidades básicas das camadas mais pobres, não é a principal função do design industrial nesses países. Pelo contrário, a atividade de design nos NICs parece ser primariamente motivada e utilizada pelos interesses comerciais das empresas. Dessa forma, quanto ao seu principal objetivo, o design industrial nos NICs não é diferente do design nas economias de mercado industrializadas. Trata-se de uma ferramenta competitiva por meio da qual o mercado e os problemas relacionados a empresas podem ser identificados e resolvidos com base no produto, a fim de aumentar ou manter as vantagens competitivas de uma companhia. Em termos do desenvolvimento do design industrial, a Índia pode ser citada como um exemplo dramático desse fato. Embora o objetivo inicial tenha sido de promover o artesanato nacional, o papel do design industrial tem mudado gradualmente para o de atividade orientada para o lucro na indústria moderna. Hoje em dia, a prática do design industrial na Índia é centrada em torno da solução de problemas de grupos ricos e da classe média[12]. À luz desse fato, Ashoke Chatterjee, um estudioso indiano do design, que o define "como uma metodologia de solução

---

[12] Para uma análise recente da situação do design industrial, ver H. Aldersey-Williams, *India*: craft and commerce, disponível em *International Design*, ago. 1991. Há também um capítulo sobre a Índia no livro de Aldersey-William, *World design*: nationalism and globalism in design (Nova York: Rizzoli International Publishers Inc., 1992). Consulte também, para uma visão interna, K. Musi, *Dynamics of design and technology*: an Indian overview (GHOSE, 1990), e Rajeshwari Ghose, *Design, development, culture and cultural legacies in Asia*, disponível em *Design Issues*, v. 6, n. 1, p. 31-48, 1989.

de problemas, a ser aplicada como uma ferramenta para o desenvolvimento" (CHATTERJEE, 1990, p. 179), infelizmente conclui: "O design surgiu como uma atividade de alto perfil, indispensável à qualidade nos setores de fabricação e comunicação. Entretanto, a inspiração original que o trouxe para esta seara – melhorando a qualidade de vida de milhões de pessoas que vivem às margens da existência em vilas e favelas urbanas – permanece praticamente intocada" (CHATTERJEE, 1990, p. 179).

Nesse contexto, o argumento "desenvolvimentista" dos primeiros trabalhos sobre design, que permaneceu incontestado por tempo demais, parece ter enfraquecido consideravelmente, embora não se possa negar que "design", num sentido mais amplo da palavra, poderia ser usado para se referir a uma abordagem de solução de problemas para as questões de desenvolvimento no Terceiro Mundo. Além disso, com o aumento das vantagens competitivas das empresas e indústrias, o design industrial ainda pode ter alguma contribuição a dar para o processo de desenvolvimento dos países do Terceiro Mundo, mas este vai ser um subproduto de seu papel competitivo principal, em um contexto orientado para o mercado. Desse ponto de vista específico, design industrial pode apenas ser definido como uma "atividade de solução de problemas" quando ele se torna o caminho por meio do qual problemas essenciais de mercados e corporações podem ser identificados e resolvidos pela sua aplicação e pelo desenvolvimento de produtos competitivos.

Um novo modelo conceitual para o design industrial nos NICs

É possível, agora, formar um novo modelo conceitual que tente descrever uma variável específica – as estratégias de desenvolvimento econômico dos governos dos NICs – como a dinâmica principal por trás da emergência e do desenvolvimento dos recursos do design industrial nos NICs. Esse modelo é ilustrado na Tabela 2.1. As categorias utilizadas no modelo, algumas das quais foram parcialmente adaptadas de Bonsiepe (1990), servem como princípios orientadores para retratar as fases de desenvolvimento do design industrial nos NICs. Estas categorias, cinco delas sendo relacionadas a design, compreendem:

1. **Estratégia de desenvolvimento** – manifesta-se na forma de políticas governamentais de industrialização, comércio e investimento estrangeiro. Esta é a mais importante categoria do modelo porque determina a evolução que se verifica nas categorias seguintes e facilita a progressão de um estágio de desenvolvimento para outro. Esta categoria nos ajuda a adquirir uma compreensão dos padrões de surgimento e desenvolvimento da atividade de design industrial nos NICs dentro do modelo conceitual proposto.

2. **Escopo setorial de desenho industrial** – manifesta-se na natureza das indústrias em que o design de produto industrial é intensamente praticado. Por meio dessa categoria, é possível rastrear o padrão desigual de desenvolvimento do design industrial em vários setores em relação às estratégias de desenvolvimento implementadas.
3. **Design industrial em nível empresarial** – manifesta-se na natureza da atividade de design industrial, bem como em seu papel de integração na estrutura da empresa e em suas estratégias. Uma vez que o design é uma atividade corporativa que ocorre dentro de uma estrutura empresarial, essa categoria serve para representar a função mutante e a organização do design industrial em relação a estratégias de desenvolvimento.
4. **Ensino e pesquisa de design industrial** – manifestam-se no desenvolvimento do ensino de design e na pesquisa em nível universitário.
5. **Políticas governamentais para o design** – manifestam-se nas medidas tomadas para integrar o design industrial a estratégias de desenvolvimento industrial, programas de promoção e financiamento de eventos de design.
6. **Discurso sobre design** – como no modelo de Bonsiepe, manifesta-se na propagação da consciência sobre o design.

Com a ajuda dessas categorias, o surgimento e o desenvolvimento do design industrial nos NICs podem ser descritos como um processo com sete fases: *fase do protodesign, fase embrionária, fase de emergência, fases de desenvolvimento I e II, fase de decolagem* e *fase de amadurecimento*. Como todos os modelos conceituais, este não corresponde a evidências de cada país em particular, mas descreve um padrão comum de estágios de desenvolvimento de design industrial nos NICs. Exceções sempre existem, tal como Hong Kong, que não se encaixa nas categorias da mesma forma que outros países em razão da sua condição especial de cidade-estado. Nem são as sete fases do desenvolvimento do design industrial sequenciais e lineares para cada NIC. Isso porque, em cada NIC, o ritmo de desenvolvimento das categorias de design não é igual, embora este seja um processo econômico combinado condicionado por diferentes políticas de desenvolvimento.

Tabela 2.1 Estágios de desenvolvimento do design industrial nos NICs

Fase	Estratégia de desenvolvimento	Escopo setorial do design industrial	Design industrial em nível empresarial	Ensino e pesquisa de design industrial	Políticas governamentais para o design	Discurso do design
1 Protodesign	Especialização primária em exportação de matéria-prima. Crescimento pré-industrial (em todos os NICs).	N/A	N/A	N/A	N/A	N/A
2 Embrionária	Substituição de importações I (NICs asiáticos – final dos anos 1950 e início dos 1960; NICs latino-americanos, Índia e Turquia – anos 1950 e 1960).	Indústrias de pequena escala e baixa tecnologia orientadas para o design, por exemplo, de brindes e mobiliário doméstico.	Designers artísticos autodidatas ou arquitetos. Exógenos à indústria. Design como missão cultural.	Cursos específicos são criados como extensão de cursos de Arte e Arquitetura. Primeiras escolas de design industrial na Índia e em alguns NICs latinos.	O design industrial é visto como um tipo de ferramenta de desenvolvimento, mas não há uma política clara sobre como utilizá-lo em uma estrutura de política de substituição de importações (ISI). Financiamento da criação das primeiras escolas de design.	Artigos sobre design industrial como um fenômeno cultural aparecem em publicações de arte. O design é uma imagem da modernização.
3 Emergência	Substituição de importações II (NICs latino-americanos, Índia e Turquia – anos 1960 e 1970). Promoção da exportação I (todos os NICs asiáticos – anos 1960 e 1970).	Indústrias orientadas para o design, de grande escala e movidas por investimentos, por exemplo, mobiliário doméstico e para escritórios, cerâmica e alguns artigos de consumo básico.	Design industrial como uma ferramenta de modificação "mimética" de produtos. Designers autônomos contratados por empresas.	Primeira geração de professores de desenho industrial com diplomas estrangeiros em Arte e Arquitetura. Cursos superiores de design industrial de três ou quatro anos.	Financiamento do ensino de design industrial em nível universitário. Bolsas de estudo para ensino de pós-graduação em países desenvolvidos.	Em revistas de arquitetura, design de interiores e design gráfico, artigos escritos por designers industriais tratam do assunto como uma disciplina independente.
4 Desenvolvimento I	Promoção da exportação II (NICs asiáticos e Malásia – início dos anos 1980). Políticas liberais de comércio (Índia, NICs latino-americanos e Turquia).	Indústrias movidas por investimentos, com tecnologia-padrão, por exemplo, eletrodomésticos e a maioria dos bens de consumo.	Equipes internas de design industrial. Design industrial como ferramenta de diferenciação sistemática de produtos e de adaptação com base na modificação de produtos (*redesign*). O reconhecimento do design industrial como uma ferramenta competitiva.	Segunda geração de docentes de design industrial, a maioria com diplomas de pós-graduação de países desenvolvidos.	Grupos de design são incorporados a agências governamentais em alguns NICs para promover indústrias de pequena escala, mas não há uma política geral para o design.	Em revistas de design, surgem questões ou seções direcionadas ao design industrial.

(continua)

Tabela 2.1 Estágios de desenvolvimento do design industrial nos NICs (continuação)

Fase	Estratégia de desenvolvimento	Escopo setorial do design industrial	Design industrial em nível empresarial	Ensino e pesquisa de design industrial	Políticas governamentais para o design	Discurso do design
5 Desenvolvimento II	Promoção da exportação III [aprofundamento] (NICs asiáticos – década de 1980).	Indústrias especializadas em exportação, por exemplo, negócios eletrônicos, equipamentos esportivos etc.	Equipes internas de design industrial e uso de empresas de consultoria de design. Design como um fator de marketing.	Oferecimento de cursos de pós-graduação em design industrial. Equipe acadêmica com experiência profissional. Início da localização do ensino de design industrial.	O design industrial é incorporado a algumas políticas governamentais para promover exportações.	Mesmo caso anterior, mas o discurso do design industrial é diferenciado dos demais.
6 Decolagem	Estratégia global (Coreia – desde o início da década de 1990).	Setores movidos a investimentos, com relativamente mais capital e tecnologia mais intensiva, por exemplo, bens de capital como veículos de transporte.	Grandes departamentos especializados em design. Design industrial reconhecido como parte da estratégia corporativa.	Especialização das áreas de design, como a de design de transportes. Programas de estudo com fortes influências teóricas.	Design industrial é reconhecido como parte da estratégia competitiva nacional.	Revistas especializadas dedicadas ao design industrial.
7 Amadurecimento	...?	O desenvolvimento de novos produtos é praticado por todas as grandes sucursais de indústrias.	Design como força de liderança na estratégia das companhias. Inovação de produto.	Instituições diferenciadas e plenamente equipadas. Cursos contêm conferências científicas em seus programas.	Design industrial como um elemento de inovação torna-se parte da indústria cultural. Centros de design administrados por profissionais.	Livros sobre design industrial são publicados para tratar de práticas consolidadas, história e teoria.

Fase do protodesign

Esta fase é definida como um período em que o design industrial era formalmente inexistente, ainda que certas formas de arte comercial possam ter existido em algumas indústrias artesanais tradicionais, como Hong Kong (TURNER, 1989). Caracterizada pela especialização em matérias-primas para exportação, ela foi simplesmente um período pré-crescimento industrial nos NICs. No entanto, esta fase ocorreu em diferentes momentos nos diferentes NICs e ocupou principalmente os períodos antes da década de 1940 nos países latino-americanos, da década de 1950 nos países asiáticos e na Índia, e da década de 1960 na Malásia.

Fase embrionária

Esta fase é caracterizada pelo início das políticas de substituição de importações (ISI) durante a década de 1950 e o início da década de 1960. Esta é a fase em que o design industrial começou a se estabelecer como um conceito, apesar de ainda não existir como uma atividade industrial. O trabalho de design, quando necessário, era feito por desenhistas ou engenheiros em poucas indústrias. No entanto, em indústrias de pequena escala influenciadas pelo design, como a de móveis, os primeiros designers vieram de áreas afins, como arquitetura e artesanato. Em indústrias voltadas ao investimento, o design de um produto era usualmente obtido como parte da transferência de tecnologia, por meio de licenciamento.

O design, em geral visto como parte do paradigma modernista (BONSIEPE, 1990), era percebido como uma questão cultural, mais do que comercial. Embora fosse considerado parte do desenvolvimento industrial esperado como resultado de políticas de ISI, não havia uma ideia clara sobre sua forma de utilização dentro dessa estrutura. Desse modo, o envolvimento do governo manteve-se limitado ao financiamento de algumas instituições experimentais de design nos países maiores e mais introspectivos, como os NICs latino-americanos e a Índia. Em nível universitário, não existia um programa de graduação em design, exceto por alguns programas de extensão para os cursos de Arte, Arquitetura ou Engenharia. Os primeiros artigos sobre design apareciam em alguns periódicos de arte vanguardistas.

Fase de emergência

A fase de emergência ocorreu, aproximadamente, entre o início dos anos 1960 e o final da década de 1970. Durante esse período, NICs asiáticos buscavam de forma agressiva e consistente por políticas de industrialização orientada para a exportação (EOI). Apesar de alguns países latino-americanos, como o Brasil, terem rompido com a ISI por um curto período, em razão de pesados déficits de moeda estrangeira, o restante continuou a aplicar suas políticas de substituição. Foi durante este longo período que as principais características da atividade de design industrial foram, em grande parte, determinadas por estratégias de desenvolvimento implementadas pelos governos: ISI na América Latina, Índia e Turquia; e EOI na Ásia.

Designers industriais individuais foram empregados pelas empresas que operavam em indústrias simpáticas ao design, mas relativamente voltadas a investimentos, tais como a de cerâmica e a de mobiliário doméstico e profissional em massa. Em nível empresarial, o design industrial representava um papel "mimético" no processo de modificação de produtos. Mais cursos de graduação foram introduzidos, e a primeira geração de designers formou-se nas escolas locais. Os governos, direta ou indiretamente, continuaram a financiar a disseminação do ensino de design. Artigos informativos escritos por designers industriais apareceram em publicações de arquitetura, design de interiores e design gráfico.

Nesta fase, o design começou a aparecer como atividade industrial nos NICs, embora limitado a poucas indústrias. O design começou a criar raiz em diferentes indústrias em dois grupos diferentes de NICs. Em muitos dos países grandes e introspectivos, como o Brasil, os primeiros setores em que o design industrial foi intensamente praticado foram aqueles com tecnologia e entrada de capital relativamente baixas, como metais de base, artesanato, mobiliário e alguns artigos eletrônicos domésticos básicos, como ferros de passar etc. Sob a estratégia da ISI, era razoável acomodar o design industrial nessas indústrias porque, naquela época, a tecnologia de produção estava disponível para fabricar apenas um número limitado de produtos, sem grandes investimentos. Além disso, durante este período o design industrial foi compreendido como uma ferramenta para fomentar o desenvolvimento, por meio da concepção de produtos que poderiam ser produzidos e consumidos localmente por esses países. Nos NICs asiáticos, as primeiras indústrias que incorporaram design industrial e designers eram tecnologicamente mais sofisticadas do que as dos NICs introspectivos, embora tenham surgido mais tarde. No final da década de 1970, as indústrias de artigos eletrônicos e produtos plásticos, que eram altamente orientadas para a exportação, começaram a utilizar o design industrial em escala significativa[13]. Essas indústrias foram dominadas por compradores estrangeiros e concorriam em mercados internacionais em termos de preço, por meio de acordos de terceirização com empresas do exterior. Nesse sistema, conhecido como "fabricante original do equipamento" (OEM), os produtos eram em sua maioria copiados, ou desenvolvidos por empresas de design estrangeiras. O uso de design e designers nos NICs asiáticos estava fortemente sob a influência do sistema OEM. Assim, o design industrial nos NICs asiáticos era entendido como uma atividade comercial para vender mercadorias, em vez de uma ferramenta social, cultural ou tecnológica para promover o desenvolvimento, como foi o caso de muitos outros países em desenvolvimento, como a Índia.

Fase de desenvolvimento I

Esta fase corresponde ao início da década de 1980 nos países asiáticos, e também cobre a década para o resto do NICs. A institucionalização do design industrial e o emprego de designers individuais se tornou comum em muitos NICs. Algumas empresas especializadas de design, em sua maioria de móveis/decoração de interiores, surgiram. Designers industriais começaram a ser incorporados a várias instituições governamentais. O ensino do design foi melhorado, e alguns dos primeiros exemplares de estudos de design começaram a surgir em seções especiais de revistas do segmento e de arquitetura. Equipes locais de design industrial

---

[13] Por exemplo, a Goldstar Electronics, da Coreia (LG Electronics), fundou seu centro de design na segunda metade da década de 1970 (KIM, 1989).

foram estabelecidas dentro das empresas que operavam nas indústrias mais dinâmicas e de capital intensivo, como a de bens duráveis. O design industrial era cada vez mais usado como uma ferramenta, tanto na diferenciação sistemática de produtos, quanto nas atividades de adaptação; a primeira por empresas voltadas para o mercado doméstico, e a segunda pelas de exportação. Gradualmente, o design industrial começou a ser reconhecido como uma ferramenta competitiva pela indústria local. Nos NICs orientados para mercado interno, este período foi caracterizado pelo fim das políticas de substituição de importações. A estratégia da ISI foi substituída por políticas econômicas mais liberais, com base no mercado, ou por vezes, políticas orientadas para a exportação. Os NICs latino-americanos, a Turquia e a Índia parecem estar ainda nesta fase, em termos de suas estratégias econômicas e de seu estágio de desenvolvimento em design industrial. Durante este período, funcionalidades para o design apareceram e se desenvolveram mais rapidamente do que nas décadas de 1960 e 1970, particularmente em alguns setores de capital intensivo, como bens de consumo duráveis. Embora não haja razões especificamente relacionadas a países sustentando este desenvolvimento diferente em cada NIC, os fatores a seguir são os mais comuns:

- Em primeiro lugar, o rápido desenvolvimento do design industrial na década de 1980 foi principalmente acompanhado pela alteração das medidas de desenvolvimento da ISI para outras mais liberais, o que levou a mercados domésticos mais competitivos e, por vezes, incentivos à exportação para competir em mercados internacionais.
- A mudança nas estratégias de desenvolvimento abriu os mercados domésticos e indústrias para fatores competitivos globais, como qualidade do produto, design e inovação. A década de 1980 testemunhou também a crescente importância do design industrial em uma escala global de concorrência internacional.
- Finalmente, como resultado da experiência no ensino de design e, em menor medida, em razão da prática de design dos últimos vinte anos, o *boom* do design industrial da década de 1980 encontrou as condições necessárias para se desenvolver nos NICs.

Fase de desenvolvimento II

Esta fase foi caracterizada pela recessão da economia internacional na década de 1980. Como os NICs asiáticos buscavam fortemente políticas orientadas para a exportação, eles foram muito mais afetados pela crise. Durante a crise, esses países também experimentaram as deficiências da estratégia de exportação baseada no sistema OEM, enfrentando margens de lucro baixas e a crescente concorrência por preço dos novos países exportadores, como a Tailândia. Foi nesse período que, pela primeira vez, o significado do design de novos produtos foi reconhecido por articuladores em nível governamental, e o papel do design industrial começou a ser plenamente reconhecido pelas companhias exportadoras que estavam obtendo sucesso nos mercados internacionais.

Para os NICs asiáticos, esta etapa foi simplesmente uma extensão da fase de desenvolvimento I, caracterizada pela incorporação do design industrial a certas políticas governamentais, como a promoção das exportações. Nos NICs asiáticos, o design industrial era visto como uma ferramenta para se afastar do sistema OEM em direção ao de "fabricante original do design" (ODM), alterando sua estratégia tradicional de exportação para uma de sentido global e próprio. O design industrial tem sido uma parte instrumental desta estratégia, particularmente em empresas que operam em indústrias de exportação especializada, como a de consumo e a de negócios eletrônicos. Departamentos de design ligados a unidades de marketing internacionais foram criados, e consultores em design oriundos de mercados-alvo de exportação foram frequentemente utilizados por grandes empresas dos NICs[14]. O ensino de design industrial começou a evoluir em conformidade com as necessidades da indústria local neste período, e os primeiros exemplos de pesquisa em design começaram a surgir.

Embora alguns dos NICs maiores e mais introspectivos, como o Brasil, possam ser considerados presentes nesta fase, eles não satisfazem aos critérios relacionados à estratégia governamental na área de design, o que aparenta ser fundamental para os NICs. Portanto, somente os NICs asiáticos, como Taiwan e Coreia, podem ser considerados como experimentadores desta fase.

Fase de decolagem

Esta fase é um período de transição anterior à fase de amadurecimento, a qual nenhum dos NICs parece ter atingido ainda. Na fase de decolagem, o design industrial começa a emergir como um elemento de estratégia corporativa. Grandes centros de design industrial com sucursais no exterior são estabelecidos pelas grandes empresas. Além de indústrias de bens de consumo, alguns setores de bens de capital, tais como a indústria automotiva, começam a receber incentivos para um design industrial próprio. Em termos de políticas governamentais, o design industrial é percebido como uma parte importante da estratégia competitiva nacional para o mercado global. Somente a Coreia do Sul pode ser aceita como totalmente qualificada para esta fase, que teve início recentemente (começo da

---

14 Para o uso de consultores em design de economias de mercado industrializadas por grandes empresas nos NICs, ver Ozlem Er, *The use of external design expertise by newly industrialised countries with particular reference to the operations of British automotive design consultancies* [Tese de doutorado.], Institute of Advanced Studies, Manchester Metropolitan University, dez. 1995.

década de 1990), por causa das estratégias globais distintas que têm sido aplicadas pelos grandes conglomerados coreanos, como Samsung, Goldstar e Hyundai. Embora o mesmo possa ser alegado parcialmente para algumas grandes empresas de Taiwan, como a Tatung ou a Acer, as firmas taiwanesas em geral ainda parecem perseguir a rota mais pura, do sistema OEM (PORTER, 1990).

A estratégia global para os NICs envolve mais do que a simples atividade de exportação. Inclui não apenas a criação de unidades de produção em diferentes países, mas também a coleta de informações de mercado sobre diferentes segmentos e usuários finais, e a tradução dessa informação em estratégias de produto. Como Porter (1990) aponta, estratégias globais não apenas criam novas fontes de vantagem competitiva, mas também fornecem uma base melhor para a inovação proativa, ao invés da resposta passiva a solicitações de clientes OEM estrangeiros. Esta fase é nova e incerta. O sucesso dos NICs baseia-se em uma dinâmica complexa e combinada, não apenas em nível nacional ou internacional, mas também em nível gerencial.

Considerações finais

Independentemente da discussão dos primeiros trabalhos "desenvolvimentistas" de design, que tiveram um impacto confuso na configuração local do design industrial como profissão em muitos países em desenvolvimento, este artigo procurou revelar que a emergência e os padrões de desenvolvimento de design industrial nos NICs não são independentes das grandes estratégias econômicas de desenvolvimento desses países.

O estabelecimento e a expansão contínua de um setor industrial, embora necessários, não são suficientes para proporcionar o desenvolvimento da atividade de design industrial no Terceiro Mundo. A industrialização sem design parece possível em muitos países em desenvolvimento. O ingrediente vital para um desenvolvimento saudável do design industrial nessas economias aparenta ser a concorrência, seja em mercados nacionais ou internacionais[15]. Aparentemente, o reconhecimento do papel competitivo do design industrial no Terceiro Mundo, como acontece no Primeiro Mundo, é inevitável. As descobertas de nosso estudo também indicam que os mercados de exportação têm vantagens em relação aos mercados domésticos na tarefa de facilitar o ambiente competitivo necessário. Nos NICs asiáticos, orientados para a exportação, o design industrial radicou-se mais firmemente na indústria, em contrapartida aos países orientados

---

15 Para uma discussão mais detalhada deste argumento em um contexto específico, consulte H. Alpay Er, The state of design: towards an assessment of the development of industrial design in Turkey, disponível em *METU Journal of the Faculty Architecture*, v. 1, n. 1-2, p. 31-51, 1995.

para o mercado nacional. Portanto, pode-se concluir que, nos NICs, o desenvolvimento geral do design industrial é condicionado pela orientação de mercado da atividade econômica/industrial, que é determinada, em grande parte, pelas estratégias de desenvolvimento do governo no contexto de uma economia mundial globalmente organizada.

Consequentemente, sem levar em conta esses fatores, é pouco provável que seja desenvolvida no Terceiro Mundo uma estratégia bem-sucedida para o design industrial em níveis nacionais ou corporativos, ou mesmo que o design seja usado como uma "ferramenta de desenvolvimento". Nosso estudo tem muitas outras implicações para as questões do design nos NICs e em outros países, que vão desde o papel do design em políticas de governo ao ensino do design industrial. Uma das mais significativas contribuições pode ser o fornecimento de um modelo para estudos sobre a história do design industrial no Terceiro Mundo. Sem dúvida, este modelo pode ser melhorado e, se um histórico do design em países periféricos for um dia escrito, os estudos de design industrial no contexto do Terceiro Mundo são necessários, a fim de testar tais ferramentas conceituais. Em particular, estudos empíricos em nível empresarial e industrial são vitais, pois a atividade de design industrial não ocorre no vácuo, mas dentro da estrutura corporativa de uma empresa, e isso aparenta ser um fato definitivo do design industrial em qualquer parte do mundo, independentemente das condições econômicas prevalecentes.

Epílogo: revisitando o artigo "*Development patterns of industrial design in the Third World*"
Meu artigo *Development patterns of industrial design in the Third World: a conceptual model for newly industrialized countries* foi publicado no *Journal of Design History* em 1997, há quase duas décadas. Todos os argumentos e dados apresentados nesse artigo foram baseados em meu estudo de doutorado, concluído em 1994 no Instituto de Estudos Avançados da Universidade Metropolitana de Manchester, no Reino Unido.

Desde então, o mundo mudou dramaticamente. Tanto a periferia, os países do chamado Terceiro Mundo, quanto a disciplina de Design Industrial também sofreram alterações significativas. Se considerarmos apenas o fato de que a China não era sequer visível no mapa do design quando a pesquisa foi conduzida, no início da década de 1990, isso já é suficiente para termos uma ideia da extensão da mudança que ocorreu no cenário global do design industrial. A própria teoria centro-periferia foi revisada à luz da integração desigual, mas combinada, de economias nacionais em uma única economia global. Compreender mais amplamente o que aconteceu com o design industrial nos países periféricos desde então, ou responder à pergunta de como a dinâmica global deu forma ao mapa internacional do design industrial, são tarefas colossais, que requerem estudos detalhados e profundos e estão bem além do escopo deste curto epílogo, no qual tento apenas refletir sobre o que escrevi vinte anos atrás, uma retrospectiva a partir da perspectiva de 2015!

Provavelmente, o título do trabalho e a categorização do grupo de países envolvidos sofreram as mudanças mais dramáticas entre todos os elementos. Hoje em dia, os termos "Terceiro Mundo" e "países recém-industrializados" não são mais normalmente utilizados para descrever aqueles países. Em vez deles, o acrônimo BRIC representa Brasil, Rússia, Índia e China, enquanto o MINT inclui México, Indonésia, Nigéria e Turquia. As denominações gerais "economias emergentes" ou "mercados emergentes" também passaram a ser usadas para englobar todos aqueles países. China e Rússia são recém-chegados notáveis, e a Coreia do Sul foi amplamente aceita como um "país avançado".

A literatura sobre desenvolvimento do design industrial fora dos países centrais do sistema econômico global também cresceu consideravelmente nos últimos vinte anos. Mais estudos acadêmicos que analisavam o design industrial naqueles países foram concluídos, de modo que mais artigos também foram apresentados e publicados. A ascensão das chamadas "economias emergentes", quando combinada com o surgimento de marcas líderes globais advindas dos antigos países recém-industrializados, como Samsung, Hyundai, HTC, Lenovo etc., também aumentou o interesse do design profissional, não acadêmico, e da mídia de negócios pelo desenvolvimento do design naqueles países nos últimos vinte anos. Atualmente, a questão do design em mercados emergentes não se restringe mais a uma área acadêmica marginal, mas ocupa uma parte integral do sistema econômico mundial.

O interesse crescente pelo design nas economias emergentes não se limitou apenas à sua capacidade econômica crescente na economia global, mas também envolveu uma nova abordagem sobre a ascensão do "design de inovação social" pelos principais países que formam a rede global de design. Os problemas sociais e ecológicos de economias emergentes constituíram também campos férteis de experimentação por escolas de design, pesquisadores e ativistas dos países centrais nos últimos dez anos.

Quando olho para as descobertas e as conclusões de meu artigo hoje, quase todas as conclusões, exceto a relacionada à modificação de produtos como papel principal do design industrial em países recém-industrializados, parecem remanescer válidas. Novas e abrangentes pesquisas de campo são necessárias nesses países a fim de permitir uma compreensão mais completa do papel do design industrial em economias emergentes do sistema econômico global em 2015. Aparentemente, o design industrial está assumindo um papel que não pode ser limitado somente à modificação de produto, mas é propenso a criar inovações em produtos e serviços dentro da dinâmica integrativa das redes globais de fabricação e consumo atuais.

À parte isso, o desenvolvimento de funcionalidades para o design industrial em países emergentes ainda é sensível à orientação do mercado e requer o acesso à demanda de clientes sofisticados das economias de mercado maduras, por meio das exportações de produtos e serviços. O papel do governo no desenvolvimento do design industrial em economias emergentes é também relevante, com a implementação eficaz de políticas que integrem design a medidas de inovação do comércio em nível macro. Naturalmente, o design industrial nas economias emergentes é hoje motivado e utilizado por interesses comerciais corporativos ainda mais do que era há vinte anos e, consequentemente, em termos de seu objetivo principal, não é em nada diferente do das economias de núcleo do sistema global. Por outro lado, a ideia de design a serviço das necessidades da periferia ainda está bastante viva, embora sob nome diferente e com uma perspectiva mais detalhada: design de inovação social.

Os modelos conceituais têm sempre espaço para amplas melhorias e devem estar abertos, para sua evolução no tempo, a contribuições e críticas. O modelo conceitual para o desenvolvimento do design industrial em países recém-industrializados, baseado na teoria descrita por Gui Bonsiepe, não é uma exceção. Embora a estrutura geral do modelo pareça trabalhar ainda com seis categorias principais, ele certamente requer uma revisão em suas fases a fim de compreender e descrever a transformação do design industrial nos últimos vinte anos.

A conclusão principal do artigo de 1997 vai ao encontro ao teste do tempo: o surgimento e o desenvolvimento do design industrial em países periféricos é condicionado pela orientação do mercado das economias locais/nacionais, o que é uma função primordial das políticas governamentais em um contexto de crescente globalização. Se quisermos compreender a dinâmica da disciplina do design industrial em escala local e global, e tentar utilizá-lo para o melhoramento de nossas sociedades, precisamos criar uma estrutura conceitual para a política econômica de design global dentro do sistema econômico mundial. De outro modo, a dinâmica do design industrial em economias emergentes não pode ser inteiramente compreendida. O dever ainda está lá fora, e nos chama!

O autor deseja expressar a sua gratidão a Gui Bonsiepe por sua ajuda na obtenção de literatura crítica e por seus comentários provocativos sobre os resultados prévios do estudo original.

Referências

ALPAY ER, H. Industrial design in newly industrialized countries: an exploratory study of the factors influencing the development of local design capabilities. *MS Research Papers,* RP-72, Institute of Advanced Studies, Manchester Metropolitan University, 1993.

_____. *The emergence and development patterns of industrial design in newly industrialized countries with particular reference to Turkey.* [Tese de doutorado.] Institute of Advanced Studies, Manchester Metropolitan University, out. 1994.

_____. The role of exports in the acquisition of industrial design capabilities in NICs. *ICSID News*, v. 95, n 4, p. 9, 1995.

ALPAY ER, H.; LANGRISH, J. *In*: PROVANO, C. (Ed.) *History of Industrial* Industrial design in developing countries: a review of the literature. *IAS Research Papers*, RP-66, Institute of Advanced Studies, Manchester Metropolitan University, 1993.
BONSIEPE, G. *Development through design*. Viena: UNIDO, 1973.
_____. Precariousness and ambiguity: industrial design in dependent countries. *In*: BICKELL, J.; McQUISTON, L. (Ed.) *Design for need*. Oxford: Pergamon Press, 1977.
_____. Gui Bonsiepe. *In*: MORGAN, A. L. (Ed.) *Contemporary designers*. Londres: St. James Press, 1985.
_____. Developing countries: awareness of design and the peripheral condition *Design:* 1919-1990: Dominion of Design. Milão: Electa, 1990.
_____. Designing the future: perspectives on industrial and graphic design in Latin America. *Design Issues*, v. 7, n. 2, p. 17-24, 1991.
CHATTERJEE, A. Design in India: an experience in education. *In*: GHOSE, R. (Ed.) *Design and development in South and Southeast Asia*. Hong Kong: Centre of Asian Studies, University of Hong Kong, 1990.
FORREST. C. et al. Design and the state of the design. *Design,* n. 495, 1990.
FRY, T. *Design history*: Australia. Sydney: Hale & Iremonger, 1988.
GHOSE, R. (Ed.) *Design and development in South and Southeast Asia*. Hong Kong: Centre of Asian Studies, University of Hong Kong, 1990.
HESKETT, J. *Industrial design*. Londres: Thames & Hudson, 1980.
KIM, C. H. *The role of industrial design in international competition*: a case study of the South Korean electronics industry. [Tese de doutorado.] Institute of Advanced Studies, Manchester Metropolitan University, mai. 1989.
MACDONALD, L. (Ed.) *East Asian miracle*: economic growth and public policy. Oxford: World Bank/Oxford University Press, 1993.
MADGE, P. Design, ecology, technology: a historiographical review. *Journal of Design History*, v. 6, n. 3, p. 149-167, 1993.
MARGOLIN, V. Postwar design literature: a preliminary mapping. *In*: MARGOLIN, V. (Ed.) *Design discourse*. Chicago: University of Chicago Press, 1989.
MOON, C. I. The future of the newly industrializing countries: an "uncertain promise"? *In*: PIRAGES, D. C.; SYLVESTER, C. (Ed.) *Transformations in the global political economy*. Londres: Macmillan, 1990.
PAPANEK, V. *Design for the real world*. Londres: Thames & Hudson, 1972.
_____. *Design for the real world*: human ecology and social change. 2. ed. Londres: Thames & Hudson, 1985.
PORTER, M. *The competitive advantage of nations*. Londres: Macmillan, 1990.
SPARKE, P. *An introduction to design and culture in the 20th century*. Londres: Unwin Hyman, 1986.
TEITEL, S. Technology creation in semi-industrial economies. *Journal of Development Economics*, v. 16, p. 39-61, 1984.
TURNER, M. Early modern design in Hong Kong. *Design Issues*, v. 6, n. 1, p. 79-92, 1989.
UGHANWA, D.; BAKER, M. *The role of design in international competitiveness*. Londres: Routledge, 1989.
WEISS, J. *Industry in developing countries*. Londres: Routledge, 1988.
WESTPHAL, L.; KIM, L.; DAHLMAN, C. Reflections on the Republic of Korea's acquisition of technological capability. *In*: ROSENBERG N.; FRISCHTAK, C. (Ed.) *International technology transfer*: concepts, measures and comparisons. Nova York: Praeger Publishers, 1985
WOUDHUYSEN, J. A new kind of nationalism in design. *The Listener,* p. 11-12, 12 set. 1985.

Design e os países em desenvolvimento: a dialética entre o design para a necessidade e o design para o desenvolvimento

Gabriel Patrocínio

> *Design não é neutro nem apolítico.*
> Brigitte Borja de Mozota, 2003.

> *Design é um ato político. Toda vez que desenhamos um produto, fazemos uma afirmação sobre a direção em que o mundo irá se mover.*
> Stefano Marzano, 2003.

Introdução: mudança na sociedade ou uma curva ascendente de vendas?

Frequentemente, nós, designers, gostamos de atribuir valor à nossa atividade como um vetor de mudança, veículo de evolução equitativa e sustentável, empoderando pessoas para construir um futuro melhor – e toda sorte de imagens positivas associadas ao design. Pretensão? O historiador Rafael Cardoso descreveu designers como sendo exagerados na sua ambição: "Não é responsabilidade dos designers salvar o mundo, como clamavam as vozes proféticas dos anos 1960 e 1970, até porque a crescente complexidade dos problemas demanda soluções coletivas" (CARDOSO, 2012, p. 43). Bruce Nussbaum (2010), cientista político e especialista em inovação, enquadrou de forma bastante polêmica o design assistencialista dirigido a países em desenvolvimento como neoimperialista.

Talvez a mais sombria visão do design tenha sido aquela do filósofo Vilem Flusser, que dizia que "o designer é um conspirador astuto lançando suas armadilhas" (FLUSSER, 1999, p. 182). Ele identifica uma natureza intrinsecamente ilusória no design, apoiando-se no questionamento feito por Platão da arte e da tecnologia como traidores das ideias, ou das "formas teóricas intangíveis" (FLUSSER, 1999).

Dieter Rams resgata o papel construtivo e positivo do design na formulação dos seus princípios – *decálogo do bom design* –, nos quais ele aponta a necessidade de o design se preocupar com sustentabilidade e funcionalidade, sem negar os aspectos estéticos e comerciais (RAMS, s/d). Uma visão contrastante com a dos defensores do "bom design como uma curva ascendente de vendas" – um lema (equivocadamente) atribuído a Raymond Loewey, impulsionador do *styling* no design industrial norte-americano e um grande vendedor de suas ideias. Seja movendo as curvas de vendas para cima, beneficiando a competitividade, ou promovendo a inovação, o design tem um papel distintivo e incontestável na promoção do crescimento econômico, como vêm provando pesquisas feitas em diversos países (DMI, 2014; Design Council, 2007; ADP; FGV, 2007).

Mas há cerca de quarenta anos, a discussão sobre o papel que o design deveria representar na sociedade, e especialmente sobre como o design poderia ser introduzido e utilizado nos países periféricos para promover desenvolvimento econômico e social, polarizou-se em torno de dois discursos, duas abordagens diferentes que podem ser denominadas "design para a necessidade" (*design for need*) e "design para o desenvolvimento" (*design for development*). A primeira visava a *prover* (para as necessidades básicas), e a segunda, *promover* (o desenvolvimento). À frente dessas correntes, podemos identificar dois autores, ambos designers e pensadores do design, que defendiam cada um dos pontos de vista. Victor Papanek, nascido na Áustria em 1923, emigrou para os Estados Unidos e formou-se em Design e Arquitetura no Cooper Union (Nova York) e no MIT (Chicago), tornando-se um símbolo do design para a necessidade. Gui Bonsiepe nasceu na Alemanha em 1934 e graduou-se em Design de Informação na escola de Ulm, atuando a partir de 1968 como designer e consultor na área de políticas de industrialização na América Latina. Bonsiepe escreveu e trabalhou na construção de programas de design para o desenvolvimento.

Estes dois princípios – projetar para a necessidade ou para o desenvolvimento – não são dualísticos, irredutíveis ou incompatíveis. Existem aparentes contradições, da mesma forma que se percebem possíveis pontos de conciliação. Estabelecem, portanto, uma dialética que permite analisá-los com base em alguns fatores que são, de certa forma, complementares, e até mesmo convergentes.

Tais pensamentos levantam uma série de questões: onde podemos encontrar equilíbrio – ou um meio-termo – entre esses dois polos aparentemente opostos? O design poderia ser um vetor de desenvolvimento e ainda assim atender a necessidades básicas? Os designers conseguiriam aceitar seu papel num ambiente menos individualmente ambicioso e mais coletivamente colaborativo? Como poderiam estar relacionados os documentos produzidos nos anos setenta por Papanek e Bonsiepe ao atual estágio de desenvolvimento das políticas de design?

Necessidade *versus* desenvolvimento: os dois polos de discussão

Inicialmente, é preciso estabelecer algumas diferenças conceituais, pois atender a necessidades básicas é uma maneira de promover um tipo de desenvolvimento – mesmo que seja humano ou social – e, por outro lado, para promover desenvolvimento minimamente sustentável, não há como ignorar as necessidades básicas. Em outras palavras: não há desenvolvimento verdadeiro que possa conviver com a miséria.

Na origem da discussão sobre esses temas estão pelo menos (ou principalmente) três documentos dos anos setenta, dois deles endossados pelo Conselho Internacional de Sociedades de Design Industrial (ICSID), que prescreviam fórmulas que visavam a solucionar o que então se denominavam "problemas do Terceiro

Mundo". O primeiro é o livro de Victor Papanek, *Design for the real world* (*Design para o mundo real*, em tradução livre), publicado em 1971 e nunca traduzido para o português, tendo chegado ao Brasil na sua edição americana e na edição espanhola de 1977. De certa forma alinhada ao livro de Papanek, segue-se uma antologia de artigos apresentados num simpósio realizado em 1975 no Royal College of Art (RCA), em Londres, intitulado *Design for need, the social contribution of design* (*Design para a necessidade, a contribuição social do design*, em tradução livre) (BICKNELL; McQUINSTON, 1977). O terceiro é um documento de trabalho, pouco conhecido até hoje, preparado por Gui Bonsiepe para a Organização das Nações Unidas para o Desenvolvimento Industrial (UNIDO) a pedido do ICSID – trata-se do *Development through design* (*Desenvolvimento pelo design*) (BONSIEPE, 1973a), reproduzido como anexo deste livro. Os títulos destes documentos parecem ser a chave para entender as duas rotas diferentes que o design tomou para agir sobre as questões relativas ao desenvolvimento econômico e social. O que o design deveria fazer: prover para as necessidades básicas (para o chamado "mundo real", que se identifica à margem de uma sociedade desenfreadamente consumista) ou contribuir para a construção do desenvolvimento? E, aqui, entendemos desenvolvimento como crescimento econômico e aumento da capacidade industrial, tecnológica e da competitividade no mercado internacional, promovendo a redução da dependência do capital internacional e a melhoria efetiva da qualidade de vida nesses países.

Design para a necessidade

Penny Sparke identifica os anos setenta como sendo a era do design para a necessidade ou do *design alternativo* (SPARKE, 1987). Ghose (2000) identifica design para a necessidade como "a filosofia do design alternativo e a abordagem do desenvolvimento através das necessidades básicas, que tiveram o seu ápice no ocidente nos anos 1970" (p. 201). Esta abordagem pretende aplicar o design (uma atividade profissional originada no Primeiro Mundo) para atender a necessidades locais e oferecer assistência (ao Terceiro Mundo), baseando-se em valores "alternativos", diferentes daqueles da sociedade industrial. Essa linha de pensamento polarizou-se em torno de Papanek, especialmente a partir de seu livro de maior sucesso, *Design for the real world*, publicado inicialmente em 1971 (referenciado aqui na sua segunda edição, de 1985). De acordo com Sparke (1987), o livro "preenchia um vazio na teoria do design, movendo-se além da preocupação com a produção e a forma, em direção a uma visão do design em uso". Sparke também aponta que o livro traz à discussão a ideia de *design total*, em que o designer industrial trabalha junto com arquitetos, designers gráficos e planejadores urbanos, constituindo equipes que contam ainda com sociólogos e antropólogos. Papanek (1985) advogava a ideia de fazer "design para as necessidades das pessoas em vez de para os seus desejos" (p. 234) – ideia que exclui o usuário do processo de design, atribuindo ao designer o papel de determinar o que seriam essas "necessidades".

O design para necessidades básicas pode facilmente ser tomado por assistencialista – ou um caminho condescendente e paternalista de prover assistência – e, portanto, potencialmente imobilizador ao considerarmos o processo implicado como uma via de direção única. Fazer design *para* alguém presume uma relação na qual um dos lados possui o *domínio* de um determinado conhecimento, enquanto o outro lado recebe o *produto* desse conhecimento – passivamente. Na epígrafe do livro *Design for need*, o então diretor do RCA (e ex-presidente do ICSID) Sir Misha Black afirma que tecnologia e democracia deveriam ser *ensinadas* ao mundo emergente (para fazer justiça à sua posição pessoal, no mesmo parágrafo ele diz que o Primeiro Mundo deveria antes comprovar ser digno da função de ensinar alguma coisa) (BICKNELL; McQUINSTON, 1977). A visão de Victor Papanek no seu livro *Design for the real world* corrobora essa percepção. Esse livro era, ao mesmo tempo, um manifesto anticonsumismo e uma tentativa utópica de impedir as nações em desenvolvimento do hemisfério sul de adotar o que ele percebia como um modelo insolvente de desenvolvimento. O problema dessa visão? Ignorar as dinâmicas sociais e políticas dessas nações e as consequências de travar os seus processos de desenvolvimento.

Uma série de artigos provocativos reacendeu esse debate em 2010, quando Bruce Nussbaum sugeriu em um deles que os "designers humanitários" poderiam representar uma nova classe de imperialistas, provocando um bocado de controvérsia e uma longa série de réplicas e tréplicas. Recentemente, John Thackara (2012) expressou sua preocupação, ao discutir o impacto que o design traz para o mundo, dizendo que "o termo 'design para impacto social' é um problema recorrente – quando o impacto se situa frequentemente no gramado do vizinho e nunca do próprio designer".

Design para o desenvolvimento

A segunda alternativa – design para o desenvolvimento – prescreve o design para estimular o crescimento e promover o desenvolvimento, como uma ferramenta de competitividade, com o intento de incluir os países periféricos no mercado global. Pretende inspirar a mobilidade e a ascensão em contraste com a passividade; promover parcerias bilaterais (e de mão dupla); treinamento e empoderamento de recursos humanos; e o desenvolvimento de ações e projetos participativos. Como dito anteriormente, Gui Bonsiepe polariza as discussões nesta abordagem. Na primeira etapa da sua vivência na América Latina (que começou em 1968, ao sair de Ulm para a Argentina e depois para o Chile), Bonsiepe já acreditava e defendia que mudanças verdadeiras e duradouras na sociedade poderiam vir apenas por meio da autodeterminação e do crescimento sustentável.

Uma de suas obras mais importantes sobre esse assunto, entretanto, não foi um livro, mas um relatório que ele preparou para a UNIDO a pedido do ICSID; relatório este que, classificado como 'reservado' na época, permanece até agora pouco discutido e conhecido. A esse documento, *Desenvolvimento pelo design* (*Development through design*), seguiu-se uma versão final oficial preparada pelo Secretariado da UNIDO – *Diretrizes básicas para políticas de design industrial em países em desenvolvimento* (*Basic guidelines for policy of industrial design in developing countries*) – os dois estão reproduzidos com exclusividade como anexos no final deste livro.

Embora ambas as abordagens (*design para a necessidade* e *design para o desenvolvimento*) contemplem intervenções, a primeira espera uma atitude mais passiva do receptor (ainda que se espere que o designer, agindo quase como antropólogo, aprenda técnicas antigas e vernaculares); e a segunda pratica uma abordagem colaborativa, que intenciona desenvolver conhecimento e promover a transferência de tecnologias para o receptor (ou coparticipante).

Papanek: o design, os designers e as necessidades

Não se pode ignorar a impetuosidade furiosa das acusações de Papanek à profissão que ele, na verdade, exercia e ensinava – a de designer industrial. Já no prefácio, ele destilava seu discurso agressivo, dizendo que o design industrial se ocupava de "elaborar idiotices de mau gosto escarradas pelos publicitários" (PAPANEK, 1985, p. ix) – no original: *"concocting the tawdry idiocies hawked by advertisers"*.

Para dizer o mínimo, parece um tanto ambíguo que alguém possa ao mesmo tempo exercer, ensinar e atacar uma atividade com tamanha intensidade. Não é de se admirar que ele fosse tão rejeitado à sua época entre os seus pares. Na primeira edição do seu livro, de 1971, ele mesmo relata um episódio em que, ao mostrar o seu projeto de rádio feito de lata de leite numa palestra na escola de Ulm, na Alemanha, em 1966, os professores se retiraram um a um – mas os alunos permaneceram, diz ele vitorioso. Somente esse aspecto de valorizar a sua rejeição já mereceria um aparte sobre a sua personalidade polêmica. É importante observar que esta parte do texto foi posteriormente retirada da segunda edição do seu livro.

Alice Rawsthorn, crítica de design do *New York Times*, relata que Papanek foi expulso da Associação de Designers Industriais da América (IDSA), entre outros incidentes, e menciona que ele se sentia "ridicularizado e barbaramente agredido" pelos seus colegas (RAWSTHORN, 2011). Ainda segundo ela, que generosamente intitula o seu artigo *Um defensor precoce do bom senso*, Papanek era "como muitos dissidentes, [...] mais severo nas críticas ao *status quo* do que em propor alternativas". De fato, ao mesmo tempo em que flertava com a extrema virulência de suas próprias palavras, e com ações de intervenção em comunidades de países periféricos com seus alunos americanos e europeus para "promover um design autóctone", havia sem dúvida sugestões de muito bom senso em seus escritos, ou que, pelo menos, forçavam uma reflexão positiva. Um desses exemplos (de reflexão, não necessariamente de bom senso) era a sua curiosa proposta de um "dízimo" para designers – ou melhor, para estudantes de design (pois ele não acreditava nos designers estabelecidos). Segundo ele, dedicando dez por cento do seu tempo para atividades de projeto não lucrativo, "poderiam se estabelecer padrões alternativos de pensamento sobre problemas de design [e ainda] desenvolver o tipo de responsabilidade moral e social que se necessita no design" (PAPANEK, 1985, p. 69).

Papanek via o papel do design frequentemente associado a uma visão extrema do consumismo e, portanto, ele favorece e estimula um design voltado para as necessidades básicas, despido de produtos e funcionalidades não essenciais. Seu livro basicamente denuncia uma exploração econômica do design como uma fonte contínua de produtos desnecessários e sem sentido. Assumindo uma postura de impotência diante do desafio do *establishment* econômico-industrial (e, especialmente, diante do *American way of life*), ele se volta para os países em desenvolvimento, que enxerga como menos afetados por essas circunstâncias, instando por um uso racional e de baixo impacto de tecnologias e materiais. O autor usa algumas vezes de argumentos ao mesmo tempo radicais e ingênuos – como ao propor construir um para-choque de madeira e latas de cerveja para o seu próprio carro de forma a demonstrar o quanto as soluções para um determinado problema podem ser baratas e fáceis. Como diz Margolin (2007), Papanek estabeleceu uma "oposição binária" entre "produtos irresponsáveis e perdulários" projetados no Primeiro Mundo e aqueles produtos "responsáveis e mais significantes que ele e seus estudantes projetavam para uso no Terceiro Mundo" (p. 112).

Segundo Alpay Er (1997), "a abordagem de Papanek, embora socialmente responsável, não oferecia qualquer explicação sobre a dinâmica que levaria à emergência e ao desenvolvimento do design industrial nesses países. Também não explicava o real papel do design industrial neste novo contexto" (p. 295).

Já consagrado – e polêmico – pelas suas ideias e pelo sucesso editorial do seu primeiro livro, Papanek veio ao Brasil a convite da Pontifícia Universidade Católica do Rio de Janeiro (PUC-Rio), onde realizou, em maio de 1980, um concorrido *workshop* que recebeu o mesmo nome do seu livro: *Design para o mundo real*. Pode-se dizer que ele arrebanhava seguidores entre os estudantes de design na América Latina, onde os problemas sociais mencionados no livro eram bastante presentes, e a juventude sentia-se imbuída da missão de modificar uma estrutura social que escondia a miséria e partia em busca de um "milagre econômico" com apenas a parcela de cima da população. Em entrevistas realizadas em 2015, foram colhidos depoimentos de pessoas presentes no *workshop* (entre as quais eu me incluía). Segundo apurado (e confirmando minhas próprias lembranças pouco confiáveis após tantos anos), Papanek foi questionado a respeito da ingenuidade de algumas de suas posturas – questionamento que ficou sem respostas do conferencista, talvez por temer as consequências de um posicionamento mais incisivo sobre questões sociais num país que vivia ainda sob uma ditadura militar. Mas a eventual ingenuidade de Papanek encontrava eco em nossa própria credulidade e idealismo jovens, envolvendo-nos num discurso especialmente atrativo para quem acreditava poder mudar o mundo – ou pelo menos aliviar parte de suas mazelas. E todos os entrevistados são unânimes em afirmar a importância do discurso de Papanek, mesmo com seus exageros e equívocos, para construir um arcabouço de design mais próximo das necessidades da sociedade do que exclusivamente das urgências do capital – isso sem mencionar o seu pioneirismo na causa ambiental. Um dos entrevistados comentou que seu discurso "alternativo" foi, de certa forma, absorvido hoje em dia pelo discurso da sustentabilidade.

Uma coisa é certa: pouco mais de dez anos após o lançamento de *Design for the real world*, o próprio autor fez um *mea culpa* no prefácio da segunda edição do livro, assumindo que muito do que foi escrito sobre o Terceiro Mundo era fruto de ingenuidade, e "ilustra o ponto de vista um pouco paternalista que muitos de nós tínhamos" (p. xvii). Mais do que isso, reconhece que os designers desses países "podem resolver os seus próprios problemas livres da interferência de 'experts' importados por duas semanas" (PAPANEK, 1985, p. xvii). No entanto, ele decide deixar intocadas as partes do livro que se dedicam às suas experiências "terceiro-mundistas" como registros do pensamento da época. Isso indica claramente que, primeiro, já não há mais sentido em ler hoje a primeira edição do livro; e ainda, a segunda edição não deve ser lida sem que sejam acionados os '"filtros" indicados no novo prefácio preparado pelo autor – o que poderia perpetuar essa visão ingênua e paternalista entre as novas gerações de leitores. Afinal, o tema e a abordagem revolucionária e contrária ao *status quo* e às suas atitudes insustentáveis sempre irão apelar às novas gerações no século XXI, como o fizeram nos anos 1970. Cautela, portanto.

Há aspectos louváveis na obra de Papanek que devem ser destacados: Bonsiepe, em entrevista concedida a este livro, destaca seu papel como alguém que traz para o universo do design, a partir da sua formação também em Arquitetura, as ideias revolucionárias de Buckminster Fuller e de outros pioneiros da arquitetura sustentável, além do economista E. F. Schumacher, autor do sucesso editorial *Small is beautiful: a study of economics as if people mattered* (*O negócio é ser pequeno*). Penny Sparke (1987) credita ao livro de Papanek o impulso dado à ideia de *design total*, no qual o designer industrial atua em equipes que envolvem arquitetos, designers gráficos, urbanistas, sociólogos e antropólogos – muito embora essa fosse uma ideia antiga, ancorada na filosofia da Bauhaus. O historiador Rafael

Cardoso identifica no discurso de Papanek um caráter "profético", ao substituir a *funcionalidade* pela *função social* do design, mas ao mesmo tempo adverte que os designers não irão salvar o mundo, pois os problemas complexos de hoje em dia exigem cada vez mais soluções coletivas (CARDOSO, 2012).

Bonsiepe: design, governo, sociedade & desenvolvimento
Quando surge, no início dos anos 1970, a abordagem do *design para a necessidade*, numa perspectiva a partir do olhar dos países centrais sobre os países periféricos, uma voz se levanta energicamente criticando não a preocupação com a periferia, mas sim a superficialidade encontrada em algumas dessas posições. Gui Bonsiepe faz, em 1973, uma duríssima crítica ao livro recém-lançado de Papanek (BONSIEPE, 1973b), posicionando-se não contra as suas ideias sobre o consumo exagerado, a obsolescência programada ou a exploração irresponsável de recursos naturais – sua crítica diz respeito muito mais ao fazer *para* em vez de fazer *com* e *nos* países periféricos.

Recém-saído da Alemanha após o fechamento da escola de Ulm, onde havia se formado e depois lecionara, Bonsiepe decide se estabelecer na América Latina – em busca de maiores desafios, segundo ele. Já nos primeiros anos, teve experiências marcantes na Argentina, no Chile e no Brasil – todos países marcados por golpes militares e regimes ditatoriais. Refletindo sobre os aspectos do subdesenvolvimento encontrado nos países periféricos (ele considerava o termo Terceiro Mundo, utilizado na época, como um modelo inadequado de representação das nuances econômicas e sociais), ele manifesta sua preocupação com a defasagem tecnológica e com o uso crescente da tecnologia como mercadoria (BONSIEPE, 1978).

Diante das condições econômicas e sociais desses países, Bonsiepe estabelece um patamar para a discussão ao argumentar que "subdesenvolvimento não é o prelúdio do desenvolvimento", mas antes um "triste corolário do desenvolvimento das economias centrais" (BONSIEPE, 1977, p. 13). Nesse sentido, Schumacher (1973) aponta para a natureza disruptiva da emergência de uma "economia dualística" nas nações em desenvolvimento. Apenas um pequeno percentual da população desses países vive no "setor moderno", enquanto a grande maioria (uma relação que ele estimava na época ser de 15% para 85%), vivendo em cidades pequenas ou vilarejos rurais – ou nos imensos e contrastantes bolsões de pobreza existentes nas megalópoles de hoje, é privada dessas condições, gerando uma contínua tensão política e social que ele chamava de "processo de envenenamento mútuo". Os esforços para alavancar desenvolvimento, segundo ele, geralmente se inclinam para o percentual menor, que já ocupa as áreas privilegiadas. "O desenvolvimento" – adverte Schumacher – "não se inicia com bens de consumo" (SCHUMACHER, 1973, p. 140). O contexto brasileiro foi precisamente mensurado por Aloisio Magalhães, ao dizer que "transitamos num espectro amplo de diversidade de saberes e de situações muito diferenciadas: da pedra lascada ao computador" (MAGALHÃES, 1998, p. 12).

Embora preocupado com os mesmos aspectos do consumismo e dos desafios ambientais da sociedade industrial que moviam Papanek, sua visão da tecnologia não estava à procura de alternativas de baixo impacto, mas antes de tecnologias adequadas à periferia, que não estabelecessem amarras aos países centrais por meio de *royalties* custosos. O modelo de desenvolvimento que Bonsiepe vislumbrava não renega a indústria de alta tecnologia e o mercado competitivo, mas é, na mesma medida, comprometido com mudanças sociais. Sobre a questão das chamadas *tecnologias alternativas*, Bonsiepe cita o filósofo Habermas (*Técnica e ciência como 'ideologia'*) ao criticar as tecnologias alternativas advogadas por Papanek: "os benefícios da tecnologia, que como tais são inalienáveis, certamente não podem ser substituídos por uma natureza inocente e intocada" (BONSIEPE, 1978, p. 65). Mais ainda: "A ideia de uma tecnologia reconciliada com a natureza, de uma relação protetora – ao invés de uma fruição deliberada – entre homem e natureza nada mais é do que um filosofema e será eliminada como uma fantasia insensata de um pragmatismo cru" (BONSIEPE, 1978, p. 64).

Em 1973, Bonsiepe é chamado pelo ICSID para produzir, em prazo curtíssimo, um documento de trabalho para uma comissão da UNIDO que vinha tratando da inserção do design industrial entre as políticas voltadas para o desenvolvimento dos países periféricos. Seu relatório, intitulado *Development through design* (*Desenvolvimemto pelo design*) (BONSIEPE, 1973a), é classificado como "reservado" pela UNIDO por se tratar de um documento interno de trabalho, o que faz com que se torne praticamente desconhecido dos pesquisadores de design. Nele, Bonsiepe situa o design como um componente da inovação tecnológica – abordagem bem semelhante à de autores atuais – e recomenda a inserção do design nas políticas globais para a indústria. Sua descrição das características da atividade é extremamente didática e serve ainda hoje para os seus objetivos. Totalmente livre da culpa imposta pelo discurso *anticonsumista* derivado de Papanek, Flusser e Schumacher, ele estabelece uma clara conexão/relação de dependência entre o design, o marketing e a publicidade.

No documento, ao discutir as diferenças entre o design industrial e o chamado "design artesanal" (*craft design*), Bonsiepe indica o risco de se considerar o design artesanal como precursor do design industrial nos países em desenvolvimento com baixa infraestrutura tecnológica. Isso pode levar a equívocos, segundo ele: "a industrialização é precisamente uma forma de superar os métodos artesanais de manufatura, e permanecer neste nível leva a uma autoinfligida exclusão das possibilidades de desenvolvimento" (BONSIEPE, 1973a, p. 8). Bonsiepe enumera diversos benefícios provenientes das políticas de design nos países em desenvolvimento, além de fazer uma série de recomendações práticas para a sua implementação. Traçando um plano para a promoção do design nesses países, as agências de governo são colocadas como objetivo estratégico inicial – antes de se atingir as universidades, a indústria (a nível gerencial) e a sociedade em geral. Recomenda ainda o uso do cinema e da televisão nesse processo de promoção do design – o que parece ter sido feito poucas vezes ao longo destes mais de quarenta anos, mesmo nos países de economia central. Exposições permanentes de design, premiações periódicas, desenvolvimento de bases de dados e publicações, além de critérios locais de mensuração de resultados: sem dúvida, Bonsiepe reúne em um documento, pela primeira vez, todas as bases para se planejar e implementar políticas nacionais ou regionais de design – um documento que não podia mais permanecer oculto do público e dos pesquisadores da área.

Ainda em 1973, Bonsiepe se vê forçado a deixar o Chile após o golpe militar de 11 de setembro, que derrubou o presidente Salvador Allende. Em seguida, é apontado pelo ICSID para ocupar uma das cadeiras da diretoria da instituição, de certa forma em reconhecimento pela sua atuação na construção de um conhecimento novo (por assim dizer) na área do design – as políticas públicas de design industrial como ferramentas de desenvolvimento para países periféricos.

Advertindo incansavelmente sobre os esforços dirigidos pelas economias centrais em direção aos países em desenvolvimento, Bonsiepe (1977) denomina esta atitude "ajudismo" (*"aidism"*), e acrescenta: "existe apenas uma forma efetiva de transferência de design que se alinhe aos interesses dos países em desenvolvimento: a transferência de design que ajude na descoberta e estimule a capacitação local, sem paternalismo" (p. 18).

Convidado pelo CNPq (Conselho Nacional de Desenvolvimento Científico e Tecnológico), Bonsiepe vem ao Brasil em 1975. O convite, de certa forma, vinha ao encontro das expectativas do Plano Básico de Desenvolvimento Científico e Tecnológico – 1973/74 (PBDCT), que, em seu capítulo primeiro, enfatizava a importância do "desenvolvimento de forte capacitação nacional em '*engineering*' e '*industrial design*'" (SALLES FILHO, 2002, p. 412). Sua presença foi fundamental para ajudar a estabelecer as bases iniciais de compreensão de uma política de design no governo brasileiro – entendendo política de design dentro de um contexto de ciência e tecnologia, como suporte necessário à política industrial e ao desenvolvimento econômico do país. Infelizmente, vivíamos um período de exceção, com um governo militar que viria a deixar o poder somente quinze anos mais tarde, quando então ocorreu uma natural ruptura institucional com a postura do período militar e se começou a rediscutir de forma democrática qual futuro queríamos para a sociedade e o país. Ainda assim, logo após o início da redemocratização, Ethel Leon advertia que "o vocábulo design não pertence ao repertório do governo" – num artigo sintomaticamente intitulado Brasil: o desgoverno em design (LEON, 1991, p. 38).

Em setembro de 1980, alguns meses depois, portanto, da palestra de Papanek na PUC-Rio, Bonsiepe é convidado pela Associação Profissional de Desenhistas Industriais do Rio de Janeiro (APDINS-RJ) e ministra, no auditório do Instituto Brasileiro de Administração Municipal, a palestra *Alternativas do desenho industrial nos países periféricos: exemplos de tecnologia apropriada* (BRAGA, 2005). Como bem lembra o professor Marcos Braga, as ideias de Bonsiepe ajudam a conformar o arcabouço teórico do design no Brasil, principalmente a partir de informações sobre sua atuação no Chile e de alguns de seus livros disponíveis no Brasil: *Desenho industrial: tecnologia e subdesenvolvimento* (Rio de Janeiro: Edições Cara a Cara, 1978) e *A tecnologia da tecnologia* (São Paulo: Edgard Blücher, 1983); somados ainda à edição espanhola de *Teoria e prática do design industrial: elementos para uma manualística crítica* (Barcelona. Ed. Gustavo Gilli, 1978), que era encontrado nas bibliotecas das escolas de design – e também entre professores e estudantes de design, **ávidos consumidores** de novidades numa época em que havia pouquíssimas publicações voltadas para a área de design no Brasil.

Dando sequência às suas atividades de consultoria ao CNPq, ainda nos anos 1980, Bonsiepe ajuda a configurar o Laboratório Brasileiro de Design (LBDI), em Florianópolis, Santa Catarina – coordenado por ele de 1984 a 1987. Fiel às suas ideias, Bonsiepe desenvolve no sul do país um núcleo de projetos de design industrial voltados para as necessidades das pequenas e médias indústrias da região, além de cursos de especialização e publicações técnicas (BARROSO NETO, 1998).

Suas atividades no Brasil e na América Latina seguem se destacando até hoje, já tendo sido reconhecido com títulos *honoris causa* em universidades no Brasil (universidades estaduais do Rio de Janeiro – UERJ – e de Santa Catarina – UDESC), no Chile e no México. Suas publicações continuam a contribuir para uma sólida formação conceitual do design na América Latina e no mundo, ajudando a configurar o caminho do design como ferramenta para o desenvolvimento, a competitividade e a inovação.

Design: assistencialista ou participativo?
A dialética dessas duas alternativas lembra, de alguma forma, o dilema do antropólogo diante de uma sociedade isolada: confinar e preservar, ou integrar e assumir riscos? Estes dois pontos de vista – sobre o papel que o design deve representar na sociedade – dialogam através das obras de Papanek e Bonsiepe. As premonitórias preocupações ambientais de Papanek resultam em produtos "não design" e *"ultra-low-tech"*, e na exaltação das competências locais tradicionais e das *tecnologias alternativas*. De maneira diversa, Bonsiepe encoraja a adoção de tecnologias *apropriadas* que pudessem ser conduzidas localmente, levando em consideração aspectos referentes à transferência de tecnologia e à dependência, e apoiando o

design de produtos sustentáveis. Adicionalmente, ele ressalva que, algumas vezes, uma tecnologia *apropriada* pode ser a mais moderna tecnologia – mas nunca uma tecnologia cara e obsoleta. Schumacher (1973) lembra que muitos produtos não podem ser produzidos senão por indústrias modernas e altamente sofisticadas, e que ele de maneira alguma defende que se repassasse para os países periféricos tecnologias inferiores ou defasadas. No entanto, diz ele, às vezes é melhor prover uma tecnologia de cem dólares numa região de um dólar do que promover um salto para uma tecnologia de mil dólares, que iria matar todas as iniciativas locais. Enquanto a primeira exigiria uma poupança de dez anos para adquirir os meios de produção, a outra – mais sofisticada e mais cara – demandaria uma centena ou mais de anos da poupança local, destruindo todas as possíveis perspectivas de crescimento social, ampliando o abismo social e resultando em tensões.

Margolin (2007) ressalta a importância da parceria entre o ICSID e a UNIDO, afirmando que a ONU "entendeu que o design é parte do processo de desenvolvimento" (p. 112). Ao mesmo tempo, ele critica tanto Papanek quanto Schumacher, pela visão de ambos sobre um desenvolvimento com foco em projetos de baixa tecnologia, produção de pequena escala e redução de pobreza em lugar de contribuir para o desenvolvimento nacional. Segundo Margolin, a perspectiva de Papanek e Schumacher era "uma visão muito mais restrita do design para o desenvolvimento" (MARGOLIN, 2007, p. 115).

A palavra *desenvolvimento* e sua natureza fugidia são discutidas pelo arquiteto e urbanista Nabeel Hamdi – em especial quando essa se refere à promoção de mudança social. Definir – e encontrar consenso – sobre o que se entende por desenvolvimento torna-se crucial para se atingir os objetivos esperados. Segundo Hamdi:

[...] desenvolvimento é o que você quiser que seja, dependendo da sua política e ideologia: crescimento econômico, direitos, liberdade, meios de subsistência, boa governança, conhecimento, poder – todos estes em geral intercalados com palavras como "integração", "sustentabilidade", "empoderamento", "parcerias", "participação", "comunidade", "democracia", ou "ética". Combinados, todos os ideais invocados por estas palavras nos oferecem esperança de construir um mundo melhor e mais justo, e, para a maioria pobre ao redor do mundo, um acordo melhor (HAMDI, 2004, p. xv).

Com sua dose costumeira de bom humor, Tomas Maldonado retrata esta discussão polarizada no seu ensaio *A idade projetual e Daniel Dafoe*. No seu texto, Maldonado denomina os defensores de cada lado como "partidários das tecnologias pobres" e "partidários das tecnologias ricas". Segundo ele, os partidários das tecnologias pobres "entronizam Robinson Crusoé como aquele que se rebela contra os injustos condicionamentos das instituições do seu tempo" (MALDONADO,

2012, p. 192). No entanto, Maldonado argumenta que "a tecnologia pobre de Robinson nada mais é do que uma versão emergencial da tecnologia rica típica da época de Dafoe" (p. 192). O autor finaliza advertindo que esta não é uma alternativa plausível para a complexidade da vida moderna – "os problemas que temos hoje não se definem nem se resolvem em termos de aceitação ou de renúncia às instituições" (p. 192). Em outras palavras, embora o uso de "tecnologias pobres" possa se justificar em situações emergenciais, estas não devem ser vistas nem idealizadas como uma alternativa às "tecnologias ricas".

É neste universo do elogio (ou da sobrevalorização) das tecnologias pobres que se situa um exemplo recente: no texto de introdução de uma exposição ocorrida em 2012 no Rio de Janeiro (*O Design da Favela*, Centro Carioca de Design), os curadores descrevem o que eles chamam de *design da favela* como o "design empírico, informal e espontâneo que nasce e vive nestas comunidades". Essa abordagem remete às ideias de Papanek e seu *empoderamento* do indivíduo – qualquer indivíduo – como designer. É aqui que a ação de conceber/criar alguma coisa (ou o design como verbo) começa a ser confundida com uma atividade para a qual o designer se qualifica extensivamente, pratica sistematicamente, e abraça como profissão. Ou, como diz Ghose (2000): "Design é uma atividade ancestral, ainda que seja uma profissão moderna" (p. 188).

Rachel Cooper, coordenadora da coleção *Design for social responsibility*, traça um perfil de como evoluiu a discussão sobre responsabilidade social desde os anos setenta.

A responsabilidade social, sob variadas formas, tem sido tema recorrente para o design ao longo dos anos. [...] Nos anos setenta os designers foram encorajados a abandonar o 'design para o lucro' em favor de uma abordagem mais generosa inspirada por Papanek.

Nos anos oitenta e noventa as questões éticas e o lucro já não eram consideradas mutuamente excludentes e surgiram conceitos mais orientados para o mercado, como o 'consumo verde' e o investimento ético. A aquisição de produtos e serviços 'éticos' e socialmente responsáveis foi estimulada pela disseminação da pesquisa sobre aspectos da sustentabilidade em publicações de consumo. Acessibilidade e inclusão também atraíram um bocado de interesse do design e mais recentemente os designers se voltaram para solucionar problemas sociais e relacionados ao crime.

Decisões de design têm impactos ambientais, sociais e éticos, por isso há uma necessidade urgente de fornecer orientações para designers e estudantes de design dentro de um quadro global que ofereça uma abordagem holística para o design socialmente responsável (COOPER, 2014).

Há, no entanto, ainda outra questão extremamente relevante à análise dos discursos do design para a necessidade e do design para o desenvolvimento. É o que diz respeito ao grau de *imposição de conhecimento* que se verifica em uma, face à característica de *transferência de conhecimento* presente na outra. Papanek, ao advogar a ideia de "projetar para as necessidades das pessoas ao invés dos seus desejos" (PAPANEK, 1985, p. 234), exclui os usuários do processo de design, e delega ao designer a atribuição de determinar quais são as necessidades dos outros.

Pode-se dizer, de uma maneira geral, que enquanto Papanek discutia o *design para*, Bonsiepe defendia o *design com*, ou mais ainda, o *design em* – com designers trabalhando localmente de forma efetiva, não em curtas visitas antropológicas. Citando Bonsiepe, Heskett (1997) indica que o assim chamado Primeiro Mundo não deveria pretender projetar *'para esses'* países periféricos, mas o design deveria ser desenvolvido *'nesses'* e idealmente *'por esses'* países. Bolton e Park (2011) retomam o tema e citam três níveis possíveis para o envolvimento dos usuários no processo de criação de produtos: (a) **indireto** (*design para*); (b) **participativo** (*design com*); e (c) **cocriação** (*design por*). Seria injusto não mencionar que Papanek reconhecia também a importância de se ter designers oriundos dos países centrais trabalhando nos países em desenvolvimento – até mesmo visando a formar mão de obra ou transferir (e trocar) conhecimentos. Sua prática, no entanto, não correspondia a esse discurso, ao desenvolver com seus estudantes nos Estados Unidos e na Europa projetos de baixa complexidade tecnológica para serem levados para a periferia.

Tais ideias nos permitem pensar em um modelo a partir do qual se poderia analisar o grau de transmissão, troca de conhecimento, participação e crescimento de autonomia em relações de transferência de conhecimento de design, como exposto a seguir.

Design e desenvolvimento – um modelo virtuoso

Existem diferentes modelos utilizados para descrever escalas de evolução progressiva na implementação do design nas empresas, ou no governo, ou para determinar diferentes estágios de competitividade e de inovação – como os fatores de competitividade de Michael Porter. Baseado em alguns desses exemplos, é possível elaborar um modelo conceitual que indique uma progressiva redução da dependência externa em direção à autonomia na produção local de design.

Nesta formulação, as diversas fases de intervenção do design em direção a promover o desenvolvimento são representadas por meio de um modelo conceitual especialmente voltado para esta questão: a *Escada Virtuosa do Design e do Desenvolvimento*. Esse modelo toma emprestada a ideia da *escada do design* elaborada pelo Danish Design Centre em 2003, além de se basear em outros modelos que representam implementações graduais de design e desenvolvimento apresentados por autores diversos (como Alpay Er, Michael Porter, Gui Bonsiepe e John Heskett). Baseia-se ainda no modelo de envolvimento do usuário no processo do design proposto por Bolton e Park (2011) e nas observações de Bonsiepe sobre a importância de se desenvolver estratégias de design *nos* países periféricos, e não *para* esses países. Neste modelo, evolui-se em quatro degraus consecutivos, desde um estágio de dependência em direção a um estágio de autonomia do design.

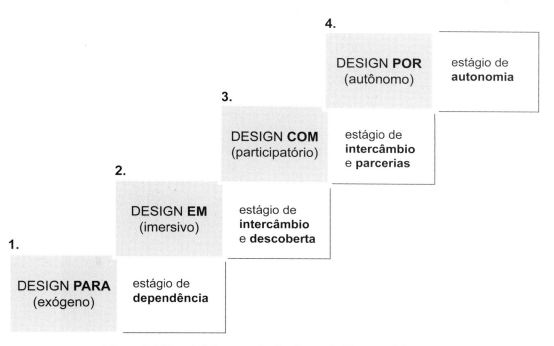

Figura 3.1 Escada Virtuosa do Design e do Desenvolvimento

1. Exógeno/Design para
Este primeiro estágio é claramente intervencionista, assistencialista e, portanto, espera-se que pouco aplicável, ou pelo menos indesejável. Nele, há uma ação propositiva externa, na qual designers não nativos, baseando-se em pesquisas sobre o conhecimento e a cultura local, desenvolvem projetos *para* o local.

2. Imersivo/Design em
Ainda intervencionista sob certos aspectos, este estágio pressupõe que o designer não nativo se estabeleça (residente) e atue *no* local, ficando imerso e procurando absorver aspectos da cultura e conhecimentos locais, ao mesmo tempo em que estabelece sondagens e mapeamentos de parceiros locais, iniciando uma relação de intercâmbio.

3. Participatório/Design com
O terceiro estágio é aquele em que as parcerias estão estabelecidas e consolidadas, e o designer não nativo tem a função de trazer novos conhecimentos, metodologias ou tecnologias e compartilhá-las ao fazer projetos *com* seus pares locais, embora ainda numa relação de liderança, estabelecida a partir do seu domínio de um determinado conhecimento.

4. Autônomo/Design por
No estágio final, o design está desenvolvido e a atividade é exercida e coordenada *por* locais. Esta situação não impede que haja parcerias e intercâmbios, mas estes se darão entre iguais, cada qual contribuindo de acordo com sua bagagem para o desenvolvimento de um design 100% local.

Esse modelo conceitual destina-se, sobretudo, a analisar e classificar as intervenções de design sobre culturas diversas, principalmente a partir da discussão estabelecida entre os dois autores utilizados como referenciais na polarização do discurso do design para a necessidade ou para o desenvolvimento. Entretanto, ele pode ainda ser aplicado a outros tipos de intervenções do design – como, por exemplo, na colaboração de designers com pequenos grupos de artesãos, comunidades, ou Arranjos Produtivos Locais (APL). Nesses casos, o primeiro estágio poderia ser especialmente danoso, e só deveria ser considerado em casos excepcionais – como quando o conhecimento local tradicional se deteriorou ou se perdeu. Assim, o designer e sua equipe precisam desenvolver uma pesquisa histórica para promover a reinstalação desse conhecimento, que, nesse caso, possivelmente envolveria os conhecimentos de profissionais da Antropologia, da História e de outras ciências. O primeiro estágio é também característico de intervenções assistencialistas emergenciais, quando uma nova tecnologia pode promover ou trazer um salto necessário na superação de condições extremas. Sobre este último aspecto, Mozota (2003) afirma que o design "acelera a aceitação sociológica da tecnologia" (p. 45).

O design e os problemas do mundo (uma conclusão)
Como num processo dialético hegeliano, percebe-se que os dois conceitos que aparentavam ser inicialmente contraditórios – o design voltado para suprir necessidades básicas e o design como fator de desenvolvimento – encontram pontos de reconciliação numa formulação contemporânea de design voltado para os interesses sociais de uma maneira mais ampla, na qual todas as partes envolvidas são contempladas. Estes pontos em comum poderiam ser identificados até mesmo dentro do "decálogo do bom design" formulado por Dieter Rams. Afinal, resta que a principal contribuição de Papanek ao design contemporâneo

certamente não está na sua visão ingênua e paternalista sobre os países em desenvolvimento (e sua capacidade de projetar seu próprio futuro), nem no radicalismo do seu discurso que propunha um total *reboot* da sociedade (como se isso fosse possível). Sua contribuição mais efetiva está na crítica ao modelo insustentável de realimentação contínua do consumo por meio de mecanismos como a obsolescência programada e a exaustão de recursos naturais, que deixam ainda hoje um passivo cada vez mais impagável e frequentemente repassado exatamente a esses países periféricos, inundados que são por tecnologias obsoletas e diversas outras formas de refugos industriais, sociais e econômicos.

O discurso atual de Bonsiepe, conciliador em relação ao papel representado por Papanek na história do design dos anos 1970, reconhece Papanek como pioneiro em trazer as causas sociais e ambientais para o centro da discussão do design, replicando discursos que já eram ouvidos na arquitetura e na economia, como os de Buckminster Fuller e E. F. Schumacher. Outras vozes na Europa hoje se alinham e fazem eco a essas preocupações, como o teórico do design John Thackara, e a própria Fundação Papanek da Universidade de Viena – que, segundo o website da fundação, "apoia o design como uma prática inovadora e criativa com o potencial de transformar sociedades e contribuir para o bem-estar da humanidade". Mesmo as ideias propagadas hoje nas políticas públicas de design, de ações inclusivas e cocriadoras, com forte participação da sociedade, são certamente parte do legado de uma visão do design sobre a sociedade que significou uma mudança de uma relação de consumo para uma relação de uso e cocriação, com atenção contínua aos serviços e às experiências de uso, e que caminha hoje para novos paradigmas de uso compartilhado, cofinanciamento, maior interação social e retomada de processos de cidadania.

Isso não deve significar, no entanto, que a leitura de Papanek possa ser feita hoje em dia sem críticas; sem, por exemplo, considerar o que ele próprio diz em frases curtas no prefácio da segunda edição do seu livro *Design for the real world* (1985). Ali, ele reconhece que sua abordagem radical fez parte de um comportamento da época que não cabia mais na sociedade após pouco mais de uma década (a primeira edição havia sido publicada em 1971). Papanek reconhece também que foi um erro sua experiência de propor soluções para os problemas dos países periféricos desenvolvendo projetos em salas de aulas dos Estados Unidos e da Europa – especialmente ao desconsiderar a capacidade local para resolver os próprios problemas, mesmo que apoiados por técnicos/designers vindos de fora (mas que conhecessem e convivessem com a realidade desses países a ponto de poderem interpretá-la de forma minimamente coerente). O economista inglês Christopher Freeman, autor de uma extensa obra sobre competitividade e inovação, adverte que "evidências empíricas apontam para a conclusão que os hiatos tecnológicos podem se estender por longos períodos" (FREEMAN, 2004, p. 543), e também que tecnologia é um "alvo móvel" – tentar alcançar o patamar tecnológico dos países mais desenvolvidos vai apenas manter a distância que os separa (FREEMAN, 2004). O próprio Freeman nos relembra dos escritos do teórico alemão da economia Friedrich List, que, em meados do século XIX, indicava que o principal foco de investimento para promover a competitividade e a inovação deveria ser o *capital intelectual* – e mesmo Adam Smith já dissera isso no século XVIII. Freeman conclui que "o investimento infraestrutural de longo prazo no 'capital mental' e em seu aperfeiçoamento é crucial para o sucesso do desenvolvimento econômico, e para a performance competitiva dos negócios" (FREEMAN, 2004, p. 565). Pode-se então especular que a adoção de determinadas ideias de Papanek sobre o uso de tecnologias locais e de baixo/baixíssimo impacto poderia ter ocasionado um aprofundamento do abismo de conhecimento – e, consequentemente, o hiato social e econômico – entre países centrais e periféricos, alimentando ainda mais a dependência que ele pretendia combater por meio de uma pretensa autonomia. Seu discurso contra a indústria, a sociedade e os designers desconsiderava, entre outras coisas, os aspectos emocionais e aspiracionais como fatores de motivação humana.

Num texto que já tem cerca de vinte anos – e que, portanto, faz parte dessa história do pensamento sobre design e desenvolvimento – o professor Alpay Er diz que ambos os modelos (design para a necessidade e design para o desenvolvimento) de certo modo fracassaram nos seus intentos. No entanto, ele ressalva que "a ideia de que o design possa funcionar como agente de desenvolvimento no terceiro mundo ainda persiste" (ALPAY ER, 1997, p. 296). Segundo ele, "o design pode ainda ter alguma contribuição ao processo de desenvolvimento dos países do terceiro mundo, mas este seria um subproduto do seu papel principal de competitividade num contexto orientado para o mercado" (p. 300). Ou seja: no mundo de hoje, pode-se dizer que, mais do que seu possível papel na promoção do desenvolvimento, o design é instrumento fundamental para a inovação e a competitividade.

As ferramentas e o pensamento do design – especialmente quando aliadas de maneira transdisciplinar (na acepção de Piaget) com diversos outros conhecimentos – podem contribuir muito para promover mudanças sociais. Mas o design por si só não vai mudar a sociedade – os designers não têm esse poder.

O design não vai salvar o mundo.

Referências

ADP & FGV. *Pesquisa setorial sobre impacto do design no desempenho das empresas.* Associação de Designers de Produto & Fundação Getúlio Vargas, 2007. Disponível em: <http://adp.org.br/projetos/projeto-3>. Acesso em: 23 abr. 2015.

ALPAY ER, H. *The emergence and development patterns of industrial design in the newly industrialised countries with particular reference to Turkey.* (Tese de doutorado) – Manchester: Institute of Advanced Studies, The Manchester Metropolitan University, 1994.

_____. Development patterns of industrial design in the third world: a conceptual model for newly industrialised countries. *Journal of Design History*, v. 10, n. 3, p. 293-307, 1997.

_____. Does design policy matter? The case of Turkey in a conceptual framework. In: LEE, S. (ed.) *Design policy and global network:* world design forum proceedings. Seongnam: KIDP; ICSID, 2002.

BARROSO NETO, E. *Laboratório brasileiro de design:* uma história que não terminou (1984-1997). Fortaleza: ABIPTI, 1998. Disponível em: <http://www.scribd.com/doc/3734480/lbdi>. Acesso em: 1 set. 2015.

BICKNELL, J.; McQUINSTON, L. *Design for need*: the social contribution of design. Oxford: ICSID; Pergamon Press, 1977.

BOLTON, S.; PARK, C. *Unlocking hidden innovation through user-centred design research*: a framework for managing uncertainty. [Artigo não publicado] Hong Kong: Tsinghua-DMI International Design Management Symposium, 3-5 dez. 2011.

BONSIEPE, G. *Development through design* – a working paper prepared for UNIDO at the request of ICSID. Viena: UNIDO, 1973a.

_____. Piruetas del neo-colonialismo. *Revista Summa*, v. 67, p. 69-71, 1973b.

_____. Precariousness and ambiguity: industrial design in dependent countries. In: BICKNELL, J.; McQUINSTON, L. *Design for need,* the social contribution of design. Oxford: ICSID; Pergamon Press, 1977.

_____. *Teoría y práctica del diseño industrial*: elementos para una manualística crítica. Barcelona: Gustavo Gili, 1978.

BRAGA, M. C. *Organização profissional dos designers no Brasil:* APDINS - RJ, a luta pela hegemonia no campo profissional. [Tese de doutorado] Niterói: Universidade Federal Fluminense, 2005.

CARDOSO, R. *Design para um mundo complexo.* São Paulo: Cosac Naify, 2012.

COOPER, R. *Design for social responsibility.* 2014. Disponível em: <https://www.ashgate.com/default.aspx?page=5177&series_id=368&calcTitle=1&lang=cy-gb>. Acesso em: 29 abr. 2015.

DESIGN COUNCIL. *The value of design factfinder*. UK Design Council, 2007. Disponível em: <https://www.designcouncil.org.uk/sites/default/files/asset/document/TheValueOfDesignFactfinder_Design_Council.pdf>. Acesso em: 23 abr. 2015.

DMI. *The value of design*. Design Management Institute, 2014. Disponível em: <http://www.dmi.org/?DesignValue>. Acesso em: 23 abr. 2015.

FLUSSER, V. *The shape of things*: a philosophy of design. London: Reaktion Books, 1999.

FREEMAN, C. Technological infrastructure and international competitiveness. *Industrial and Corporate Change*, v. 13, n. 3, p. 541–569, 2004.

GHOSE, R. Design, development, culture and cultural legacies in Asia. In: HABERMAS, J. Technology and science as "ideology". In: _____. *Toward a rational society*: student protest, science, and politics. Boston: Beacon Press, 1970.

HAMDI, N. *Small change*: about the art of practice and the limits of planning in cities. London: Earthscan, 2004.

HESKETT, J. *Industrial design*. London: Thames and Hudson, 1997.

LEON, E. Brasil, o desgoverno em design. *Design & Interiores*, v. 4, n. 22, p. 38-41, 1991. São Paulo: Projeto Editores Associados.

MAGALHÃES, A. O que o desenho industrial pode fazer pelo país? *Arcos*, v. 1, n. 1, p. 9-12, 1998. Rio de Janeiro: ESDI/UERJ.

MALDONADO, T. *Cultura, sociedade e técnica*. São Paulo: Blucher, 2012.

MARGOLIN, V. Design for development: towards a history. *Design Studies*, v. 28, n. 2, p. 111-115, 2007.

MARGOLIN, V.; BUCHANAN, R. *The idea of design*. Cambridge: MIT Press, 2000.

MOZOTA, B. B. *Design management*: using design to build brand value and corporate innovation. Nova York: Allworth Press, 2003.

NUSSBAUM, B. Is humanitarian design the new imperialism? *Co.Design/Fast Company* [on-line]. 2010. Disponível em: <http://www.fastcodesign.com/1661859/is-humanitarian-design-the-new-imperialism>. Acesso em: 24 abr. 2015.

PAPANEK, V. *Design for the real world*: human ecology and social change. Nova York: Pantheon Books, 1971.

RAMS, D. Dieter Rams: ten principles for good design. *VITSOE/Good Design* [on-line]. Disponível em: <https://www.vitsoe.com/rw/about/good-design>. Acesso em: 23 abr. 2015.

RAWSTHORN, A. An early champion of good sense. *Design, The New York Times* [on-line]. 2011. Disponível em: <http://www.nytimes.com/2011/05/16/arts/16iht-design16.html>. Acesso em: 23 abr. 2015.

SALLES FILHO, S. Política de ciência e tecnologia no I PND (1972/74) e no I PBDCT (1973/74). *Revista Brasileira de Inovação*, v. 1, n. 2, p. 397-419, 2002.

SCHUMACHER, W. *Small is beautiful*: a study of economics as if people mattered. London: Blond & Briggs, 1973.

SPARKE, P. *Design in context*: history, application and development of design. London: Bloomsbury Publishing, 1987.

THACKARA, J. How to be good: rules of engagement for design and development. *Doors of perception* [on-line]. 2012. Disponível em: <http://www.doorsofpercetion.com/development-design/how-to-be-good-rules-of-engagement-for-design-and-development/>. Acesso em: 23 abr. 2012.

UNIDO SECRETARIAT. *Basic guidelines for policy of industrial design in developing countries*. Viena: UNIDO, 1975.

40 anos depois

Entrevista com Gui Bonsiepe, por Gabriel Patrocínio e José Mauro Nunes

No início dos anos setenta, a Organização das Nações Unidas para o Desenvolvimento Industrial (UNIDO) encaminha uma demanda ao Conselho Internacional de Sociedades de Design Industrial (ICSID), por um estudo que fizesse recomendações sobre a implantação de políticas nacionais de design em países periféricos. Como o design poderia ser usado para alavancar o desenvolvimento dessas nações?

Após uma primeira tentativa descartada como insatisfatória, a tarefa é atribuída, em 1973, e já então em caráter de urgência, ao designer Gui Bonsiepe. Sua experiência de designer europeu com residência permanente na América do Sul (Argentina e Chile), desde sua saída da HfG Ulm em 1968, habilitava-o a falar como quem praticava design – ou melhor ainda, praticava políticas de design – em países periféricos.

Passados quarenta e dois anos, como o autor enxerga hoje aquele seu texto de 1973? Nesta entrevista, concedida em março de 2015, Bonsiepe fala sobre políticas de design e desenvolvimento, necessidades básicas atendidas pelo design e globalização, fazendo comentários importantes em relação ao texto original (publicado como anexo ao fim deste livro, juntamente com o documento final editado pela UNIDO em 1975).

Bloco 1: Políticas de design

Gabriel: No ensaio *Design e democracia*[1], você menciona que uma política atualizada de industrialização deveria incluir a contribuição do design de informação. Essa seria a principal atualização ao seu documento sobre políticas nacionais de design? (*Development through design*, feito em 1973 para a UNIDO.)

Bonsiepe: Esse documento foi escrito há 42 anos num contexto histórico muito diferente. É difícil manter a relevância ou o mesmo valor orientativo que teve quando foi criado. Como se sabe, houve mudanças radicais nesse período (além do crescimento da biogenética e das neurociências), como o surgimento das tecnologias da informação e da comunicação (*information and communication technologies*), que constituem um amplo novo campo, tanto para as políticas de desenvolvimento quanto para o design. Naquele momento, quando o ICSID me requisitou um esboço de resposta ao pedido que vinha da UNIDO, o enfoque centrou-se no *hardware*, em produtos físico-materiais. Ainda hoje, considero

---

[1] In: Bonsiepe, G. *Design, cultura e sociedade*. São Paulo: Blucher, 2011. p. 15-25

indispensável que uma política de industrialização esteja focada nos produtos e nas indústrias de transformação, porém que ao mesmo tempo dê prioridade à tecnologia das mídias. Conhecemos as aferradas resistências dos conglomerados de informação a qualquer intenção de democratizar ou reduzir o enorme poder que detêm. Ao estarem tão encastelados no sistema político e social, às vezes, quando surgem vozes que se atrevem a questionar esse poder e exigir uma maior democratização, tais vozes são acusadas de antidemocráticas e populistas. Esses conglomerados não hesitam em se apresentar como os representantes únicos da democracia – uma pretensão desmedida e, por isso, questionável.

Outro ponto novo comparado com quarenta anos atrás é o da relação entre design e ciência, entre design e conhecimento. Acho indispensável que o design seja incorporado nas políticas de inovação científica e tecnológica, colaborando nos institutos de pesquisa com cientistas, dando aportes para as ciências desde a perspectiva do design. É uma nova área, mas obviamente existem antecedentes históricos. Esse novo campo se designa hoje com o termo ainda um tanto vago – por isso uso-o com cautela – *knowledge design*. O *knowledge design* é de central importância nesta mudança que houve ao longo desses anos – deixando de lado qualquer aspecto político – e espero que não se transforme num modismo usado de forma oportunista.

Além desses principais pontos de atualização, me permito uma observação crítica: o documento foi escrito com a ideia de que o "desenvolvimento", em geral, e o "desenvolvimento industrial", em especial, fossem "bons". Supus – bastante ingênuo – que de uma ou outra maneira esse processo contribuísse para diminuir a desigualdade nas sociedades periféricas. De qual misteriosa forma isso iria acontecer, não estava claro. Hoje, adotaria uma postura mais crítica em relação ao conceito "desenvolvimento", pois não é um conceito neutro, sempre está ligado a interesses que refletem constelações de poder. Perguntaria: desenvolvimento para quem? E, mais ainda, perguntaria pelo conteúdo desse processo e pela interpretação que grupos sociais afetados pela industrialização dão a esse conceito. Certamente, não o limitaria mais a um processo para aumentar o PIB. Uma interpretação economicista me parece estreita demais. Uma comunidade que mora numa extensa área transformada em parque nacional, onde um governo pretende construir uma estrada, não compartilha da mesma concepção de desenvolvimento que os políticos que decidem pela construção que incidiria de forma negativa na vida dessa comunidade. Não considera que "desenvolvimento" seja a posse de um celular ou de um aparelho de TV e tem bons motivos para suspeitar que o objetivo da construção dessa estrada consiste menos em levar-lhe o "progresso" que em facilitar o acesso aos recursos naturais para a exportação em benefício dos interesses financeiros de investimento.

Hoje, também levaria um pouco mais em conta os efeitos ambientais e sociais da industrialização, assim como o perigo de qualquer forma de dirigismo de cima para baixo e supostas "restrições anônimas" tão amadas pelos círculos fechados dos expertos, fora do controle democrático.

Gabriel: Falando ainda em uma visão atualizada desse documento de 1973, você acredita que o design de serviços (nas áreas pública e privada) e o design de políticas públicas (o design estratégico como ferramenta para desenvolver, implementar e avaliar políticas públicas) são contribuições que poderiam ser acrescentadas hoje àquele documento?

Bonsiepe: Certamente. Sou um forte defensor de políticas públicas na área de design – e isso apesar do perigo permanente intrínseco da burocratização (um perigo endêmico em qualquer administração). Porém, se olharmos criticamente o estado atual das políticas públicas de design, estas existem, no melhor dos casos, só nominalmente, em forma de documentos de caráter declarativo, mas, na prática, salvo louváveis exceções, são muito reduzidas. Isso porque o domínio público e a preocupação com interesses comuns foram praticamente extirpados a partir dos anos oitenta, particularmente na América Latina, que sofreu este *tsunami* das políticas de privatização. O que existia em políticas públicas de design foi também arrasado. Pergunto então: ainda podemos falar em políticas públicas efetivas e não só declarativas? Pois até o mais desatualizado político tem compreendido que sem design, hoje, não se chega muito longe.

O design de serviços – uma nova área que surgiu há cerca de vinte anos – é uma atividade coordenadora, principalmente. Como ação coordenadora, o design de serviços incorpora componentes do design gráfico, da comunicação visual e do design industrial, que cumprem a função de suportes com os quais se realizam os serviços. Em 1973, essa atividade seguramente já existia – por exemplo, nas políticas de identidade corporativa das empresas –, embora sem essa etiqueta.

Além disso, refere-se aos processos com os quais os cidadãos lidam para resolver procedimentos na administração pública, muitas vezes inventados e implementados desde a perspectiva do administrador e não do cidadão. Uma melhora dos serviços públicos para o cidadão é uma necessidade inegável. E, aí, o design pode contribuir para reduzir a irracionalidade dos processos tantas vezes humilhantes que o cidadão deve enfrentar para resolver problemas da vida cotidiana. O design pode ajudar na transformação de serviços em boa parte hostis ao cidadão (*user-unfriendly*) em serviços orientados ao cidadão (*user-friendly*).

O design de políticas públicas (desde uma perspectiva do design) é uma tarefa ainda por fazer e, sobretudo, por implementar. Acho indispensável reforçar as políticas públicas de design nestes países que saem da categoria "países periféricos", como o Brasil, que está hoje incorporado aos BRICS e já tem um papel mais importante na economia, e até na política, internacional. Porém, como corpo profissional, os designers deveriam se perguntar se foram capazes de avançar até os centros de poder nos quais políticos e representantes de outras profissões – principalmente economia, finanças, fazenda, tecnologia, administração, *lobby* –, e não os designers, tomam as decisões. Pergunto: onde estão os designers nesse sistema complexo?

Gabriel: A insistência em tratar da "atualização" de seu documento é por entender que ele permanece atual em muitos aspectos. É obvio que há algumas questões datadas, como, por exemplo, a divulgação e a promoção do design, em que você falava da importância do rádio, do cinema e da televisão. As mídias se modificaram, mas a ideia permanece a mesma.

Bonsiepe: Considero que o teor básico do documento de reduzir a dependência e aumentar a autonomia mantém a mesma relevância de quatro décadas atrás. Esse é o caminho ao qual as políticas de desenvolvimento podem ou poderiam, devem ou deveriam, destinar-se. Obviamente, uma política com tal orientação pode entrar em conflito com interesses antagônicos, tanto internos como externos, que não veem com simpatia, mas sim com desconfiança, esses esforços. Em não poucos aspectos, lida-se com uma realidade que, pela falta de um melhor termo, se chama "neocolonialismo". É aí que se encontra a diferença fundamental em relação ao design – e às políticas de design – nos países centrais.

Gabriel: No seu documento de 1973, você fala que os designers deveriam inverter as suas prioridades e dirigir as suas atenções prioritariamente ao governo, para então chegar aos empresários e, enfim, à sociedade. O professor John Heskett também falava que os designers precisam aprender a falar com o governo – que tem outra linguagem, outra forma de atuação, e outras prioridades, bastante diferentes daquelas que os designers estão acostumados a dominar. Você ainda acha que essa ordem de prioridades deve prevalecer hoje em dia? Como você acha que os designers devem estabelecer esse diálogo com o governo?

Bonsiepe: Primeiro, devem saber de política e interpretar o conceito de cidadania, ocupar o espaço da cidadania. Pergunto: os estudantes dos cursos de design hoje têm uma formação política, digamos, oposta ao festejo da individualidade? Não se deve esperar passivamente que o governo garanta trabalho ou convoque os designers. Em razão da banalização que o conceito *design* sofreu, incluindo o ensino do design, temo que os políticos atuais tenham uma ideia confusa e até equivocada do design ou da possível contribuição dos designers para a solução de problemas da comunidade e da indústria. Possivelmente, a compreensão do design por parte da maioria dos políticos se limita a uma interpretação simplista, como ferramenta do marketing político; vale dizer, a repetição do conhecido: em vez da publicidade de sabão em pó para lavar roupas, agora publicidade para políticos.

Gabriel: Você fala da demonização da intervenção do Estado na economia – exceto quando é para resgatar instituições financeiras quebradas. Você acredita que essa mesma negação do papel do Estado na regulação dos processos de mercado e, especialmente, nas políticas industriais seja uma barreira para uma adoção mais ampla de ferramentas de gestão nacional de programas de design? Falo aqui especificamente de modelos como o do Design Council, adotado em diversos países europeus e asiáticos de altíssima performance competitiva, e que segue sendo negado como viável – ou financiável – na América Latina.

Bonsiepe: O Estado abdicou do papel de orientador de uma política industrial, e não faz sentido falar em política de design sem uma política industrial como condição prévia, ou sem que estejam ligadas uma à outra. Em geral, os países latino-americanos sofreram um processo de desindustrialização como corolário da abertura irrestrita das importações. Consequentemente, os programas nacionais de design se limitam em considerável medida a tarefas de promoção de eventos, cadastros, promoções, selos de design, prêmios – ou seja, atividades correlativas, sem intervir nos pontos nevrálgicos da indústria. Por isso, optam às vezes pelo apoio ao design artesanal como alternativa para a falta de um design para a indústria. Apoiam os designers empreendedores para que, pelo menos, coloquem um produto no mercado. Podemos perguntar se, nos intentos de reindustrializar, a chance de se orientar às pequenas e médias empresas tem sido aproveitada. Os relatórios falam de centos de produtos cujo desenvolvimento foi apoiado pelo Estado, de centenas de selos, porém isso não se reflete em produtos com design industrial no mercado. Então, os organismos de promoção do design, como os programas nacionais de design, enfrentam um complicado problema: como ir além de atividades tangenciais e atingir a difícil clientela das pequenas e médias empresas? Pois, obviamente, o design é uma palavra da moda e, por isso, alguns políticos consideram oportuno incluir esse termo na gama das atividades governamentais. A formulação de um programa nacional de design é a condição necessária, porém não suficiente, para uma política efetiva de design.

Bloco 2: Design para atender a necessidades básicas ou para crescer?

Gabriel: Em 1973, havia dentro do ICSID um grupo de trabalho sobre *design for need*, que tinha o designer Victor Papanek como consultor e, possivelmente, como expoente máximo em virtude da grande repercussão do seu livro, então recém-lançado, *Design for the real world*. Subitamente, no entanto, nesse mesmo ano, o ICSID recebeu uma consulta da UNIDO a este respeito, e encarregou você de produzir um documento tendo como tema políticas de design para os países periféricos. Como se deu essa mudança? Nesse mesmo ano, você passou a integrar o *board* do ICSID – isso de alguma forma fez parte desse episódio?

Bonsiepe: Você pergunta por que o ICSID não encarregou Victor Papanek, autor de um *best-seller* sobre design fora do regime dos produtos no mercado, de escrever a resposta para a UNIDO. Não sei. O fato é que um colega dos Estados Unidos havia formulado um documento que aparentemente não correspondia às expectativas do ICSID. É difícil elaborar um documento político sem uma base empírica extensa. Eu já havia trabalhado cinco anos e adquirido uma experiência concreta no contexto local de um país periférico, não vinha como os consultores "andorinha", que fazem uma curta visita num país periférico e, com base nessa visita, formulam recomendações. Esse trabalho de formular um documento para a UNIDO foi imprevisto e, ainda, com um prazo tão curto (seis semanas), que duvidei se podia produzir um documento à altura das expectativas do ICISD. Não me ofereci para fazer o trabalho, pediram-me o trabalho numa situação quase de emergência.

Gabriel: Na minha tese de doutorado, exploro um pouco esse tema e especulo que, se a visão do Papanek sobre o design nos países periféricos tivesse de alguma forma prevalecido ou merecido maior destaque diante dos governos periféricos naquela época, isso teria aprofundado ainda mais as relações de dependência. Nesse sentido, seria mais que adequado o termo que deu título à sua crítica ao livro de Papanek, "piruetas do neocolonialismo", dados os riscos envolvidos na eventual adoção daquelas práticas preconizadas pelo autor. Você concorda com a visão de que haveria um aprofundamento da dependência caso aquele rumo fosse seguido?

Bonsiepe: É possível refletir sobre as consequências se isso tivesse acontecido, nada mais. Eu não poderia especular sobre as consequências de uma possibilidade hipotética. Papanek tem o mérito de haver chamado a atenção a problemas de design fora do *mainstream* da profissão. Minha crítica se dirigiu contra o que me parece um romanticismo anti-industrial encantado pelas soluções simples, com aroma do "faça você mesmo", muito atrativo particularmente para jovens designers que mantêm certa reserva e até aversão ao leque de produtos que constituem a corrente dominante na prática profissional. Papanek identificou um problema, porém o caminho que ele propôs para resolver o problema me parecia equivocado. Quando estive, em 1964, ensinando durante um semestre na Carnegie Mellon University, em Pittsburgh, Victor Papanek me convidou para uma visita à Carolina do Norte, onde trabalhava naquele momento. Respeito o trabalho que ele fez, porém mais tarde, com base nas minhas próprias experiências, percebi limitações no enfoque dele ao desenvolvimento do design nos países periféricos. Meu respeito por ele não me impediu de escrever, em 1973, uma crítica sobre seu livro mais conhecido.

Gabriel: Na sua entrevista para James Fathers, que aparece no livro *Do material ao digital* (2015, p. 176), você diz que o movimento *design for need* está no passado e não deve ser considerado fora do seu contexto histórico. No entanto, recentemente (em 2010), Bruce Nussbaum iniciou uma polêmica que suscitou vários artigos (e suas réplicas, tréplicas etc.), questionando se o *design humanitário* não seria uma nova forma de imperialismo. Existe, portanto, uma ressurgência desse tema, e até mesmo o livro de Papanek (*Design for the real world*) voltou a despertar interesse e a ser lido por jovens estudantes. Alpay Er me chamou a atenção para o prefácio da segunda edição do livro, no qual Papanek assume e incorpora a crítica que muitos estudantes de design (dentre os quais eu me incluo) fizeram em suas palestras pela América Latina e outros países periféricos, de que ele seria no mínimo paternalista, e até imperialista, nas suas posturas. No entanto, Papanek decide não alterar o conteúdo do livro para manter o seu contexto histórico – o que faz com que o livro continue a ser lido sem a percepção, a não ser numa leitura muito atenta a este novo prefácio, de que o autor, com aquilo, renega boa parte das suas ideias e do conteúdo do livro. O que você acha destas duas questões: (1) a ressurgência do livro de Papanek como referência para jovens designers; e (2) o *design humanitário* como neoimperialismo.

Bonsiepe: Parece-me alentador que os jovens designers cultivem a prática da leitura (além da leitura de mensagens de Facebook e Twitter) e, mais ainda, que leiam o livro de um colega pelo qual, por um lado, tenho respeito, e com o qual, por outro lado, tenho uma divergência profissional.

No que se refere à crítica ao design humanitário, me parece injusto e até cínico querer desqualificar *tout court* as tentativas de contribuir para a solução de situações de emergência e da pobreza como operativo imperialista, e tudo isso em nada menos que um órgão de difusão como o *Business Week*, que representa os interesses do *business establishment* nos Estados Unidos. Isso se assemelha a uma manobra de engano para esconder o imperialismo real que trabalha com outros métodos muito mais eficientes e perigosos: desestabilização de governos que se atrevam a provocar o ódio dos poderes hegemônicos, pressões até estrangulamentos financeiros e econômicos, campanhas midiáticas sintonizadas mundialmente, guerras de perfil baixo, ações punitivas comerciais, e, se considerado necessário, ações mais agressivas.

Eu observo com certa reserva ações humanitárias das ONGs nos países periféricos que, às vezes, são camuflagens para promover interesses hegemônicos. Porém, não colocaria todos esses esforços humanitários no mesmo saco. Precisa-se diferenciar.

Bloco 3: Design, desenvolvimento, globalização

Gabriel: No seu ensaio *Design e democracia*[2], você fala, citando Kenneth Galbraith e Vance Packard, da função econômica do design como ferramenta de poder submetida ao mercado e aos interesses econômicos, seja das empresas ou das nações, que fazem uso do design para "incrementar as exportações e gerar economias com

---

[2] In: Bonsiepe, G. *Design, cultura e sociedade*. São Paulo: Blucher, 2011. p. 15-25

produtos de valor agregado, em vez de meras *commodities*". Mas também fala da industrialização – e tomo a liberdade aqui de substituir "industrialização" pelo "papel do design" – como "um meio de democratizar o consumo" e uma forma de melhorar diversos aspectos da vida cotidiana. Essas duas visões do design tendem a ser excludentes ou complementares? Ou seja: é possível que o mercado se desenvolva atendendo aos interesses da indústria ao mesmo tempo em que atende aos interesses mais amplos da sociedade, ou este (o mercado) será sempre "manipulador", buscando apenas o aumento da produtividade, dos lucros e do consumo?

Bonsiepe: Retomo minha resposta a uma pergunta anterior sobre a industrialização. Não podemos falar de industrialização em termos abstratos, neutros. Devemos perguntar pelo conteúdo e pela orientação da industrialização: qual industrialização? Explico-me: nesse momento, em vários países latino-americanos, ocorrem a céu aberto explorações de recursos minerais altamente contaminadoras e consumidoras de água, que prejudicam a população local e a sua agricultura. Essa forma de industrialização não somente me parece daninha, mas também contraproducente aos interesses da população local, beneficiando somente alguns políticos locais e os capitais de investimento, nada mais.

Quando falei em apostar na industrialização, fiz referência à indústria de transformação e à suposição de que somente pela industrialização de transformação seria possível democratizar o consumo e reduzir as desigualdades. Além disso, o conceito de consumo mudou. Devemos perguntar (hoje): consumo de quais objetos? O que leva a outro questionamento: seria o mercado a instituição social mais apropriada para responder a essas necessidades que mudaram? Hoje, o mercado é entronizado como instituição dominante para regular as relações sociais e ambientais. Existem dúvidas se essa instituição é – e pode ser – a mais apropriada para resolver os problemas graves com os quais a humanidade se confronta hoje. Certo, existem forças antagônicas à distribuição assimétrica de poder. Porém, não necessariamente existem contradições insuperáveis entre interesses industriais e interesses mais amplos da sociedade. Não se pode demonizar a indústria como tal. Também aqui, devemos perguntar: qual indústria? Uma industrialização em forma de fábricas "maquiadoras" me parece uma pseudoindustrialização, pois não contém nenhum ingrediente de inovação, são meras reprodutoras.

Você mencionou a conferência e o movimento *design for need* – uma formulação que evoca implicitamente o oposto: o *no-need design*. Obviamente, o lema *design for need* era uma reação ao panorama dominante do design profissional que não podia atender àquelas necessidades localizadas numa zona além do mecanismo do mercado. Por isso, o movimento continua necessariamente uma componente política, crítica e até utópica – um conceito hoje questionado e até declarado obsoleto, e isso por razões compreensíveis. Em tempos de restauração, uma postura utópica incomoda por se atrever a pensar na possibilidade de uma realidade diferente.

José Mauro: Com a globalização, o *gap* entre os Hemisférios Norte e Sul tornou-se menor, tanto em termos de circulação de ideias quanto de pessoas. O movimento *design for need*, que vigorou entre os anos 1970 e 1980, foi gestado em um período histórico no auge da Guerra Fria, em que a polarização ideológica era mais forte. Como você avalia o impacto da globalização na possível mudança de agenda desse movimento?

Bonsiepe: Por debaixo da superfície do fim da Guerra Fria continuam ideologias que demonizam o outro. Além disso, a assimetria das relações de poder não tem diminuído. A globalização é um termo que sinaliza a expansão de relações capitalistas com os valores culturais e estilos de vida "ocidentais" ao mundo inteiro. Tende a abranger tudo, penetra até o último canto do planeta, e por isso é global. Já nos anos 70, era difícil caracterizar a diferença entre design para necessidades e design para o oposto, a afluência. Essas dificuldades continuam. O que se pode afirmar é que não se devem separar as questões ambientais das questões sociais que hoje se apresentam mais urgentes. O termo globalização é um conceito vazio se usado para explicar tudo (e, por isso, nada), mas pode ter sentido se o entendermos como apropriado para caracterizar a problemática socioambiental atual que, sim, é global, como o câmbio climático provocado pelas massivas intervenções humanas, entre outros.

José Mauro: O início do terceiro milênio marca a ascensão do Hemisfério Sul e das potências emergentes (os BRICS) como novos atores da economia global, tornando o mundo mais complexo e multifacetado. Veja o exemplo da China e da Índia, onde uma simples polaridade entre norte desenvolvido e sul subdesenvolvido torna-se algo problemático de se manter. Penso também em grandes empresas coreanas (os chamados *chaebols*, como a Samsung e a LG) e chinesas (como a HTC e a Huawei), que investem maciçamente em design como elemento de diferenciação. Além disso, empresas como a Apple transferem a sua produção para a China, o que necessariamente leva à transferência de práticas de design do "centro" para a "periferia". Gostaria de saber sua opinião sobre a ascensão dos BRICS no contexto das práticas de design, e como a ascensão econômica destes impacta nas práticas de design.

Bonsiepe: Pelas suas conotações geográficas, o binômio norte-sul era um termo com valor explicativo limitado. Por isso, preferi usar o termo "países periféricos". Devido à entrada da Índia, da China, do Brasil e da Coreia na estenografia mundial, o panorama se diversificou e, por isso, deve se diferenciar. Não me permito especulações sobre a influência no campo do design que esses países podem exercer. Não posso opinar sobre o *know-how* de design na China e na Índia, pois nunca visitei a China. Possivelmente, se aprende com certa rapidez o *know-how* de produção, porém não estou seguro se sucede o mesmo com o *know-how* projetual. Como você diz: os países mencionados, acima de tudo a China e a Coreia, estão fazendo consideráveis investimentos na formação de recursos humanos projetuais, distanciando-se do valor tradicional do mimetismo. Se uma tradição do ensino valoriza mais o respeito à tradição e a conformidade com o estabelecido que a disposição em quebrar as regras – condição imprescindível para a inovação –, pode constituir um obstáculo para que um país se transforme rapidamente num jogador de peso no campo do design, como era a Itália muito antes da divulgação dos trabalhos do grupo Memphis. Na Itália, praticou-se o que se chama "humanismo industrial". O arquétipo desse empresário era Adriano Olivetti, que foi um dos líderes nesse processo, possivelmente o mais importante. Confesso que gostaria de ver mais exemplos dessa atitude.

Da América Latina para a América Latina: o design como ferramenta para o desenvolvimento econômico e cultural

Juan Camilo Buitrago
Marcos da Costa Braga

Na América Latina dos anos 1970, uma linha de intelectuais conceitualizou o design dentro da esfera da tecnologia, como uma das ferramentas mais adequadas para se conquistar o desenvolvimento social e econômico e, assim, possibilitar a autonomia cultural da região. A possibilidade de satisfazer às necessidades da população conforme as circunstâncias nas quais elas se apresentavam permitia pensar na primeira meta: o fortalecimento social. A oportunidade de realizá-lo com a chamada "capacidade instalada" e os meios tecnológicos locais supunha a possibilidade de obter a segunda meta: o desenvolvimento econômico.

Tanto uma conquista quanto a outra – fortemente baseadas no ideário circunstancialista – permitiriam tanto atingir um nível de vida melhor para a população, como se fortalecer perante o esquema da chamada "Divisão Internacional do Trabalho". Nesse esquema, a América Latina cumpria o papel de provedor de matérias-primas e endossava, assim, a estabilidade da sua balança de pagamentos diante das flutuações do desenvolvimento das economias industrializadas e desenvolvidas, porém também ficava exposta ao que era chamado de "vulnerabilidade econômica".

A ideia da tecnologia como suporte para a conquista desses preceitos percorreu o imaginário e os planos dos mais diversos intelectuais e políticos latino-americanos durante as décadas meridionais do século XX, uma ideia na qual o processo de industrialização era concebido como o único caminho possível para suavizar a dependência econômica dos países já desenvolvidos. A estrutura básica desse ideário foi formalmente conceitualizada na América Latina durante a década de 1940, a partir das condições percebidas pela experiência e pelo contato direto com a realidade.

O principal teórico desse ideário é Raul Prebisch, economista argentino que, aparentemente embebido em um nítido circunstancialismo, busca a autonomia econômica da região como mecanismo para conseguir o desenvolvimento, primeiro do seu país – final dos anos 1920 – e, logo depois, da América Latina. Os seus postulados dão estrutura à criação da Comissão Econômica para a América Latina e o Caribe (CEPAL), escritório das Nações Unidas que ele mesmo orientou entre 1950 e 1963. Talvez o exercício conceitual mais conhecido de Prebisch seja a oposição centro-periferia, exposto formalmente em 1944 e trabalhado por Prebisch desde décadas anteriores. A ideia percorreu e dialogou com intelectuais ao redor do mundo.

A sua contribuição teórica e a natureza da sua crítica deram forma a uma escola frutífera que vem reunindo intelectuais da América Latina desde aqueles anos e tem contribuído para o entendimento das condições do capitalismo nas regiões subdesenvolvidas do mundo. Essas ideias percorreram muitos cantos da região, oferecendo aparatos críticos para as pautas dos diversos cenários intelectuais da América Latina, convertendo-se assim em epicentro do pensamento latino-americano.

Quando tentamos compreender a coerência e a similaridade entre as ideias daqueles latino-americanos que consideraram o design como uma disciplina tecnológica, necessária para conquistar o desenvolvimento econômico e social da região e, assim, garantir a sua autonomia, é frutífero e necessário olharmos para a CEPAL como "provedora" de ideias. Não que ela as explique consciente ou suficientemente, mas, em diálogo com mais outros vasos comunicantes, torna-se uma das maiores bases para a compressão, a difusão e a contundência conceitual daquelas ideias sobre o design.

América Latina: antropofagia e circunstancialismo

O discurso não é sobre a América Latina, mas a partir da América Latina, a partir de uma base cultural particular (PINI, 2008, p. 520).

A fixação com o progresso técnico existia nos imaginários de vários intelectuais latino-americanos desde o século XVIII. Os diversos matizes que essa ideia pode ter adquirido nesse percurso relacionaram o progresso técnico com diferentes questões de acordo com o recorte histórico que se decida observar. Por exemplo, a relação com "o bem-estar" feita por alguns intelectuais crioulos habitantes da *Nueva Granada*[1] ou a perspectiva sobre a conformação das nascentes repúblicas

---

1 [...] Nos livros e periódicos que ele [Jerónimo Torres] e o seu irmão liam [finais dos anos1790] declarava-se que a melhoria das técnicas para o cultivo permitia o crescimento agrícola e, por essa via o incremento da prosperidade geral [...] (SILVA, 2002, p. 415).

na segunda metade do século XIX[2], como se fosse recriada a generalização moderna do apoio técnico para a conquista da prosperidade e, em um certo sentido, como evidência do anseio desses intelectuais em participar dos processos ocidentais conducentes ao bem-estar. Porém, não era recriada a partir de generalidades externas acriticamente recebidas na região, como muitas vezes se repete, e sim como processos conformados localmente, a partir de complexos diálogos entre realidades e de uma elevada sensibilidade com as circunstâncias. A criação de instituições acadêmicas, propostas sob o interesse de formar profissionais nas áreas requeridas para a construção da nação a partir desse momento, pôde dar conta desse propósito[3].

Talvez por isso, a ênfase no progresso técnico também esteve ligada às ideias de autonomia e soberania nacionais desde esses anos. Tanto uma quanto a outra foram compreendidas como garantias do progresso e da conquista de uma nova sociedade, que por sua vez estaria apoiada sobre um esforço de definição daquilo que é nosso, uma busca essencialista da identidade. Claro, inserido dentro de um processo de recente emancipação longo e doloroso – sobretudo para as ex-colônias espanholas –, todo esforço parecia se transformar em estratégia para conservar a independência.

2   Safford expõe a tendência de mudança nas matrículas dos estudantes latino-americanos no século XIX, observando a movimentação agregada de disciplinas mais tradicionais (Teologia, Filosofia e até Direito) para aquelas "mais aplicadas". "[...] não mexam com o mais complexo da mecânica analítica e das matemáticas transcendentais, se dedicando preferivelmente no que é aplicável na prática e procurando obter os conhecimentos dos chamados engenheiros mecânicos [...] muita ciência aplicável e aplicada; línguas vivas, bastante; ciência puramente especulativa, literatura e línguas mortas, algo; romances e versos, nada [...] (SAFFORD, 1989, p. 230)." (SAFFORD, 1989, p. 230). Extrato de uma carta que Mariano Ospina encaminha para seus filhos Tulio e Pedro Nel, os quais estudam na Europa. Ospina foi presidente da Colômbia entre 1857 e 1861.

3   "[...] no relatório feito em 1870, o próprio senhor Manuel Ancízar reitera a urgência de organizar uma *Escuela de Artes y Oficios* para garantir o desenvolvimento da indústria nacional, sem ter de abrir mão dos benefícios que oferece o livre comércio, dado que educando e treinando os homens é que é possível melhorar as condições socioeconômicas do país [...] a livre concorrência, a liberdade de mercado e de exportação não brigam com os interesses dos artífices; pelo contrário, lhes permite produzir produtos tão bons como os estrangeiros com o que se melhoraria a economia [...]" (RESTREPO, CÓRDOBA, & FAJARDO, 2004, p. 10-11). A base desses argumentos está relacionada com o estabelecimento do ensino das "técnicas modernas de manufatura", em que a máquina e os seus paradigmas repousavam no âmago da questão. A plataforma seria a Universidad Nacional, em Bogotá, que sediaria a Escuela de Artes y Oficios, formulada como projeto desde 1867.

Tudo isso pode ter sido ainda mais estimulado ante aos exercícios imperiais e colonialistas que estavam se configurando desde a década de 1820, tais como as visitas de viajantes estrangeiros. Provenientes de vários países da Europa – Inglaterra, França, Suécia e outros –, muitos desses viajantes eram militares em missão diplomática dos seus governos, que chegaram à região nos anos subsequentes às batalhas e aos processos de independência.

Entretanto, todo o sentido essencialista foi realmente ativado pelos conflitos entre França e México, principalmente a invasão dos europeus na década de 1860 – ato de tintas imperialistas – e, sobretudo, pelas práticas expansivas dos Estados Unidos sobre os territórios do oeste norte-americano entre 1846 e 1850: as famosas invasões e possessões sobre os outrora territórios mexicanos de Califórnia, Utah, Texas e Novo México[4].

As ameaças expansivas dos Estados Unidos – uma sociedade forte e avassaladora – sobre os seus vizinhos do sul, promovidas, entre outras coisas, pelo seu interesse por fazer um canal interoceânico na América Central, reforçaram imagens que já tinham sido esboçadas sobre os norte-americanos desde as guerras de independência contra a Espanha. O próprio Simón Bolivar adiantou que eles – os Estados Unidos – pareciam destinados à expansão territorial e às práticas imperialistas, o que fez com que propusesse várias vezes a ideia de uma integração regional para proteger a soberania dos países da região.

Ela – a união como imaginário – convertia-se na base para passar, rapidamente, daqueles elementos que permitiam compreender a identidade nacional – praticada intensamente nos anos seguintes à independência em cada república por seus grupos de intelectuais – para as características que justificassem a existência de uma região unida desde o Rio Grande até o Cabo de Hornos. Com isso, construía-se a ideia de que a união regional impediria a expansão dos Estados Unidos sobre esses territórios.

Assim, quando um certo tipo de intelectual da região iniciava o exercício pela busca da identidade da sua nação – como caminho para consolidar a autonomia e a soberania –, ele também começava – passo seguinte e quase automático – a

---

[4] Segundo alguns estudiosos, também foram significativos tanto o apoio público do governo dos Estados Unidos à invasão do pirata William Walker na Nicarágua, entre 1855 e 1860 (QUIJADA, 1998), quanto a posterior declaração de guerra desse governo contra a Espanha, para instituir a independência de Cuba em 1898. Daí, os Estados Unidos tomam possessão de Porto Rico, Filipinas e Guam (BETANCOURT, 2013). Igualmente se somará a independência do Panamá da Colômbia em 1903, graças às ações separatistas apoiadas pelos Estados Unidos. Vários anos depois, o país norte-americano pagou 25 milhões de dólares à Colômbia como indenização desse ato.

procurar e a levantar as qualidades de uma região que era maior do que a sua própria república. Tanto a língua – logo depois ampliada a base linguística para incluir o Brasil –, quanto a religião e a ideia de que essas povoações compartilhavam dos mesmos problemas e desafios – a pobreza e a miséria de que nos fala Cancelli (2003) – davam o substrato para tais utopias. Estamos claramente falando da ideia mental chamada América Latina, "uma comunidade imaginada", para usar o mote de Benedict Anderson (1993).

Em um texto de inteligente desconstrução empírica, Quijada (1998) revisa a trajetória da América Latina como nome. Problematizando historicamente aqueles primeiros momentos nos quais se fala da região sob essa noção, Quijada consegue determinar, à contraluz do que já fora rastreado pelo uruguaio Arturo Ardao, que "América Latina" é uma invenção local iniciada nos raciocínios do colombiano José María Torres Caicedo em 1850. O debate é inteligentemente apresentado e consegue verossimilitude no fato de explicar o nome como um invento regional em meio às ameaças expansionistas de França, Inglaterra, Espanha e, sobretudo, do vizinho do norte: os Estados Unidos.

Vale a pena mencionar o cenário desse debate como problema historiográfico. Nele, achamos que se expressam dois elementos importantes, que, ao se repetirem em vários outros cenários – tanto temáticos quanto cronológicos –, poderiam estar configurando duas características, pelo menos, do pensamento latino-americano, de uma linha de raciocínios construídos na região que a rondaram como um espectro. Tais elementos são úteis para compreender a forma como se concebe e se profissionaliza o design na América Latina, ao menos em uma das linhas mais institucionais entre aquelas que já ocorreram em nossos países. Trataremos disso mais a frente.

Quijada inicia o seu argumento questionando a interpretação – e também o sucesso acadêmico – do historiador John Leddy Phelan (1968). Segundo a historiadora argentina, para Phelan, a denominação "América Latina" tinha sido um invento francês, expressado pela primeira vez em 1861 como parte de uma estratégia de expansão imperial: um esforço de associação dos recém-independentes países da região à liderança cultural e política gala. Os fatos confirmam suficientemente o questionamento, pois os textos do colombiano José María Torres estão datados de 1850, onze anos antes.

Quijada apresenta também parte da genealogia construída por Phelan, na qual, ao que parece, a estratégia de 1861 dos franceses se remontaria a 1836, quando o termo "América Latina" foi exposto pela primeira vez por Michel Chevalier. Entretanto, apesar dessa antecedência – catorze anos em relação a Torres – o sentido pelo qual Chevalier nomeou assim a região não é o mesmo usado no discurso dos intelectuais da região após 1850. Para Chevalier, aquela denominação era uma forma de descrever uma oposição cultural europeia, no sentido de raça, que tinha se reproduzido na América: uma América germânica – na qual Chevalier incluía os anglo-saxões – e uma América romana.

Já mencionamos como, para os ibero-americanos, o sentido no uso do termo é essencialista. É como um exercício para encontrar os elementos próprios por meio dos quais se diferenciariam dos outros, um mecanismo para proteger a soberania e a autonomia das nascentes repúblicas. Era uma forma de se guardar das práticas coloniais que ameaçavam a região. Contudo, não achamos descabido pensar que aquela denominação construída por Chevalier pudesse chegar aos ouvidos dos intelectuais da região – vários estudos mostram o gosto e a admiração pelos franceses tanto de intelectuais, como de membros da elite política regional desse momento –, que então a reelaborariam e criariam para ela um novo sentido à contraluz dos fatos que aconteciam na região.

Essa prática de tomar ideias de outros cenários culturais – sobretudo europeus – é uma constante nas maneiras como muitos latino-americanos tinham construído a sua relação com a realidade. Talvez, quem tenha conceitualizado melhor essa forma de proceder seja o brasileiro Oswald de Andrade no seu famoso *Manifesto Antropófago*, e talvez ela, a antropofagia, possa determinar uma das duas características anunciadas parágrafos atrás.

A característica seguinte, para deixarmos apontada, pode se desprender desse antropofagismo e está relacionada com aquilo no qual alguns historiadores vêm trabalhando: o chamado *circunstancialismo*, que, *grosso modo*, seria a compreensão e a intervenção na realidade a partir das situações que ela apresenta.

Aprofundá-lo desviaria inutilmente o nosso assunto, contudo, o sentido dessa noção como vem sendo trabalhada pode ser rastreado a camadas de intelectuais da região desde o século XVIII – seria como fazer regressões consecutivas como as expostas por Bourdieu (2010). Dessa maneira, poderiam ser compreendidos os matizes e as distâncias que foram introduzidos nos diferentes raciocínios externos naquele processo de antropofagia. Isso estimulou a leitura crítica do que vem de fora, que é lido à contraluz do que acontece na realidade percebida pelos intelectuais da região. Palavras mais, palavras menos, diríamos assim: sem imposições teóricas *a priori* "de fora", mas compreendendo os fatos no seu contexto e conceitualizando-os, em um esforço por compreender densamente as circunstâncias.

Industrialização como fato ou como desejo

A teoria da vantagem comparativa, proposta por David Ricardo no século XIX e reelaborada nos princípios de John Stuart Mill e Alfred Marshall – entre outros – nas últimas décadas desse século, parecem ter se misturado no Ocidente com a ideia de crescimento econômico baseado nas exportações, como promessa para a conquista de um desenvolvimento sustentado e um garantido bem-estar.

A prática desse modelo econômico pressupunha uma relativa igualdade entre países, dadas – entre outras – três grandes premissas: o cálculo de que cada um dos países envolvidos exportaria aquilo que abundava na sua realidade; a hipótese de que o comércio internacional eliminaria o poder monopolístico, assim como garantiria a disseminação dos benefícios do progresso tecnológico; e a ideia de que esse comércio reduziria as diferenças entre salários, rendas e outros fatores relativos à produção no sistema mundial de comércio. Contudo, na prática, o modelo foi justificando tanto o caráter quanto o lugar dos diferentes atores econômicos no esquema da Divisão Internacional do Trabalho.

Nesse panorama, o lugar que ocupava a América Latina era o de provedora de matérias-primas, denominadas nessa época como produtos das indústrias naturais. Assim, seguindo esse raciocínio, os países da região exportavam aquilo que abundava em seus territórios, como banana, café, carne, açúcar, algodão etc., enquanto os países industrializados – nesse momento principalmente a Inglaterra – produziam mercadorias que nossos países compravam. Boa parte das elites políticas latino-americanas sentia-se relativamente confortável ocupando esse lugar, mas a complexidade das relações econômicas e sociais que vão caracterizar os primeiros trinta anos do século XX exporiam as dificuldades e os enormes desafios para a região inserida naquele modelo.

Durante esses anos, vários empreendimentos industriais ocorreram em países da América Latina. Algumas empresas configuraram-se a partir da iniciativa de indivíduos interessados, consolidando uma experiência diferenciada da prática da época, que até esse momento estava voltada para a produção agropecuária. Em certo sentido, essa iniciativa começaria a ser defendida por industriais – coerentes com suas experiências –, assim como por alguns porta-vozes dos governos. Já durante os anos 1920, por exemplo, o argentino Alejandro Bunge defendia que a industrialização era necessária para a economia do seu país como um complemento do sistema baseado na exportação de bens primários.

Com diferentes proporções, algo similar ocorreu no México, na Colômbia, no Chile, no Brasil, entre outros, quase que desenhando um confronto entre os dois tipos de indústrias: as naturais – com as quais se sentia tão confortável a maioria das elites políticas tradicionais da região – e as denominadas pejorativamente como artificiais – causa defendida pela maioria das elites industriais que estavam nascendo e se fortalecendo naquele momento. Nesse debate, pode se explicar a necessidade por uma "teoria" que permitisse embalar o esforço industrial dessas últimas.

Um caso exposto por Joseph Love (2011) pode ilustrar tanto o debate como a busca dessa teoria. No caso da experiência industrializadora, alguns empresários paulistas – nome dos habitantes de São Paulo no Brasil – encontraram uma teoria que fornecia argumentos científicos a favor da industrialização dos países agroexportadores. Foi o trabalho do economista romeno Mihail Manoilescu.

As ideias de Manoilescu se apresentavam como uma estrutura argumental que não propunha a industrialização para esse tipo de país como um simples complemento – como no discurso de Bunge –, mas praticamente a exigia como uma plataforma para se opor ao modelo de Divisão Internacional do Trabalho.

Segundo Love (2011), Manoilescu expõe, durante os anos 1920, como a produtividade dos países agroexportadores já era inferior à das economias industriais, mostrando claramente o fracasso do modelo para os países não desenvolvidos. Ao descolorir as premissas do esquema neoclássico – sobretudo a falida hipótese da disseminação tecnológica e dos seus benefícios econômicos e sociais –, Manoilescu mostra como os argumentos do modelo neoclássico de Divisão Internacional do Trabalho eram, na realidade, justificativas para que um povo explorasse outro. Nesse caminho, um agravante: o processo estava reunindo, numa direção, algumas sociedades que ficavam caracterizadas pelo avanço tecnológico, econômico e social; enquanto, em outra, algumas se encontravam cada vez mais atrasadas, e sua conquista do bem-estar ficava cada vez mais comprometida e se empobrecia gradualmente. Em uma região – a América Latina – onde várias camadas de intelectuais tinham se proposto, desde o século XIX, à superação da pobreza e da miséria como prioridade, antes da conquista de outros ideais sociais (CANCELLI, 2003), tudo isso apresentava uma barreira irremediável que encorajava as ideias de mudança social.

Assim, propondo a industrialização como único caminho para essas sociedades agroexportadoras ao mesmo tempo em que questionava criticamente as relações desiguais entre sociedades, as ideias de Manoilescu foram, naquele tempo, pró-industrialização e anti-Divisão Internacional do Trabalho. Contudo, os argumentos apresentados pelo trabalho de Manoilescu não eram completamente visíveis na realidade da região. De fato, antes da depressão de 1929, o modelo agroexportador mostrava relativos sucessos, por exemplo, na Argentina e na Bolívia[5]. De certo modo, teve de ocorrer o desabastecimento por causa da depressão e da guerra, bem como a subida dos preços das mercadorias, para que o desequilíbrio da balança de pagamentos fosse uma realidade na América Latina, evidenciando cruamente a vulnerabilidade econômica das nossas sociedades.

Mesmo que não fossem elementos estritamente visíveis em determinado momento, não significa que não estivessem já presentes nos raciocínios e nas preocupações dos diferentes intelectuais latino-americanos, sobretudo aqueles que vinham observando e administrando a economia dos seus países. Um deles é o equatoriano Victor Estrada, que, desde 1922, começou a assinalar problemas

---

5   Ver a esse respeito Roberto Cortés (1992, p. 30) e Herbert Klein (1992, p. 220).

relacionados com uma troca em deterioração. Outro é o economista argentino Raúl Prebisch. Para eles, e principalmente para o argentino, as diferentes situações vividas enquanto funcionários de alto nível dos seus respectivos governos lhes permitiu compreender as dimensões concretas da junção entre as economias industrializadas e as subdesenvolvidas no nível das relações de troca.

Palavras mais, palavras menos, a preocupação girava em torno do impacto das variações econômicas, próprias do capitalismo. Quando o crescimento era positivo, tanto as economias industrializadas quanto as agrárias cresciam de formas mais ou menos similares. Mas, quando o sistema vivia uma queda, a grande maioria dos impactos era conduzida para as economias agrárias. A ironia expressada por Braudel pode ilustrá-la: "[...] a troca externa tende para o equilíbrio recíproco e não pode deixar de ser lucrativa para os dois parceiros (na pior das hipóteses, mais para um do que para outro) [...]" (BRAUDEL, 1998, p. 37).

Essa vulnerabilidade não poderia ser superada se continuassem a se comportar da mesma forma no sistema internacional de comércio. A industrialização não podia mais ser vista como um esforço de alguns interessados, devia virar uma política de Estado. Já não como um fato, e sim mais como um desejo, como problematiza Love (2011).

Centro-periferia: realidade e teoria próprias

O sistema internacional de comércio foi mostrando as suas fissuras e os seus fracassos no caso latino-americano. Nesse contexto, os diversos problemas vistos por Prebisch o levaram a procurar levantamentos conceituais que explicassem o fenômeno. No dizer de Bielschowsky: "[...] [um] cuerpo analítico que deriva de un fértil cruce entre un método escencialmente histórico e inductivo, por un lado, y una referencia abstracto teórica propia [...] por el outro [...]" (BIELSCHOWSKY, 1998, p. 1)[6]. Segundo Love (2011), Prebisch começou a formular uma teoria sobre a troca desigual em 1937, o que o levou a postular aquela que será uma das suas maiores contribuições à teoria econômica: a oposição *centro-periferia*.

As diferentes pesquisas de Love lhe permitem afirmar que a primeira vez que Prebisch falou dessa oposição foi em uma série de palestras na Universidade de Buenos Aires (UBA), onde voltava a ser professor depois do seu percurso pelo Banco Central da Argentina. Segundo Love, a partir do registro no caderno de um assistente naquelas palestras, a formulação e a sua conceitualização ocorreram

---

6   Bielschowsky formula esse enunciado oferecendo uma explicação à ausência de referências à CEPAL no conjunto de contribuições à teoria econômica mundial. Consideramos aqui que falar de Prebisch é quase como falar da primeira parte da CEPAL.

em 1944. O contexto era o problema da estabilidade monetária do sistema mundial à custa da recessão na periferia.

A proposta tem um importante quadro didático, como realça Ricardo Bielschowsky (1998). Ou seja, a estratégia do contraste entre "eles e nós" – fortemente essencialista –, entre outras coisas, permitiu ver a região como periferia, mostrando-a como uma realidade diferenciada, com as suas próprias carências, o seu próprio processo e o seu próprio ritmo de modernização: um modo singular de industrializar, uma forma peculiar de absorver a força de trabalho e de distribuir a renda, assim como uma forma particular de introduzir o desenvolvimento técnico, o crescimento econômico e o progresso. Ainda, contribuiu para conscientizar sobre todos esses atributos dentro do campo da crítica econômica. Mostrou a região como uma região essencialmente distinta, em uma circunstância peculiar que justificava a particularidade e defendia a sua autonomia.

Sublinhando tais ideias sobre a região, a teoria centro-periferia também chegava como uma teoria própria, um aparato conceitual que vinha sendo construído indutivamente, a partir da experiência de intelectuais latino-americanos com a realidade da região, durante cerca de trinta anos: as preocupações do equatoriano Victor Estrada datam de 1922, e elas já eram um esforço para conceitualizar um fenômeno de pelo menos uma década.

Segundo a trajetória desenhada por Love (2011), a ideia centro-periferia foi escrita pela primeira vez em 1946 por Prebisch, dois anos depois de expô-la nos seminários da UBA. O contexto foi o "[...] segundo encontro dos diretores dos bancos centrais do hemisfério [...]" (LOVE, 2011, p. 183), onde também apresentou os Estados Unidos como centro – já substituindo nesse momento a Grã-Bretanha – e a América Latina como periferia.

Segundo as leituras feitas por ele e outros economistas contemporâneos, a Grã-Bretanha, que fora o centro, tinha algumas vantagens se comparada com os Estados Unidos. Os ingleses sacrificaram o seu território, apostando na industrialização, o que fazia com que dependessem da periferia para o seu abastecimento de matérias-primas. Já os Estados Unidos eram possuidores de enormes extensões de terra, o que fazia deles uma economia relativamente autoabastecida. No sistema de troca, isso representava menos compra por parte deles, significando menos venda por parte da América Latina. Em síntese: de um lado, bloqueio do crescimento e estancamento do progresso, e do outro, consequentemente, aprofundamento da pobreza e da miséria.

O centro possuía uma estrutura diversificada – produção de muitos tipos de produtos –, com sistemas de produção homogêneos e de alto nível que puxavam o desenvolvimento tecnológico, que, por sua vez, era puxado por eles. Essa estrutura criava e difundia tecnologia e transmitia os seus frutos pelo sistema.

Já a periferia tinha uma estrutura pouco diversificada – quase dependia do mesmo tipo de produtos o tempo todo –, com sistemas de produção heterogêneos, onde se poderiam encontrar "tecnologias de ponta" "recém-chegadas" do centro (que, ao se situarem num outro contexto, ofereciam outra quantidade de problemas que mais à frente seriam criticados) misturadas com as mais diversas técnicas tradicionais e artesanais. Não havia criação tecnológica – no pretendido sentido capitalista – e, portanto, não existia a sua difusão. Os frutos estariam na transferência de tecnologia importada, o que, por ser ela reduto de patentes obsoletas do centro, não chegava sequer a ser uma transmissão paternalistas das suas obsolescências.

Tendo esses diagnósticos na mesa, o mais esperado era poder bater no âmago dessas diferenças. Talvez, assim, toda essa cadeia causal fosse revertida. Tirar do centro os frutos do desenvolvimento tecnológico era um caminho mais certo para a América Latina, e isso era conquistável tanto incentivando estrategicamente a industrialização regional quanto promovendo a sua proteção. As conceitualizações de Prebisch inauguravam o corpo analítico das especificidades da periferia: as noções já começavam a se configurar. Agora, era necessário um corpo institucional que, estimulando e gerando esses estudos, formulasse as políticas para atingi-las. Nessa conjuntura, surgia no horizonte a criação de um escritório multilateral que daria conta dessa necessidade. Um escritório inserido dentro da estrutura das recém-criadas Nações Unidas. Esse escritório foi a CEPAL, sediada em Santiago, Chile, em 1948.

Estruturalismo como resposta latino-americana: o progresso técnico como caminho para a prosperidade

A fundação da CEPAL convocou intelectuais notáveis da região em torno das necessidades de compreender e intervir na realidade econômica e social dos países da América Latina, convertendo-se em uma escola de pensamento especializada. Alguns nomes importantes envolvidos foram o argentino Raúl Prebisch; os mexicanos Gustavo Martínez, Juan Noyola, Víctor Urquidi, Carlos Quintana e Pablo Gonzáles; o também argentino Aldo Ferrer; os brasileiros Celso Furtado e Fernando Henrique Cardoso; os chilenos Aníbal Pinto, Jorge Ahumada, Pedro Vuscovic, Enzo Faleto e Osvaldo Sunkel; o uruguaio Enrique Iglesias; os venezuelanos José Antonio Mayobre e Silva Michelena; o guatemalteco Gert Rosenthal; os colombianos Mario Arrubla e José Antonio Ocampo; entre outros[7].

---

7   Não encontramos uma lista "completa" desses personagens. Tanto o website da CEPAL (2014) quanto alguns outros documentos provêm essa informação de forma tangencial. Esses nomes foram pegos do site do escritório e dos textos de Love (2011), Bielschowsky (1998), Rodríguez (2008) e do Grupo de Estudios para la Liberación (GEL, 2015).

Como já esboçado nos raciocínios de vários economistas antes da criação da CEPAL, a América Latina deveria considerar a industrialização como a saída do desequilíbrio e da chamada vulnerabilidade externa – que engessavam o crescimento – e como mecanismo para se atingir o bem-estar. O desabastecimento de mercadorias sofrido na região durante a Segunda Guerra Mundial já tinha obrigado que processos de industrialização começassem ou crescessem em alguns países da região. Eram processos que se caracterizavam pela substituição dos produtos que eram importados dos países industrializados antes da guerra e, de certa forma, como prática, precisavam se disciplinar teoricamente.

Raúl Prebisch y Hans Singer, en 1950, [no interior da CEPAL] construyeron un modelo cuya idea central era que la especialización en bienes primários, por su limitado progreso tecnológico, y la tendência decreciente de los términos de intercambio, imposibilitaban el proceso de industrialización de las economías y acrecientan su vulnerabilidad respecto a los choques externos. Los países latino-americanos y caribeños podían obtener lãs ventajas del avance tecnológico sólo por la industrialización (PUYANA; ROMERO; TORRES, 2008, p. 164).

A partir da compreensão da América Latina em sua própria realidade – toda uma reivindicação circunstancialista –, a primeira bandeira da CEPAL foi visualizar e formular estratégias que estimulassem e protegessem a industrialização latino-americana. Por causa disso, a fórmula vai ser uma conceitualização dessa prática, resumida na famosa sigla ISI: Industrialização por Substituição de Importações.

Segundo as linhas demarcadas pela CEPAL, era necessário que, de forma gradual, as mercadorias que as economias latino-americanas compravam no mercado internacional fossem substituídas. A receita predeterminou uma progressão entre duas etapas escalonadas que intensificariam progressivamente o processo de industrialização. A primeira, chamada ISI fácil, estava relacionada com a substituição dos bens de consumo simples. A segunda estava relacionada com a produção de bens intermediários e produtos de consumo duráveis. Assim, passando de uma a outra, mudava-se de uma fase horizontal para uma fase vertical da ISI. Superar a primeira fase para chegar à segunda era se preparar para o desejado terceiro momento: a produção dos bens de capital – uma tentativa de plena industrialização.

A consciência do papel do Estado na fórmula pelo desenvolvimento, assim como o evidente circunstancialismo e a autonomia para definir as estratégias econômicas relacionadas com a realidade da região, eram com certeza os grandes apoios conceituais da ISI. Era preciso que o Estado protegesse o início da industrialização, evitando a queda do processo logo no seu começo. E a gravitação das prioridades em torno desse propósito partia do fato de que a natureza do processo industrializador latino-americano devia ser particular, dadas as peculiaridades que representava como região. Conseguir a industrialização significava superar os grandes males que estavam relacionados com a mencionada vulnerabilidade econômica. Esses apoios gravitavam em torno de um eixo.

Para Bielschowsy (1998), só as ideias relativas à reforma agrária podem se igualar às relacionadas com o progresso técnico como eixo fundacional e produtivo da CEPAL. Tanto uma quanto a outra foram grandes aglutinadoras do pensamento progressista na região, quase não importando o seu estrato ideológico. As primeiras – sobre reforma agrária – como condição para a distribuição da renda; as segundas – sobre progresso técnico – como caminhos para eliminar a vulnerabilidade externa e garantir a saída da pobreza. Assim, elas apareciam como uma atualização das velhas expectativas sobre as nações latino-americanas, que tinham sido construídas pelos diversos grupos de intelectuais da região: desenvolvimento técnico, autonomia, circunstancialismo, essencialismo, superação da pobreza e da miséria. Reeditados, esses princípios vão circular pelo continente, eclodindo em Santiago, no Chile, onde dialogam com as mais diversas camadas de latino-americanos, sobretudo os jovens estudantes. Além disso, circulavam na sociedade filtrados por diversos mecanismos de difusão.

Estabelecendo-se como escola e oferecendo aqueles temas para reflexão, a CEPAL gerou uma agenda de ideias para os diversos interessados *da* e *na* região. Com certeza, ela contribuiu para o fundamento de um pensamento latino-americano de largo alento[8].

O otimismo com o ISI, embalado pelo registro de alguns indicadores de crescimento de alguns países da região, alcançou tais níveis que, nos anos meridionais da década de 1950, a CEPAL até conseguiu relativizar o papel das relações de dependência que a região tinha estabelecido historicamente com o centro. Alicia Puyana (2008) apresenta uma tabela das médias de crescimento anual da indústria na região dividida por décadas, onde é notória a curva ascendente que marca o crescimento industrial na América Latina, marcando 1,5% em 1950 e 7% em 1960.

O maior otimismo vinha do desempenho "exemplar" da Argentina, que, em 1957, era considerada o país mais industrializado da região, apesar da distância que o seu governo mantinha do escritório chefiado por seu compatriota. A isso se somou o relativo sucesso da estratégia ISI tanto no Brasil – abertamente

8   O que parece sensato afirmar é que a CEPAL se somou às correntes já formuladas na região, retomando várias linhas que vinham do passado, recriando-as e criando mais outras. O que também parece justo é reconhecer que, dada a institucionalidade que ela representava – era um órgão consultor da ONU –, a força do que diagnosticava e propunha conseguia influenciar os mais diversos cenários políticos desses anos.

reconhecedor da origem *cepalina* das suas políticas desenvolvimentistas dos anos 1950 – quanto no México. Contudo, dentro das análises do processo, nota-se que, ainda que esse sucesso fosse real, também poderia ser explicado por outras variáveis não relacionadas com a estratégia ISI, por exemplo, o encarecimento das mercadorias durante a Guerra da Coreia entre 1950 e 1953 (LOVE, 2011).

Crise da ISI, Teoria da Dependência e diálogo com a esquerda-nacionalista da América Latina

Em 1956, a CEPAL expressara suas primeiras dúvidas sobre a habilidade da indústria, na região do mundo com maior crescimento populacional, de absorver o excedente de mão de obra da agricultura [como observara Celso Furtado em 1966 – já aludido por Prebisch em 1963]. O problema, em parte, era a tecnologia poupadora de trabalho que a periferia importava do centro [...] **na América Latina, no século XX, ao contrário da Europa do século XIX, a tecnologia era exógena à economia regional e destinava-se especificamente às necessidades dos países desenvolvidos** (LOVE, 2011, p. 209, grifo nosso).

Na última metade dos anos 1950, foram vistas ideias contraditórias sobre o processo de crescimento dos países da região. Vimos como existia um otimismo em relação ao modelo em razão dos indicadores de alguns processos de industrialização, mas também havia críticas mais profundas, que mostravam que aquele otimismo poderia ser um tanto ilusório. Essas críticas partiam em grande parte do interior da própria CEPAL. Estava se constituindo a consciência de um certo desgaste do que fora proposto no escritório desde 1949.

Os indicadores mostravam como a industrialização não estava acompanhando as taxas de crescimento populacional puxadas pelos processos de urbanização (GILBERT, 2008), resultando na exclusão da maioria das pessoas "da modernidade e do progresso".

De igual maneira, também mostravam que, apesar do crescimento industrial, o processo não havia conseguido eliminar a temida vulnerabilidade nem a dependência do centro. Altas nas taxas de inflação, assim como o registro de 80% de importações na região (nas linhas que tinham sido supostamente substituídas para o fortalecimento da economia – bens intermediários e bens de capital), ocorriam juntamente com o declínio do ritmo de crescimento para o ano de 1964. Em 1959, Prebisch já tinha previsto a ironia: "[...] continua paradoxal que a industrialização, em vez de nos ajudar enormemente a amenizar o impacto interno das flutuações externas, esteja nos impondo um tipo novo e desconhecido de vulnerabilidade aos choques de fora [...]" (LOVE, 2011, p. 206), Era como se a promessa estivesse se desmanchando no ar, na frente de todos os que haviam apostado que a América Latina, por fim, tinha encontrado o seu caminho.

A crítica *cepalina* ao processo assinalou vários elementos que poderiam explicar o desmanche do ISI durante os anos 1960. Entre eles, Love (2011) sublinha o desequilíbrio perpétuo, que fortalecera as interpretações marxistas heterodoxas e revolucionárias; as tensões sociais promovidas pelos processos atrasados de urbanização – favelização; as precárias estruturas sindicais – a maioria tinha sido cooptada pelos Estados; as instabilidades políticas que se manifestavam de diferentes formas nos países da região – desde a violência partidarista vivida na Colômbia, até o estabelecimento de ditaduras na maioria da América do Sul; um patrão agrário fixo, uma estrutura industrial pouco diversificada e de níveis heterogêneos, assim como uma má distribuição da renda, o que, somado a uma rígida estrutura social que claramente dificultava a ascensão social, resultava na dificuldade de "entrar na modernidade" para grandes camadas populacionais.

O cenário político e social no qual estavam se dando essas leituras contribuía igualmente para a tensão e batia no reformismo planejado. Com o estabelecimento do regime militar em 1964, o desenvolvimentismo brasileiro parecia ter acabado, e o autoritarismo e a instabilidade política também se dariam na Argentina, em 1966. Os Estados Unidos invadiram a República Dominicana em 1965 – um eco das ocorrências de 11 anos antes na Guatemala –, evidenciando a mudança de olhar do governo norte-americano sobre os assuntos da região, o que fortaleceu ainda mais aquele espírito anti-*yankee* que vinha passando por várias camadas de intelectuais latino-americanos.

Outros elementos acendiam o fervor do momento. Acompanhando o triunfo da revolução em Cuba – que estimulava a ideia da autonomia nas nossas sociedades, principalmente nos jovens estudantes da época –, os intelectuais sentiram-se ainda mais motivados contra os Estados Unidos, em razão da intervenção no Vietnã e de episódios como o da Baía dos Porcos e a crise dos mísseis em 1962.

É nesse contexto que foram formuladas algumas teorias no interior da CEPAL – para contestar o estruturalismo materializado no ISI –, que, com o passar da década de 1960, levarão à formulação da famosa "Teoria da Dependência", construída em meio a várias dessas críticas e atribuída principalmente ao trabalho do brasileiro Fernando Henrique Cardoso e do chileno Enzo Faletto[9].

Segundo especialistas, a interpretação sociológica de Cardoso e Faletto conseguiu o nível e a precisão alcançados graças ao constante diálogo que estabeleceu com os interlocutores da esquerda latino-americana – tanto a heterodoxa, quanto

---

9   Quando nos referimos ao estruturalismo, estamos falando do nome que se deu às primeiras conceitualizações da CEPAL. Não sabemos que relações possa ter essa denominação com a escola que por esses anos estava se fortalecendo em algumas linhas da filosofia francesa. O certo é que não estamos falando disso aqui.

a ortodoxa e até a revolucionária –, também preocupada com o processo de desenvolvimento da região. A ideia de que o subdesenvolvimento era uma posição e não um estado a ser superado exibia tanto uma diferença com o que tinha sido pensado nos anos anteriores pela CEPAL, quanto uma limitação complicadíssima de se transpor.

Em uma espécie de complemento de enfoques, a crítica sociológica pareceu dar-lhes a oportunidade de determinar que um dos elementos mais problemáticos que promove o subdesenvolvimento na região é a incapacidade das burguesias latino-americanas de liderar o processo do progresso. Segundo alguns, a partir de uma tentativa de diálogo entre algumas ideias de Marx e de Weber e à contraluz dos fatos acontecidos na região, a burguesia, que estaria encarregada de liderar o processo de modernização latino-americano, parecia mais interessada em resolver os seus próprios apetites, consumindo e vivendo como se fossem parte do primeiro mundo e deixando passar a necessária oportunidade de investir, renovar o sistema tecnológico e, assim, puxar o desenvolvimento, como era esperado. Era uma elite arrivista.

Bielschowsky (1998) expõe precisamente que parte da grande iniciativa do trabalho de Cardoso e Faletto era motivada para contrapor a tese de que as burguesias latino-americanas eram nacionalistas e que estavam comprometidas com o desenvolvimento. Cardoso e Faletto falariam de interdependência nos dois lados do sistema, mediados pela presença das multinacionais e com o agravante de que tanto "[...] o setor público, quanto o capital multinacional e o setor capitalista nacional se davam as mãos sob governos autoritários [...]" (LOVE, 2011, p. 218). Essa fórmula será denominada "desenvolvimento associado-dependente" por Cardoso.

Considerando a periferia como uma posição e não uma fase, compreendia-se que os problemas da região seriam só superáveis por meio de estratégias que visavam à mudança. Essas estratégias claramente priorizavam a transformação política que permitisse o retorno à democracia onde esta tinha sido assaltada, assim como o seu fortalecimento onde os processos não se mostravam formalmente ditatoriais. Insistia-se em reformar a distribuição tanto de terras, quanto de renda – preocupações latentes desde as propostas de 1949 –, passando pelas reformas tributárias, financeira, da educação e – claramente importante para o que vamos expor mais a frente – da tecnologia.

Na história política e econômica de alguns de nossos países, é possível ver que, durante os anos 1960, são realizadas várias reformas na maioria daquelas frentes de problemas. Isso pode mostrar uma possível relação entre as conceitualizações *cepalinas* e as políticas de cada país. Porém, se foram ou não levadas a cabo e as maneiras como isso possa ter ocorrido não é tão importante para o nosso argumento. O importante é assinalar que tanto os problemas e os diagnósticos feitos no interior da CEPAL, quanto as suas propostas – assim como em outras frentes no mesmo tempo –, estabeleciam, ou pelo menos contribuíam para, uma pauta que estava em discussão nesse momento nas diversas esferas das nossas sociedades: desde os governos e os seus críticos, até a opinião dos cidadãos, passando principalmente pelos estudantes.

Dessa forma, as ideias de Cardoso e Faletto contribuirão para o debate regional, organizando várias teses. Por exemplo, as ideias de que existe um único sistema centro-periferia histórico em evolução; que não existe dualismo, mas interdependência – ou seja, que não existem, simultaneamente, um sistema camponês e outro moderno sem relações na América Latina –; que as burguesias latino-americanas já demonstraram a sua incapacidade de liderar os processos de modernização regional conforme as necessidades e a particularidade da região, bem como a da existência de uma troca desigual como característica do sistema.

Mas aquelas ideias claramente não serão as únicas. Os grandes pontos em comum entre Cardoso e Faletto – a CEPAL no sentido geral – e André Gunder Frank exibem outra dimensão do debate[10]. Concordando com aqueles quatro postulados, Frank diferia de Cardoso na ideia de que, na relação entre o centro do sistema – principalmente Estados Unidos – e a periferia – América Latina –, existira simplesmente troca desigual. Para ele, havia uma clara e calculada drenagem do primeiro sobre o segundo. Na mesma linha, também afirmava com contundência que o desenvolvimento do centro tinha sido possível o tempo todo à custa da periferia, quiçá condenando a região a um estado de periferia eterna.

A distância do pensamento de Frank nos serve para colocar na mesa a conjuntura do momento, tão ativa como significativa para a configuração do olhar e da crítica dos latino-americanos da última metade do século XX, sobretudo aqueles que nasceram durante os anos de 1930 e 1940. A partir dos fenômenos que temos aqui expostos, e inseridos nas batalhas pela autonomia, na busca da identidade e nas lutas pela libertação – na fala de Hobsbawm (2011) –, vários grupos de intelectuais fizeram novas aproximações com as teorias de Marx. "O interesse por esses problemas históricos, se reavivou espetacularmente na década de 1970. Nas suas origens refletiu os debates políticos específicos da esquerda naquela zona do mundo [o chamado terceiro mundo], e em particular na América Latina das décadas de 1950 e 1960" (HOBSBAWM, 2001, p. 360).

As novas leituras de Marx recuperaram – entre outras coisas – as conceitualizações dele e de Engels sobre os modos de produção, naquela linha que começava

---

[10] Gunder Frank foi um economista e sociólogo luxemburguês autonomeado neomarxista radical. Formou-se na Universidade de Chicago e morou em vários países da América Latina, como Brasil, México e Chile.

no sistema comunal primitivo e terminava no sistema socialista. Nessa espécie de processo evolutivo, era apresentada a particularidade de um tipo de produção asiático, na qual um déspota abarcava o excedente da produção – salvo uma pequena parte. Nesse esquema, era endossada tanto a inversão, quanto a mudança e a atualização tecnológica. Essa imagem estava próxima tanto da denúncia de incapacidade da burguesia latino-americana de liderar o progresso, como dos apontamentos de arrivismo e participação ciente dela no processo de "troca desigual" entre a metrópole e a periferia. Era mais ou menos fácil acusar a burguesia regional de ser parte do centro.

Opondo-se à postura do comunismo ortodoxo, essas novas leituras permitiram a um grupo de intelectuais compreender que, ao contrário do que se defendia, a América Latina não estava num estágio feudal avançando de maneira promissora para o capitalismo, que seria a escala seguinte do esquema – o cume era o socialismo. A América Latina já era capitalista desde o século XVI, ou ao menos, mostrava vários dos seus elementos fundamentais: "[...] os impérios espanhol e português no Novo Mundo, declaravam Bagú e outros, eram basicamente empresas comerciais, para as quais os títulos e os exteriores 'feudais' não passavam de disfarce [...]" (LOVE, 2011, p. 221). Daí a interpretação de que o capitalismo não chegou tarde à região, e, por isso, o questionamento sobre a inocência da burguesia local, sublinhando a sua participação ciente naquele processo de drenagem[11].

Dentro dessa crítica, foi observado um processo de colonização interno, para Frank estimulado pela exploração transnacional: "[...] de Wall Street à menor aldeia latino-americana [...] todas as regiões estavam ligadas por uma troca desigual de bens e serviços, [não existia dualismo] em consequência do capitalismo subdesenvolvido" (LOVE, 2011, p. 223).

Segundo Love (2011), para Frank a América Latina estava em um processo de subdesenvolvimento havia vários séculos, caracterizado pelo exercício monopolístico da metrópole, que só mudava de foco comercial, atualizando-se diante das circunstâncias históricas. Esse foco esteve dividido em quatro fases pontuais: uma fase de monopólio comercial, praticado pelo centro durante o mercantilismo; uma fase de monopólio industrial cometido durante o liberalismo do século XIX; uma fase de monopólio dos bens de capital na primeira metade do século XX;

---

11 A suposta inocência das burguesias latino-americanas podia explicar os problemas da etapa industrializante durante os anos de 1950. De fato – como mencionamos –, Cardoso e Faletto incluíam essa variável na compreensão que eles elaboraram dentro da CEPAL. Com certa clareza, é mais ou menos notório e compreensível que o escritório da ONU para os assuntos econômicos da região não se comprometesse com posturas ideológicas que o afastassem dos preceitos do desenvolvimento.

e, finalmente, uma fase de monopólio da inovação tecnológica a partir de 1950. Nesse panorama, conseguir um desenvolvimento adequado, próprio e autônomo só seria possível, para esse grupo de críticos, se fosse seguido o exemplo de Cuba: o único caminho era a revolução.

Ainda que as ideias de Frank circulem escritas a partir de 1967, tanto os antecedentes de onde ele bebe quanto o momento do debate estavam se dando desde dez ou onze anos antes. O texto de Bagú usado por Love é de 1949; o de Stavenhagen, de 1965; os de Baran e de González, aparentemente, de 1952 e 1958, respectivamente. Tudo isso somado às críticas e aos desenvolvimentos internos da CEPAL – descontando aqui mais outras fontes de crítica, como a teologia da libertação ou as atualizações modernas de disciplinas como a Arquitetura – deixam ver tanto vários filtros, como várias ideias presentes nas pautas dos debates da região, foco final do nosso interesse neste texto.

Segundo Bielschowsky (1998), entrando os anos 1970, a preocupação da CEPAL parece ter mudado da redistribuição para o crescimento com homogeneização social e fortalecimento das exportações. Já não é só fortalecer a industrialização para substituir o que se importava, mas entendê-la como um mecanismo para promover a venda de bens transformados a outras economias. Não vamos tratar aqui da década de 1970, tampouco as outras à frente. Contudo, vale mencionar só mais um assunto relacionado à CEPAL para terminar de contornar o assunto.

Apesar do desmanche da influência da CEPAL nos governos da região, motivado pelo fortalecimento das tecnocracias e dos centros acadêmicos regionais e explicado – entre outras coisas – tanto pelo regime imposto no Chile a partir do derrocamento de Salvador Allende, com o estabelecimento da ditadura, quanto pela ascensão das futuras e renovadas receitas neoclássicas, ela conseguiu se envolver nos debates mais depurados no interior da ONU em torno do desenvolvimento.

A partir da petição da ONU, a CEPAL entregou um grupo de relativizações nascidas do estudo das condições latino-americanas à Declaração sobre Progresso Social e Desenvolvimento, aprovada na Assembleia Geral da ONU em 1969. Reunidos dentro do grande "desenvolvimento integrado ao desenvolvimento humano", a CEPAL aponta vários elementos como tentativas de garantias para o seu sucesso. Uma delas, importante pelo que aconteceria alguns anos mais à frente, usa dois preceitos-chave: de uma parte, a ideia de que as povoações devem participar das decisões relacionadas ao seu progresso. Por outra, a ideia plantada por Marshall Wolf em 1976 de que, *a priori*, não se deve "[...] supor a existência de agentes politicamente capazes e desejosos de implantar um estilo de desenvolvimento desejável e factível [...]" (BIELSCHOWSKY, 1998, p. 20), como que reivindicando aquele circunstancialismo tantas vezes mencionado durante o presente texto.

Fato e desejo: industrialização e profissionalização do design na América Latina
Sede do desenvolvimento conceitual do sistema centro-periferia e da teoria da dependência, no âmago do pensamento *cepalino* parecem respirar aquelas características e reivindicações que vêm sendo defendidas por várias linhas de intelectuais na região desde o século XVIII: circunstancialismo e essencialismo como características, autonomia e desenvolvimento técnico como temas de reivindicação.

Pode-se dizer que a CEPAL foi, durante essas décadas, produtora e promotora de uma cascata metastática de sentidos. As suas críticas e ideias multiplicaram-se e circularam nos mais diversos cenários da América Latina com tal nível de proximidade com as circunstâncias e as preocupações das pessoas – usualmente dando sentido à experiência –, que, muitas vezes, os seus postulados conceituais e políticos são repetidos e defendidos dentro dos sentidos comuns, com um elevado grau de apropriação inconsciente nos indivíduos.

Lançando mão de uma analogia, poderíamos dizer que a CEPAL aparece como um dos veículos que determinam, em certas linhas de pensamento latino-americano, um sentido de "inconsciente coletivo", como o definido na linha psicanalítica de Jung, como que oferecendo e reforçando as motivações com as quais foram defendidas causas e construídos sonhos na extensão dessa região naquele momento.

Claro, a CEPAL não foi o único filtro, vaso comunicante, difusor ou "psique exterior" desse tipo de ideias. Já vimos o diálogo que os seus postulados estabelecem com diversas críticas na região, incluindo a comunista, que tem o seu próprio sistema de difusão de ideias, conceitos e categorias de socialização. Como já mencionamos, entre outras frentes de configuração e difusão crítica, também estavam naquela época os postulados da teologia da libertação, sobretudo as suas concepções sobre a solidariedade com os menos favorecidos. Também vai estar presente a crítica que levantava a Arquitetura Moderna no cenário latino-americano, como estratégia para se emancipar da prática neoclássica da sua disciplina e definir o seu papel na configuração da sociedade. Esses esforços conceituais podem ser rastreados na maioria dos países da região – com as devidas variações – desde a década de 1930[12].

Se a especializada crítica econômica *cepalina* irradiava para toda a sociedade em virtude da generalidade das suas preocupações, nos outros três filtros citados a crítica vai se aproximando gradualmente dos cenários acadêmicos, principalmente dos estudantes latino-americanos dos anos de 1960. Conscientemente ou não, sob propósitos militantes ou não, tanto as ideias *cepalinas*, quanto as derivadas

---

12 Mencionamos a Arquitetura Moderna porque a consideramos um vetor-chave de difusão para compreender as formas como será conceitualizado o papel social do design na América Latina. Lembramos que a grande maioria dos fundadores e encarregados dos primeiros cursos na região foram arquitetos.

da crítica comunista, e mais o triunfo da Revolução Cubana, bem como os ideais pelos quais a Arquitetura prometia uma nova era ao romper com as Belas Artes, dialogaram com camadas de jovens intelectuais – estudantes de Arquitetura e Design – espalhados por toda a região durante esses anos. Isso pode explicar os níveis de coincidência sobre como eles compreendiam e criticavam a realidade, não obstante a sua presença em lugares geográficos tão afastados entre si: Cidade do México e Buenos Aires; Bogotá e Rio de Janeiro; Santiago e Havana. Eram categorias que faziam parte do inconsciente coletivo que mencionamos anteriormente.

Esses diferentes núcleos de ideais foram oferecendo ao conjunto da sociedade alguns conceitos para organizar as suas percepções da realidade, da qual esses conceitos se alimentavam. A promoção dos debates por parte da CEPAL, entre outros fatores, jogava claridade sobre a existência de um centro desenvolvido que, na leitura do comunismo radical, drenava histórica e permanentemente a região com a ajuda de uma burguesia cúmplice e arrivista. Essa drenagem condenava a América Latina a uma perpétua dependência, que, vista nas relações de troca, era orientada sob a transferência de tecnologia inapropriada para as suas condições sociais e econômicas.

Controlando esse eixo era possível prometer o rompimento dessa dependência e, a partir daí, o cancelamento da vulnerabilidade externa da região, aproximando-se da solução daqueles flagelos que atormentavam os raciocínios e as preocupações de uma linha bem definida de intelectuais desde o século XIX.

É interessante observar como essas preocupações, sendo parte dos raciocínios dos arquitetos e dos primeiros designers modernos na região, darão forma aos diferentes projetos profissionalizantes do design na América Latina, sobretudo do design industrial, desde o final dos anos 1960. Não entraremos nos detalhes dado o propósito principal desse texto, contudo é verossímil crer que, em meio às claras, articuladas e difundidas políticas *cepalinas* pela industrialização, governos da região – como o brasileiro ou o mexicano – fossem, no final dos anos 1950, protagonistas da criação e do fortalecimento de "escolas" – com vertentes e apostas diversas – que prometiam promover o processo de industrialização de bens intermediários e duráveis.

Mais adiante, a partir do final da década de 1960, vai acontecer o que poderíamos chamar de primeira onda de profissionalização acadêmica do design moderno na América Latina. Essa onda estimulará reflexões e uma relativamente profícua produção de documentos em torno do papel social do design[13]. Quem

---

13 A diferença dos textos escritos nesse momento pelos habitantes do centro para os da produção latino-americana é que esta última não foi publicada em sua maioria. Dificilmente a quantidade de textos publicados corresponde à intensa produção de ideias e material escrito sobre o assunto durante esses anos na região latino-americana.

ficou encarregado da grande maioria dos cursos que fazem parte dessa onda acadêmica foram os arquitetos egressos dos cursos das universidades públicas desde finais de 1950, que já tinham acumulado experiência no mercado profissional desse novo e indeterminado campo profissional chamado design.

É plausível afirmar que, na redação desses cursos, as preocupações desses "criadores" e a lógica dos seus argumentos apareceram em diálogo com os argumentos e as justificativas disciplinares dos temas e das "fórmulas" da CEPAL, que chegaram até eles por diferentes caminhos e níveis de consciência. Afinal, essas ideias foram intensamente debatidas nos cenários acadêmicos onde a grande maioria deles se formou em Arquitetura desde a segunda metade dos anos 1950, alimentando aquela "psique exterior" que mencionamos.

Ilustremo-lo com alguns exemplos. Mencionaremos dois grupos de casos correspondentes a dois propósitos diferentes no processo de profissionalização a que estamos dando contorno nesses últimos parágrafos do texto. O primeiro está associado a alguns processos de configuração acadêmica do design na América Latina. O segundo é uma linha de argumentos no caminho da reivindicação profissional – ativa em vários países latino-americanos durante os anos 1970 – como mecanismo de consolidação associativa.

Um caso está relacionado à criação do curso de Design Industrial da Universidade de Guadalajara, no México. É um texto supostamente escrito pelo mexicano Pablo Robles, no qual ele apresenta algumas ideias sobre o que deveria ser discutido no marco de uma próxima reunião da Asociación Nacional de Instituciones de Enseñanza del Diseño Industrial (ANIEDI), e diz respeito ao como "deve ser" o designer mexicano. A linha marcada por Robles problematiza claramente a "dependência cultural" e a solução apresentada como a mais adequada é a leitura e a resolução das necessidades do contexto no contexto: um claro clamor circunstancialista.

Porém, aparece a pergunta: justificam-se os designers em uma sociedade que não tem possibilidades de projetar o seu entorno (produtos e meio ambiente); é dizer, que não constrói esse entorno a partir das suas próprias necessidades, mas que está obrigado a adotar modelos que chegam-lhe de fora? Vale perguntar o qual será o rol do designer em uma sociedade dependente tecnológica e culturalmente? Do ponto de vista da sujeção à realidade, os designers tem pouco espaço na nossa sociedade; ao contrário, sob uma perspectiva de mudança, a sua participação em um processo cultural que procure quebrar a dependência, pode ser determinante a condição de que a sua formação seja ao mesmo tempo transformadora e está suficientemente baseada na nossa realidade e nas suas possibilidades de transformação (ROBLES, 1978, p. 1).

Para Robles, estão claros os elementos que explicam a dependência do México. O maior problema, aparentemente, é a incapacidade de determinar os problemas e as suas soluções nas circunstâncias, por estarem inseridos em um modelo de "ancoragem na realidade". Aí, só a perspectiva de mudança social seria o lugar para o designer: a mudança de modelo, a revolução da realidade. Um caminho para quebrar a dependência a partir do conhecimento da realidade, do seu contexto e de suas possibilidades.

Nesse primeiro grupo, consideramos igualmente eloquente um fragmento da palestra apresentada pela delegação mexicana no congresso fundacional da Asociación Latinoamericana de Diseño Industrial (ALADI), ocorrido em Bogotá em novembro de 1980. Para os autores desse texto, existe uma estreita ligação entre a ausência da prática projetual, os inexistentes produtos mexicanos e o atraso tecnológico do país, com a cúmplice participação da burguesia no processo de perpetuação da dependência no esquema da Divisão Internacional do Trabalho e a presença e a expansão das transnacionais.

Há uma ampla evidência que permite dizer com alto nível de confiabilidade que o atraso tecnológico e a quase total inexistência de design de produtos são o resultado de uma política tecnológica explícita, na qual tinham-se protegido os interesses de curto prazo dos grupos no poder. Podemos dizer que a última fase de emancipação tecnológica nacional ocorreu na Época Pré-colombiana e que a partir da Colônia até hoje, os esforços tinham sido para a crescente importação de bens de capital e manufaturas com base na nossa exportação de materias primas [...] "Copyrights" patentes, uso de marcas, royalties, direitos autorais, e outros, são os mecanismos com os quais hoje se protegem e incrementam os lucros do grupo no poder [...] [marcas de várias multinacionais circulando no México] são só um botão que basta para mostrar, a imensa dependência tecnológica nacional (RIVERA, 1980, p. 4).

Esse diagnóstico é apresentado como um cenário no qual se justificaria a presença do perfil de designer industrial que essa universidade havia conceitualizado formar para quebrar tais problemas e contribuir para a esperada mudança social. Argumentos similares serviram como justificativa em vários outros documentos fundacionais de cursos de design em outros países naqueles anos.

Em relação ao outro grupo, queremos expor mais dois casos. O primeiro termina alimentando o segundo com toda probabilidade, mas respondem a exercícios relativamente autônomos em seus próprios contextos.

[...] o surgimento da profissão no Brasil se dá dentro do processo histórico de caracterização dos chamados países subdesenvolvidos. Surge com a indústria, no bojo da modernização da sociedade. Este mesmo processo é o que dispõe o desenvolvimento atual da sociedade, que continua a conferir a especificidade do 3º mundo. A uma crescente e progressiva concentração de renda corresponde, como fenômeno ligado, uma também crescente e progressiva pauperização de amplas camadas da população. Acarreta também, um nível mais baixo de riqueza em comparação com as economias centrais. Assim sendo, a discussão sobre desenvolvimento comporta dois níveis. Aquele em que se destaca a dominação entre nações e outro, básico, que vem conjugado a fatores sociais, econômicos e culturais a nível de regiões e, principalmente, de setores que compõem a sociedade do 3º mundo em cada nação [...] urge que se criem a partir de agora condições para uma ação mais eficaz em face e sobre a nossa realidade (BUNM-ELD, 1980, p. 2 e 6).

A citação termina com aquela reivindicação circunstancialista que tanto temos mencionado neste documento. Também está muito clara a presença de várias ideias provenientes da crítica econômica que catalisa a CEPAL. Por exemplo, aquela denúncia expressada por Manoilescu sobre o uso de uma economia sobre outra, retomada por Prebisch na sua fórmula centro-periferia, atualizada nas ideias de Cardoso e Faletto, e também disseminada conceitualmente na crítica comunista heterodoxa e revolucionária, sobretudo na expressão de drenagem de André Gunder Frank, ou nas clarezas da leitura sobre a distribuição da renda, tão problemática para o processo de industrialização e permanentemente assinalada pelo escritório em Santiago.

Essa reflexão sobre o cenário econômico brasileiro pretende se apresentar como a cenografia do que é – ou deve ser – o papel social do design industrial no Brasil. O propósito é determinar os alcances do campo profissional. Algumas considerações redundaram sobre a ideia de que o designer tem a obrigação de procurar a qualidade de vida do povo brasileiro, identificando as suas carências, intervindo sobre elas e "abrasileirando" tanto os projetos quanto a tecnologia – elementos presentes nos discursos mexicanos, colombianos e até argentinos naquele momento. Essas considerações são fruto do encontro ocorrido no Rio de Janeiro em outubro de 1979, onde se reuniram membros das associações profissionais desse país. O documento faz parte da coletânea entregue pela delegação brasileira no congresso fundacional da ALADI em Bogotá, em novembro de 1980.

Por sua parte, a conformação da ALADI pode ser vista como o exercício autônomo de um grupo de latino-americanos, que representava boa parte dos nascentes corpos associativos de design nos seus próprios países. Portanto, pode ser vista como a criação do bloco latino-americano que iria tratar dos problemas relacionados ao campo na região e às suas circunstâncias, como uma versão institucional do design latino-americano. A sua fundação e o seu funcionamento estavam a cargo de vários dos fundadores de programas ou cursos acadêmicos de design moderno nos seus respectivos países, a grande maioria arquitetos formados nas universidades latino-americanas durante os anos 1960 – aquela agitada década de conflito regional e apaixonados debates sobre os caminhos certos para o desenvolvimento dos nossos países. "...ALADI nasce em um momento histórico crucial, buscando afiançar, através da união, a afirmação de um Design Industrial próprio, contra daqueles que querem negar à América Latina a capacidade de estruturar a sua própria realidade..." (PAMIO, 1981, p.1)[14].

Concomitantemente à redação de objetivos institucionais, de formação profissional e de informação e comunicação, assim como da consolidação da estrutura e das tarefas, a primeira assembleia definiu um grupo de objetivos políticos que deixam transparecer as grandes coincidências compartilhadas pelos fundadores na hora de olhar e criticar o mundo.

1. Propiciar a ruptura da dependência econômica, tecnológica e cultural, da qual estão sumetidos os nossos povos, estimulando a aplicação do design de tecnologias, objetivos e sistemas de comunicação próprios.
2. Estimular a busca da autonomia no nosso desenvolvimento, promovendo a criatividade permanente e a melhoria de projetos e técnicas.
3. Nortear para que o design procure objetivos e técnicas que resolvam as necessidades básicas da maioria da população.
4. Estimular a difusão e o intercâmbio de tecnologias e sistemas, desenvolvidos nos países latino-americanos.
5. Impulsionar o Design Industrial não só como uma disciplina ligada a produção industrial e ao desenvolvimento científico e tecnológico, mas também como fator de desenvolvimento global do homem e como um dos meios para defender, divulgar e impulsionar a realidade material e cultural da América Latina (APMB-ALADI´80, 1980, p. 2-3).

Um grupo de objetivos que parece respirar os temas colocados e debatidos pela CEPAL e que acabam por ser configurados como parte de um "inconsciente coletivo" que pode explicar por que um carioca e um *cachaco*[15] concebam e sonhem em resolver os mesmos problemas, das mesmas maneiras, ou, pelo menos, de maneiras muito similares, caracterizando-os como membros de uma

---

14 Fragmento de um artigo escrito por Pamio para a revista *Módulo*, da Costa Rica, publicado quatro meses após a criação da ALADI. Oscar Pamio (Itália) foi delegado costa-riquenho na fundação em Bogotá e era editor da revista *Módulo*.
15 Carioca é o modo de se referir aos brasileiros que nasceram na cidade do Rio de Janeiro. Por sua vez, cachaco é um modo de nomear o colombiano nascido em Bogotá.

mesma comunidade interpretativa. Ao mesmo tempo, uma oportunidade para fortalecer um novo campo que precisava se proteger e uma eloquente maneira de recriar o "espírito latino-americano", que, como um espectro, rondava a região desde o século XIX.

Referências

ANDERSON, B. *Comunidades imaginadas.* Reflexiones sobre el origen y la difusión del nacionalismo. México D.F: Fondo de Cultura Económica, 1993.

APMB-ALADI '80. *Acta de constitución de la Asociación Latinoamericana de Diseño Industrial*, ALADI, Bogotá, Colômbia. São Paulo: Acervo Pessoal Marcos da Costa Braga, 1980.

AZEVEDO, C. *Em nome da América.* Os corpos de paz no Brasil. São Paulo: Alameda, 2008.

BETANCOURT, A. La perspectiva continental: entre la unidad nacional y la unidad de América Latina. *Historia Crítica*, n. 49, p. 135-157, jan.-abr. 2013.

BIELSCHOWSKY, R. (1998). CEPAL cincuenta años. *Revista CEPAL.* Disponível em: <http://www.cepal.org/cgi-bin/getProd.asp?xml=/revista/noticias/articulo-CEPAL/3/19373/P19373.xml&xsl=/revista/tpl/p39f.xsl&base=/revista/tpl/top-bottom.xslt>. Acesso em: 9 nov. 2014.

BORDIEU, P. *El sentido social del gusto.* Elementos para una Sociología de la Cultura. Buenos Aires: Siglo XXI, 2010.

BRAUDEL, F. *Civilização material, economia e capitalismo.* Séculos XV-XVIII. (Vol. 3. O tempo do mundo.) São Paulo: Martins Fontes, 1998.

BUNM-ELD. *Desenho industrial e subdesenvolvimento.* Conclusões do 1º Encontro Nacional de Desenho Industrial realizado no Rio de Janeiro, Brasil, em outubro de 1979. Medellín: Biblioteca Universidad Nacional, 1980.

CANCELLI, E. América del deseo: pesadilla, exotismo y sueño. *Estudios Sociológicos*, v. 21, n. 1, p. 55-74, 2003.

CAVALCANTI, A. Inconsciente coletivo e arquétipos. *Psicanálise*, n. 22, p. 14-21, s/d.

CEPAL. *Historia de la CEPAL.* Disponível em: <http://www.cepal.org/es/historia-de-la-cepal>. Acesso em: 12 mar. 2015.

CORTÉS, R. El crecimiento de la economia argentina, c. 1870-1914. *In*: BETHELL, L. *Historia de América Latina.* (Vol. 10. América del Sur, c. 1870-1930, p. 13-40.) Barcelona: Crítica, 1992.

DEVALLE, V. *La travesía de la forma.* Emergencia y consolidación del Diseño Gráfico (1948-1984). Buenos Aires: Paidos, 2009.

GEL. *Breve introducción al pensamiento descolonial.* Grupo de Estudios para la Liberación. Disponível em: <https://www.academia.edu/10672710/Breve_Introducci%C3%B3n_al_pensamiento_descolonial_Grupo_de_Estudios_para_la_Liberaci%C3%B3n>. Acesso em: 10 jan. 2015.

GILBERT, A. El proceso de urbanización. *In*: PALACIOS, M.; WEINBERG, G. *Historia general de América Latina.* (Vol. 8. América Latina desde 1930, p. 129-149.) Paris: UNESCO/Graficas Varona, 2008.

HOBSBAWM, E. *Historia del Siglo XX*. Buenos Aires: Emecé Editores, 1998.

_____. *Cómo cambiar el mundo*. Buenos Aires: Crítica, 2011.

LOVE, J. Ideias e ideologias econômicas na América Latina. *In*: BETHELL, L. *História da América Latina*. A América Latina após 1930: ideias, cultura e sociedade. (Vol. 8, p. 161-242.) São Paulo: Edusp, 2011.

MANHEIM, K. *Ideologia y utopía*. México D. F.: Fondo de Cultura Económica, 1987.

PAMIO, O. Hacia un Diseño Independiente. *Módulo*, n. 2, p. 1-2, mar. 1981.

PHELAN, J. L. Pan-latinism, French intervention in Mexico (1861-1867) and the genesis of the idea of Latin America. *In*: MEDINA, J. A. O. (ed.) *Conciencia y autenticidad históricas*. Escritos en homenaje a Edmundo O´Gorman. (p. 279-298). México D. F.: UNAM, 1968.

PINI, I. Arte Latinoamericano desde 1930 hasta la actualidad. *In*: PALACIOS, M.; WEINBERG, G. *Historia general de América Latina*. (Vol. 8. América Latina desde 1930, p. 501-520.) Paris: UNESCO/Gráficas Varona, 2008.

PUYANA, A. La industrialización de América Latina y el Caribe. *In*: PALACIOS, M.; WEINBERG, G. *Historia general de América Latina*. (Vol. 8. América Latina desde 1930, p. 79-104.) Paris: UNESCO/Gráficas Varona, 2008.

PUYANA, A.; ROMERO, J.; TORRES, E. La inserción de América Latina y el Caribe en la economía mundial. *In*: PALACIOS, M.; WEINBERG, G. *Historia general de América Latina*. (Vol. 8. América Latina desde 1930, p. 151-188.) Paris: UNESCO/Gráficas Varona, 2008.

QUIJADA, M. Sobre el origen y difusión del nombre "América Latina" (O una variación heterodoxa en torno al tema de la construcción social de la verdad). *Revista de Indias*, v. 58, n. 214, p. 596-616, 1998.

RESTREPO, E.; CÓRDOBA, E.; FAJARDO, M. *Universidad Nacional en el siglo XIX*. Documentos para su historia/Escuela de Artes y Oficios. Escuela Nacional de Bellas Artes. Bogotá: Facultad de Ciencias Humanas UN - Colección CES, 2004.

RIVERA, S. *Panorama actual de la Escuela de Diseño Industrial en la UAM-Xochimilco*. Palestra pelo primeiro congreso da ALADI. Coautores: Gabriel Domínguez, Luis Romero, Enrique Olivares, Fernando Ortíz, Luis Sierra e Jacques Vermanden. Medellín: Biblioteca Universidad Nacional, 1980.

ROBLES, P. *Aportes de la Facultad de Diseño de la Universidad de Guadalajara, a la Definición de la Ponencia de ANIEDI al Congreso ICSID-México 79*. Rio de Janeiro: Acervo Pessoal Luiz Blank, 1978.

RODRÍGUEZ, J. *La red de intelectuales cepalinos*. Período 1948-1970. Disponível em: <http://www.edomexico.gob.mx/uptecamac/doc/investigaciones/julio/cepal.pdf>. Acesso em: 12 mar. 2015.

SAFFORD, F. *El ideal de lo práctico*. Bogotá: El Áncora, 1989.

SICARD, G.; LÓPEZ, G.; GÓMEZ, G.; FERNÁNDEZ, R. *Carrera de Diseño Industrial*. [Inédito] Bogotá: Facultad de Artes, Universidad Nacional, 1977.

SILVA, R. *Los ilustrados de Nueva Granada 1760-1808*. Genealogía de Una Comunidad de Interpretación. Medellín: Banco de la República/Fondo Editorial de la Universidad EAFIT, 2002.

URIBE, J. J. *Jaime Jaramillo Uribe*. Memorias Intelectuales. Bogotá: Taurus, 2007.

De Prebisch ao novo desenvolvimentismo: teoria e prática das políticas industriais

Robson Gonçalves

Roberto Aragão

O processo de desenvolvimento industrial da América Latina foi marcado por uma dinâmica contraditória. E, a despeito das grandes mudanças estruturais ocorridas, sobretudo nos últimos 25 anos do século XX, as contradições persistem em pleno século XXI. A compreensão das especificidades e dos potenciais de desenvolvimento da região foi orientada, por décadas, pelo pensamento *cepalino*, ou seja, pelo arcabouço crítico, acadêmico e prático gerado no âmbito da Comissão Econômica para a América Latina e o Caribe (CEPAL), órgão ligado à Organização das Nações Unidas.

Desde meados dos anos 1990, países como o Brasil, tendo atingido níveis comparativos médios de renda *per capita*, começaram a vislumbrar a fase pós-industrial de seu desenvolvimento local. Nessa etapa, a indústria, bem como a agropecuária, tende a perder participação no PIB total, abrindo espaço para a expansão rápida do setor de serviços. Este, por sua vez, ingressa na fase pós-industrial vivenciando profundas transformações qualitativas e passa a oferecer aos outros dois segmentos *inputs* estratégicos, sobretudo aqueles associados à tecnologia e à inovação, com destaque para atividades ligadas aos campos da saúde, educação, entretenimento e outros serviços pessoais.

Tendo por base esse pano de fundo, o objetivo deste capítulo é oferecer uma reflexão sobre o potencial atual das políticas industriais no sentido de garantir tanto a sustentação do crescimento econômico, quanto a integração de países como o Brasil nas principais cadeias internacionais de geração de valor. Mas, desde já, vale um alerta: o termo *políticas industriais* deve ser atualizado e compreendido em sentido amplo, não restrito, por exemplo, às ações governamentais voltadas para o crescimento da indústria de transformação. Nesse sentido, o termo será utilizado como sinônimo de políticas setoriais, uma vez que a própria indústria hoje depende de *inputs* estratégicos originados no setor de serviços e, portanto, não há como sustentar tais *políticas* a partir de uma abordagem centrada apenas nos ramos industriais.

Nesse sentido, as teorias do chamado *novo desenvolvimentismo*[1], herdeiras declaradas do pensamento *cepalino*, também chamado de estruturalista, oferecem diversas diretrizes de análise, atualizando o debate e levando em consideração as características próprias da fase atual. Ainda assim, as teses do novo desenvolvimentismo também são passíveis de uma apreciação crítica. Para isso, merecem atenção especial as questões microeconômicas vinculadas aos incentivos à inovação.

O velho pensamento da CEPAL, base das políticas industriais aplicadas na América Latina desde o pós-guerra até os anos de 1980 – centradas na ideia de substituição de importações –, negligenciou a importância da dinâmica tecnológica. Enquanto isso, do outro lado do mundo, países asiáticos como Coreia do Sul e Taiwan fizeram uma transição exitosa para o modelo de promoção de exportações com absorção de tecnologia, modelo posteriormente copiado, com diversas especificidades, pela China. No mesmo período, a América Latina vivia a crise do desenvolvimentismo, o vazio estagnado da "década perdida".

Mas, mesmo na América Latina, houve exceções. Assim, países como o Chile conseguiram, em alguma medida, manter o seu desenvolvimento absorvendo ideias liberais do Consenso de Washington[2], mas o seu êxito também é questionável, já que a sua integração à economia global e a intensidade do crescimento também não permitiram um *catch-up*[3] adequado em relação às economias desenvolvidas. Nesse sentido, pode-se dizer que o novo desenvolvimentismo vem, a um só tempo, rediscutir os ideais dos tempos da velha CEPAL, incorporar novos aspectos relevantes que foram deixados de lado no passado e oferecer elementos não ortodoxos de reflexão sobre o desenvolvimento de países como o Brasil.

O pensamento *cepalino*

A CEPAL foi criada em 1948 como um órgão econômico regional da ONU com o objetivo de monitorar as políticas direcionadas à promoção do desenvolvimento econômico da região latino-americana e auxiliar na integração dos países da região entre si e com o resto do mundo. Na prática, a CEPAL se transformou em uma escola de pensamento genuinamente latino-americana, preocupada com os problemas econômicos e sociais que assolavam a região desde o pós-guerra. Bielschowsky (2000) ressalta que existem quatro traços analíticos comuns no pensamento *cepalino*.

---

1 Ver Siscú; Paula e Michel (2007).
2 Ver Bandeira (2002).
3 "Catch-up" é uma expressão que pode ser traduzida como "alcançamento". Trata-se, portanto, de uma estratégia para levar países menos desenvolvidos ao nível dos países desenvolvidos.

O primeiro diz respeito ao método. Trata-se do enfoque histórico-estruturalista, baseado na ideia da relação centro-periferia; dois outros referem-se a áreas temáticas: análise da inserção internacional e análise dos condicionantes estruturais internos (do crescimento e do progresso técnico, e das relações entre estes, o emprego e a distribuição de renda); por último, encontra-se o plano da análise das necessidades e possibilidades de ação estatal (BIELSCHOWSKY, 2000, p. 17).

Em razão da metodologia utilizada na análise, os temas discutidos na CEPAL desde sua origem sempre estiveram intimamente ligados aos momentos históricos específicos vividos pela América Latina, começando com a discussão sobre a industrialização e os padrões de comércio internacional, passando pela questão da dívida externa e terminando com as discussões sobre a distribuição de renda.

O economista argentino Raúl Prebisch (1901-1986) é considerado o pai do pensamento econômico da CEPAL, ou "escola estruturalista". Seu estudo *O desenvolvimento econômico da América Latina e alguns de seus principais problemas* (PREBISCH, 1949) promoveu uma forte e inédita crítica à teoria das vantagens comparativas enquanto referência para orientar o desenvolvimento dos países da região. Sua principal tese era que uma política liberal de comércio exterior condenaria a América Latina a uma contínua relação desigual com os países desenvolvidos, impedindo que a região ingressasse em um processo de desenvolvimento com industrialização.

Como consequência, as recomendações práticas do pensamento *cepalino* inaugurado por Prebisch quanto à política econômica tinham forte viés intervencionista. O controle deliberado das políticas cambiais e de comércio exterior deveria ter por objetivo proteger os mercados nacionais, criando condições favoráveis à progressiva internalização de segmentos industriais nascentes, que passariam a atender ao mercado local em substituição às importações.

Esse pilar fundamental das teses estruturalistas reconhece que as práticas liberais tenderiam a perpetuar o perfil econômico latino-americano, condenando a região a uma condição contínua de importador de produtos industriais e exportador de matérias-primas. Como consequência, a alteração da estrutura produtiva desses países exigia um esforço deliberado de intervenção. O viés antiliberal dessa abordagem é notório.

Ao longo de todo o processo de industrialização por substituição de importações, que, no Brasil, pode ser datado em termos amplos entre 1930 e 1980, não faltaram críticas às teses da CEPAL. Muitos economistas liberais apontavam as distorções sobre os preços relativos e a possível má alocação (no sentido de eficiência) das políticas de intervenção. Ao mesmo tempo em que a discussão baseada em aspectos históricos era rica, os críticos afirmavam que ela diminuía a capacidade preditiva das orientações *cepalinas*, limitando o escopo de atuação da escola.

Esse debate se tornou a expressão latino-americana da tradicional polarização entre as linhas normativa e positiva do pensamento econômico[4].

Faça o que eu digo, não faça o que eu fiz

A condução do processo de desenvolvimento industrial pelo Estado não era uma ideia nova em 1948. Diversos países haviam adotado práticas intervencionistas ao longo do século XIX, em oposição às teorias *ricardianas* de livre-cambismo e vantagens comparativas. Contrariamente aos atuais países em desenvolvimento, os países hoje desenvolvidos não tinham, à época, nenhum tipo de polarização ou rivalidade com outras nações ainda mais ricas. Estas, se ocorreram, envolveram os países do continente europeu ante a Inglaterra, primeiro país a ingressar na era industrial. Mas a resposta dessas nações, sobretudo da Alemanha, foi contrária às teses liberais[5].

Chang (2003) defende que a estratégia de propagar o liberalismo e evitar que os países em desenvolvimento utilizem políticas protecionistas, na prática, tem até hoje efeito similar ao da estratégia de *chutar a escada*, ou seja, os países desenvolvidos teriam utilizado uma escada para chegar ao topo e, uma vez que atingiram o patamar desejado, começaram a praticar a política de *chutar a escada* que utilizaram para atingir tal patamar para que os países em desenvolvimento não o atingissem. Nota-se que a abordagem do autor está em linha, ainda que com um arcabouço modernizado, com as antigas teses *cepalinas*.

De modo similar, Paul Krugman (1991) cita em sua obra *Geography and trade* (*Geografia e comércio*, em tradução livre) o caso do protecionismo canadense. Segundo o autor, o Canadá introduziu em 1878 a chamada *National Policy*, um conjunto de iniciativas baseado em altas taxas de importação de manufaturados, baixas taxas de importação de insumos, construção de uma ferrovia leste-oeste transcontinental e a ocupação do extremo ocidente do país.

Os canadenses tinham clara, naquele momento, a ideia de que uma política liberal de abertura comercial os levaria a ser uma espécie de satélite dos Estados Unidos. Para evitar que isso acontecesse, os dirigentes canadenses à época entendiam que precisavam desenvolver a indústria nacional e integrar o país. Como resultado, a política de substituição de importações canadense não apenas protegeu o mercado interno, como também garantiu décadas de expansão econômica.

De fato, a popularidade da *National Policy* e os seus impactos na sociedade canadense foram tão fortes que nem mesmo o partido liberal, que inicialmente era contrário ao plano, conseguiu mudá-lo no momento em que assumiu o poder, de

---

4 Ver Friedman (1953).
5 Ver Landes (2005).

forma que a trajetória protecionista e desenvolvimentista canadense perdurou de 1867 até, em alguma medida, 1981.

Também os Estados Unidos, *latecomers* no processo de industrialização tanto quanto os países do continente europeu, defenderam sua indústria nascente de forma intensa desde o século XIX. Os planos de desenvolvimento americanos não eram muito diferentes do canadense e contemplavam altas tarifas de importação de produtos manufaturados e políticas de desenvolvimento regional. A justificativa para o uso dessas políticas também era conhecida, e Chang (2003) cita uma frase de Ulysses S. Grant, presidente republicano dos Estados Unidos entre 1868 e 1876, que merece leitura atenta.

Durante séculos, a Inglaterra contou com o protecionismo, levando-a a extremos e obtendo resultados satisfatórios. Não há dúvidas de que é a esse sistema que ela deve sua atual força. Após dois séculos, a Inglaterra achou conveniente adotar o livre comércio por achar que o protecionismo não podia oferecer mais nada. Pois bem, cavalheiros, meu conhecimento do nosso país me leva a acreditar que dentro de 200 anos, quando a América tiver tirado proveito de tudo o que o protecionismo pode oferecer, ela também adotará o livre comércio (CHANG, 2003, p. 108-109).

A clareza da fala do presidente americano no sentido de defender as políticas intervencionistas e a proposta de mantê-las enquanto for necessário evidencia que o não uso do protecionismo apenas fazia sentido após um determinado estágio de desenvolvimento e sempre foi uma opção que os Estados Unidos praticaram a despeito da postura liberal que se reconhece naquele país hoje, também manifesta na oposição de economias liberais às teses *cepalinas* depois de 1949.

As políticas setoriais nos países europeus foram ainda mais diversificadas e são conhecidas desde as práticas que favoreceram as revoluções industriais na Inglaterra, até a contratação de profissionais que permitiu a transferência de conhecimento e tecnologia da Inglaterra para holandeses e alemães, dentre outros povos. Chang (2003) sintetiza da seguinte forma tais práticas:

Finalmente, enquanto a proteção tarifária foi, em muitos países, um componente-chave dessa estratégia, não foi de modo algum o único e nem necessariamente o mais importante. Havia muitas outras ferramentas, como subsídios à exportação, descontos tarifários sobre insumos usados para exportações, concessão de direitos monopólicos, acordos de cartel, créditos dirigidos, planejamento de investimentos, planejamento de mão de obra, apoio a P&D e promoção de instituições para cooperação público-privado. Essas políticas são consideradas invenções do Japão e outros países do Leste Asiático após a Segunda Guerra Mundial, ou ao menos da Alemanha no final do século XIX, mas muitas delas têm ascendência mais longa. Finalmente, apesar de dividirem o mesmo princípio fundamental, havia um considerável grau de diversidade entre os países emergentes em termos de suas combinações de políticas, sugerindo que não há um modelo universal para o desenvolvimento industrial (CHANG, 2003, p. 27).

O desenvolvimento industrial no Brasil e na América Latina: 1930-1980

Assim como o governo Roosevelt (1933-1945) colocou em prática políticas anticíclicas de caráter *keynesiano* antes mesmo da publicação da Teoria Geral de Keynes (1936), a industrialização substitutiva de importações precedeu o próprio pensamento *cepalino*. O marco foi a Grande Depressão, iniciada em 1929.

A forte queda das importações de matérias-primas por parte dos países centrais – para usar a típica expressão *cepalina* – gerou profundo desequilíbrio no balanço de pagamentos dos países latino americanos, comprometendo sua capacidade de importação. A recuperação econômica mundial, em marcha na metade da década de 1930, tenderia a recompor os parâmetros do comércio internacional e da Divisão Internacional do Trabalho. Mas, esse processo foi interrompido pela eclosão da Segunda Guerra Mundial.

Graças a essa sucessão de eventos, os mercados dos países latino-americanos viram-se afastados dos fluxos de comércio de produtos industriais por cerca de quinze anos, permitindo, assim, as condições necessárias para o processo de industrialização por substituição de importações.

É claro que as barreiras tecnológicas e a escassez de capitais representavam desafios importantes. Compreende-se, assim, que os primeiros segmentos industriais a serem internalizados tenham sido aqueles com baixos requisitos tecnológicos, tais como alimentos e produtos têxteis, os quais já contavam com um pequeno núcleo produtivo local. Em paralelo, projetos relacionados à infraestrutura e à indústria de base foram assumidos pelo Estado.

Mello (1982) defende que, no Brasil, constituiu-se uma primeira fase do processo de desenvolvimento industrial que perdurou, em linhas gerais, de 1930 a 1956, o qual pode ser chamado de "industrialização leve". Ao final desse período, que também corresponde à conclusão do processo de reconstrução dos países mais duramente afetados pela guerra, teve início a fase de "industrialização pesada", a qual perdurou até 1980.

Dois grandes planos de desenvolvimento merecem destaque nessa etapa: o Plano de Metas (1956-1960), levado a cabo pelo governo Kubitschek, durante o qual o grande destaque ficou por conta da expansão do setor produtor de bens duráveis, e o II Plano Nacional de Desenvolvimento (1974-1979), concebido e implementado pelo governo Geisel, durante o qual a indústria de base teve grande avanço.

Enquanto o primeiro foi responsável por dar forte impulso à produção de bens duráveis, especialmente no segmento automobilístico, com presença marcante do capital internacional, o segundo teve por objetivo completar a industrialização brasileira, internalizando a produção de bens de capital e insumos básicos.

Nessa segunda fase, nota-se que a implementação de políticas industrializantes de cunho *cepalino* resultou em um paradoxo. A contestação das teorias de livre comércio no contexto do desenvolvimento latino-americano acabou por evoluir no sentido de uma visão autárquica da economia. A proteção à indústria nascente acabou por se transformar em uma tentativa de internalização de uma matriz industrial completa. Mas, para isso, foi necessário assegurar, de forma contínua, a proteção do mercado nacional às importações.

E aqui se chega ao aspecto mais crítico da dinâmica de desenvolvimento industrial orientada pelo pensamento *cepalino*. Em nenhum momento a crítica às práticas liberais de comércio exterior colocou por terra as virtudes da pressão concorrencial enquanto elemento propulsor da inovação. Autores pouco ortodoxos, como Marx e Schumpeter, já haviam deixado claro o papel da concorrência entre os capitais no sentido de promover a renovação das práticas e os padrões da produção capitalista.

Em paralelo, o chamado "tripé desenvolvimentista", o qual atribuía papéis relativamente claros e complementares aos capitais estatal, privado nacional e privado estrangeiro, sobrecarregou as contas públicas. Na ausência de um sistema financeiro suficientemente desenvolvido, capaz de garantir o financiamento sustentado das finanças do Estado, criou-se um viés inflacionário que chegou a níveis insuportáveis após o desmoronamento do modelo no início da década de 1980.

Se, em linha com o pensamento estruturalista, as políticas industrializantes e as consequentes práticas de comércio exterior eram tão somente um meio de se buscar o desenvolvimento dos ditos "países periféricos", fica claro que o ponto fraco se refere à sustentabilidade desse processo.

A reflexão mais importante acerca do período 1930-1980 é que a industrialização substitutiva de importações evoluiu segundo uma dinâmica contraditória, cuja natureza anti-inovação e inflacionista acabou por levar o modelo à exaustão. Mais do que isso, no início da década de 1980, a estratégia de desenvolvimento cuja concepção partiu do desequilíbrio no balanço de pagamentos dos países da periferia desmoronou por causa da maior das crises externas vivida pela América Latina desde 1929.

Ainda assim, como resultado desse processo de cinquenta anos, a economia e a sociedade dos países latino-americanos atravessaram uma autêntica transformação, uma verdadeira destruição criadora.

A retomada da escola estruturalista: o novo desenvolvimentismo

O novo desenvolvimentismo tem como criador e principal defensor Luiz Carlos Bresser-Pereira. Suas ideias começaram a se propagar em 2003 e, em 2010, algumas dezenas de economistas e cientistas sociais de vários países assinaram uma carta concordando com as "Dez teses do novo desenvolvimentismo"[6]. Bresser-Pereira (2009) resume a orientação dessa linha de pensamento econômico da seguinte forma:

O novo desenvolvimentismo difere do antigo desenvolvimentismo porque dá maior importância à política macroeconômica do que à política industrial, e difere da ortodoxia convencional porque rejeita a política de crescimento com poupança externa, propondo uma política macroeconômica baseada em austeridade fiscal, taxas de juros moderadas e competitividade, obtida através da neutralização da tendência à sobrevalorização da taxa de câmbio.
[...]
A política fiscal deve ser austera porque os déficits públicos keynesianos são apenas temporariamente legítimos; a taxa de juros deve ser moderada, conforme exigido pela lei que instituiu o Federal Reserve Bank (o Banco Central dos Estados Unidos). E a taxa de câmbio deve ser competitiva, para garantir que as indústrias de transformação locais competentes tenham acesso a mercados externos. (BRESSER-PEREIRA, 2009, p. 9 e 11)

A nova escola de pensamento tem um método histórico-dedutivo em contraposição ao hipotético-dedutivo da economia ortodoxa, uma teoria de economia política, uma teoria microeconômica, uma teoria macroeconômica e uma teoria de economia aplicada.

A proposta de economia política do novo desenvolvimentismo distingue, enquanto agentes econômicos, o capitalista produtivo do capitalista rentista. De acordo com essa teoria, a história dos países chega a um divisor de águas comum, que é a revolução capitalista ou industrial, a maior ruptura que um povo pode experimentar. Para que tal revolução aconteça, a despeito do caráter dependente da burguesia nacional, faz-se necessária uma coalizão de classes que junte empresários, trabalhadores e o setor público. Essa teoria defende que a oposição a essa coalizão é formada pelos capitalistas rentistas e os representantes locais dos países ricos. Finalmente, deve-se construir um Estado capaz, definido como um instrumento-chave de crescimento que coordena os setores não competitivos da economia e pratica uma política macroeconômica ativa.

---

[6] O encontro ocorreu na Escola de Economia de São Paulo, da Fundação Getulio Vargas, nos dias 24 e 25 de maio de 2010.

Um aspecto marcante dessa teoria é o papel secundário da democracia no processo da revolução capitalista. Bresser-Pereira (2015) ressalta que nenhum país passou por tal revolução em um contexto puramente democrático. Os exemplos latino-americano e coreano são os mais notórios nesse sentido.

Do ponto de vista microeconômico, o novo desenvolvimentismo entende que o mercado é uma instituição fundamental no processo de coordenação do sistema econômico, mas o nível de competição existente é um fator-chave para determinar a intensidade da coordenação econômica necessária a ser desempenhada pelo Estado. Assim, o novo desenvolvimentismo define as sociedades capitalistas modernas em dois setores: os competitivos e os não competitivos. Os competitivos devem ser independentes, enquanto os não competitivos exigem planejamento e regulação.

No campo macroeconômico, por sua vez, o novo desenvolvimentismo defende que os mercados dos países em desenvolvimento não são capazes de prevenir crises financeiras. Além disso, reconhece as diversas falhas de mercado discutidas na teoria econômica e reforça a questão da doença holandesa, ou o mal dos recursos naturais, que pode ser traduzida como uma tendência à sobrevalorização da taxa de câmbio.

O aspecto da chamada *doença holandesa* é uma questão-chave do novo desenvolvimentismo. O argumento básico é que alguns produtos abundantes e altamente competitivos nos países em desenvolvimento elevam o fluxo de moeda estrangeira para o país e mantêm a taxa de câmbio em um patamar tal que a manufatura desses países se torna pouco competitiva diante dos produtos estrangeiros.

Dito isso, a estratégia básica do ponto de vista macroeconômico nos países em desenvolvimento deveria ser a busca da neutralização desses fluxos. Mas, como uma taxa de câmbio valorizada aumenta o poder de compra das famílias e, em alguma medida, favorece o controle inflacionário, os governos assumiriam uma postura populista de curto prazo, acabando por não evitar esse processo. A questão que se coloca é que, ao não evitar essa sobrevalorização, o aumento do consumo de produtos importados, em algum momento, leva ao déficit da balança de pagamentos e, posteriormente, a uma eventual crise cambial.

Assim, Bresser-Pereira (2015) ressalta que a visão macroeconômica do novo desenvolvimentismo se distingue da visão desenvolvimentista clássica e da visão *keynesiana* em quatro pontos:

- A taxa de câmbio é, para os países em desenvolvimento, a principal variável de política macroeconômica, e não a taxa de juros ou o déficit público.
- A grande distinção entre os países desenvolvidos e os em desenvolvimento não é a dualidade social ou as fracas estruturas de mercado naqueles últimos, mas sim o fato de que os países em desenvolvimento se endividam em moeda estrangeira,

enquanto os países desenvolvidos se endividam em moeda nacional – de forma que eles apenas estão sujeitos a crises bancárias e não a crises cambiais.
- Diferentemente da teoria *keynesiana* mais tradicional, o novo desenvolvimentismo afirma que a existência de demanda não garante investimento e pleno emprego. Também é preciso assegurar níveis competitivos para a taxa de câmbio, a fim de garantir acesso ao mercado externo e evitar que a demanda externa seja suprida apenas por produtos importados.
- Finalmente, o novo desenvolvimentismo contraria o desenvolvimentismo clássico, típico da velha CEPAL, no sentido de que os países em desenvolvimento não precisam de capital estrangeiro – supondo que a sua taxa de câmbio esteja no patamar correto –, pois a dinâmica produtiva interna e o favorecimento competitivo da produção nacional seriam capazes de gerar níveis de renda, investimento e poupança adequados.

Idealmente, o novo desenvolvimentismo se diferencia das vertentes anteriores por defender a tese de que o desenvolvimento deve ser puxado pelo aumento das exportações, e não pelo aumento da massa salarial e pela inclusão social. Novamente, o exemplo coreano pode ser citado aqui, uma vez que, historicamente, o desenvolvimento calcado nas exportações antecedeu a melhoria do perfil distributivo[7].

Nesse sentido, a teoria do novo desenvolvimentismo volta para uma antiga discussão existente no Brasil de que, primeiro, deve-se fazer o bolo crescer, para então dividi-lo – imagem atribuída ao economista Delfim Netto. De fato, os maiores críticos do novo desenvolvimentismo argumentam que a teoria não tem uma boa resposta para o problema da distribuição de renda. Mas Bresser-Pereira (2015) contesta, afirmando que a solução para o problema da distribuição de renda não acontece no curto prazo e passa por políticas que contemplem o progressivo aumento do salário mínimo e um sistema tributário efetivamente progressivo.

Um passo atrás: as lições asiáticas

No âmbito das políticas industriais – como em muitos outros –, o debate em alguns países em desenvolvimento, como o Brasil, costuma estar atrasado. Frequentemente, quando se começa a discutir os temas e as práticas mais atuais, esses assuntos já estão em outro patamar de discussão nos países desenvolvidos e mesmo em alguns emergentes. Ainda assim, a agenda de desenvolvimento oferecida pelos países mais ricos para os emergentes, incorporadas no chamado Consenso de Washington, claramente apresenta-se como uma boa alternativa para a estabilização das economias em desenvolvimento, mas igualmente como uma péssima alternativa para a retomada do crescimento.

---

7   Ver Canuto (1999).

Os poucos países que apresentaram algum sucesso em suas políticas de *catch-up* e conseguiram sair de patamares de renda *per capita* baixos para valores menos distantes dos de países mais ricos foram os asiáticos. Encabeçados pelos sul-coreanos e, mais recentemente, pelos chineses, esses países têm apresentado taxas de crescimento satisfatórias por longos períodos de tempo com estabilidade dos indicadores macroeconômicos.

O que se observa, porém, é que esses países, tal como defendido por Bresser-Pereira (2015), fizeram uso de Estados fortes que direcionaram o seu desenvolvimento e políticas econômicas pouco ortodoxas. Mais do que isso, esses Estados trabalharam para desenvolver uma indústria local, assimilar e desenvolver tecnologias e coordenar os mercados. Só assim se conseguiu obter sua inserção nas correntes internacionais de valor e promover mudanças estruturais profundas, com elevação da renda *per capita*.

Diferentemente do que muitos economistas liberais ainda defendem, o investimento em educação não antecedeu o desenvolvimento e a aceleração do crescimento no caso asiático. Pelo contrário, o desenvolvimento desses países é que tornou viável o maior investimento em educação. Nesse sentido, os níveis médios de educação e de capital humano sul-coreanos não eram elevados no imediato pós-guerra, antes da aceleração do crescimento, assim como ocorre com os chineses hoje. Mas ao longo do seu processo de desenvolvimento, os investimentos massivos em educação permitiram que esses países se desenvolvessem de forma mais intensa, passando a incorporar tecnologia estrangeira e, em uma etapa posterior, a criar tecnologias e capacidade de inovação próprias. Mesmo o Japão, que por muito tempo foi reconhecido como um país que produzia cópias de má qualidade de produtos desenvolvidos nos países ricos do Ocidente, hoje é uma referência enquanto sociedade e economia na fronteira tecnológica por conta de um processo semelhante.

Outro aspecto relevante, e que serve de importante lição para as economias latino-americanas, diz respeito às relações entre regime político e crescimento econômico. Krugman (1994) enfatizou o caráter autoritário de alguns dos chamados "Tigres Asiáticos" durante o período de rápido crescimento, caso típico da Coreia do Sul e de Taiwan, mas o mesmo se aplica, no período mais recente, ao caso chinês.

Nesse sentido, o caráter contraditório do desenvolvimento econômico, que rompe antigas estruturas sociais, tanto econômicas quanto políticas, à medida que o processo avança, foi mais facilmente administrado no contexto dos regimes autocráticos asiáticos. Essa tese relativiza a ênfase dada por organismos como o Banco Mundial (1993), dentre outros, ao caráter economicamente liberal do modelo adotado naqueles países.

Posições igualmente críticas com relação às políticas liberais são adotadas por Stiglitz (2001), que destaca a importância das crises da década de 1990 no sentido de revelar as fragilidades do modelo asiático. O mesmo autor, tendo em vista o caso asiático, dentre outros, também questiona a liberalização dos fluxos de capital, tantas vezes defendido como alavanca para o crescimento dos países emergentes (STIGLITZ, 2000). Esse é um aspecto relevante para o confronto com o caso latino-americano, uma vez que o desenvolvimento da região foi marcado, durante décadas, pelos controles de capitais, aspecto criticado por diversos organismos internacionais durante as décadas de 1980 e 1990 (WORLD BANK, 1993).

Vistas em conjunto, as características mencionadas do desenvolvimento asiático mostram que a questão tecnológica é de grande relevância, se não para dar início ao processo de desenvolvimento econômico, certamente para garantir a continuidade do crescimento e a passagem para estágios mais avançados desse mesmo processo, com ênfase na promoção de exportações. Claramente, o modelo *cepalino* não ofereceu resposta a essa questão, a qual pode ser mais bem compreendida no âmbito do novo desenvolvimentismo. Em paralelo, as virtudes das práticas liberais, tanto comerciais quanto financeiras, foram amplamente questionadas, abrindo espaço para a reflexão sobre a influência dos regimes políticos autoritários sobre a performance econômica durante o chamado "Milagre Asiático".

O quebra-cabeça do desenvolvimento e o papel das instituições

A revisita às teses da CEPAL, a contribuição do novo desenvolvimentismo e a discussão do campo ainda existente para a implementação de políticas industriais se mostra algo muito atual. Isso porque os países da América Latina não conseguiram concluir o seu processo de *catch-up* e atingir níveis de renda próximos aos dos países desenvolvidos. Ao mesmo tempo, questões políticas ganharam um novo impulso na última década, com o ressurgimento de velhas teses populistas sob a roupagem de um *desenvolvimentismo neossocialista*, caso típico da Venezuela, mas também com ecos em outros países, como Equador, Bolívia e Argentina.

Essa nova dinâmica deixa claro que o desenvolvimento econômico é um fenômeno multidisciplinar, o qual exige uma combinação de políticas adequadas a cada realidade local com solidez institucional. Não há mercado que opere de forma eficiente sem um conjunto minimamente aceito de regras e valores, expressos em arcabouços legais, políticos e, portanto, institucionais. E a experiência dos diversos países bem-sucedidos nesse processo mostra que a ação do governo é fundamental para viabilizar esse cenário e coordenar as expectativas dos agentes rumo ao desenvolvimento. Mas se o Estado é capturado por interesses políticos específicos que manipulam o jogo político em detrimento da democracia e da estabilidade institucional, a dinâmica do desenvolvimento perde ímpeto e até os incentivos setorialmente mais adequados podem se tornar meros álibis para o favorecimento de grupos de interesse. E, nesse caso, prejudica-se tanto a eficiência econômica quanto a solidez democrática.

Nesse sentido, o caso brasileiro atual representa uma grande síntese. Proteção à indústria local, políticas de redistribuição de renda, defesa veemente do pleno emprego, nada disso foi suficiente para assegurar a continuidade de nosso desenvolvimento econômico. Mas, por quê?

Não basta ter todas as peças do quebra-cabeça do desenvolvimento. É preciso reuni-las de forma sistemática, juntando com habilidade seus elementos econômicos e políticos. Impulsionar a economia minando as instituições será sempre, com certeza, o caminho mais rápido para a estagnação. Que o digam os exemplos históricos de Estados totalitários, à esquerda e à direita. Afinal, não há um único país rico hoje que não seja democrático e que não tenha uma população com níveis razoáveis de sentimento de coletividade.

Referências

BANDEIRA, L. A. M. As políticas neoliberais e a crise na América do Sul. *Revista Brasileira de Política Internacional*, v. 45, n. 2, p. 135-146, 2002.

BIELSCHOWSKY, R. Cinquenta anos de pensamento na CEPAL: uma resenha. In: *Cinquenta anos de pensamento na CEPAL*. Rio de Janeiro: Record/CEPAL, v. 1, p. 13-68, 2000.

BRESSER-PEREIRA, L. C. *Globalização e competição*. Rio de Janeiro: Elsevier, 2009.

_____. (2015) *Reflecting on new developmentalism and on preceding classical developmentalism*. Disponível em: <http://www.bresserpereira.org.br/view.asp?cod=5946>. Acesso em: 25 mai. 2015.

CANUTO, O. *Brasil e Coreia do Sul*: os (des)caminhos da industrialização tardia. São Paulo: Nobel, 1999.

CHANG, H. J. Kicking away the ladder: Infant industry promotion in historical perspective. *Oxford Development Studies*, v. 31, n. 1, p. 21-32, 2003.

COUTO, J. M. O pensamento desenvolvimentista de Raúl Prebisch. *Economia e sociedade*, Campinas, v. 16, n. 1, p. 45-64, abr. 2007.

FRIEDMAN, M. *Essays in positive economics*. Chicago: University of Chicago Press Books, 1953.

HAUSMANN, R.; RODRIK, D.; VELASCO, A. Growth diagnostics. In: SERRA, N.; STIGLITZ, J. E. (Ed.) *The Washington consensus reconsidered*: Towards a new global governance. Oxford: Oxford University Press, 2008.

KALDOR, N. Causes of the slow rate of growth in the UK. *In*: TARGETTI, F.; THIRLWALL, A. P. (Ed.) *The essencial Kaldor*. Nova York: Holmes & Meier Publishers, 1966.

KRUGMAN, P. R. *Geography and trade*. Boston: MIT Press, 1991.

_____. The myth of Asia's miracle. *Foreign Affairs*, v. 73, n. 6, p. 62-75, nov.-dez. 1994.

LANDES, D. *Prometeu desacorrentado*: transformação tecnológica e desenvolvimento industrial na Europa ocidental, de 1750 até os dias de hoje. Rio de Janeiro: Campus, 2005.

MELLO, J. M. C. *O capitalismo tardio*: contribuição à revisão crítica da formação e do desenvolvimento da economia brasileira. São Paulo: Brasiliense, 1982.

PREBISCH, R. (1949). El desarrollo económico de la América Latina y algunos de sus principales problemas. *In*: GURRIERI, A. *La obra de Prebisch en la Cepal*. México D. F.: Fondo de Cultura Económica, 1982.

SISCÚ, J.; PAULA, L. F.; MICHEL, R. Por que novo-desenvolvimentismo? *Revista de Economia Política*, v. 27, n. 4, out.-dez. 2007.

STIGLITZ, J. E. Capital market liberalization, economic growth and instability. *World Development*, v. 28, n. 6, p. 1075-1086, 2000.

_____. From miracle to crisis to recovery: lessons from four decades of East Asian experience. *In*: STIGLITZ, J. E.; YUSUF, S. (Ed.) *Rethinking the East Asian Miracle*. Nova York: Oxford University Press, 2001.

WORLD BANK. *The East Asia miracle*: economic growth and public policy. Oxford: Oxford University Press, 1993.

Por dentro da eterna "atemporalidade" da Índia – o design traz mais perguntas que respostas?

Ajanta Sen
Ravi Poovaiah

O passado informa o presente – uma hipótese razoável?
Em julho de 2010, a Índia ganhou destaque no palco do mundo ao apresentar um símbolo para sua moeda. Em muitas maneiras bastante evidentes, como, por exemplo, para a questão da identidade soberana, esse momento foi um divisor de águas. A participação do Ministro das Finanças da Índia na seleção final, a partir de um conjunto restrito de símbolos, já diz tudo.

Foi também, obviamente, um triunfo para o design, tendo o símbolo sido concebido e concretizado por um designer tipográfico por meio do uso de um processo "moderno" de design que envolveu pesquisa, idealização, testes de concepção, protótipos, estudos de usabilidade e ergonomia, e todos esses marcadores que determinam a realização de um bom design.

Por coincidência, todo o exercício também foi realizado dentro do recinto de uma escola de design[1], durante as últimas fases da vida do designer como doutorando.

---

1 A escola de design, a saber, o Centro de Design Industrial (IDC) em IITB, Mumbai, tem sua pedagogia baseada na solução de problemas, extraindo seus ingredientes de uma combinação de compreensão contextual do meio social local dos usuários e refinando-a com base em um processo de design pós-*bauhausiano*, inspirado pela Universidade de Ulm.

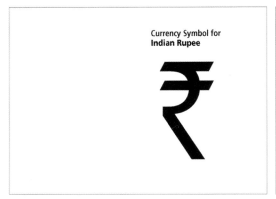 

Figura 5.1 Símbolo monetário para a Rupia indiana.

Figura 5.2 Comparativo de vários símbolos monetários internacionais.

No entanto, o verdadeiro triunfo, um pouco menos óbvio, reside em uma celebração de binários opostos, na medida em que um design perfeitamente "moderno" e contemporâneo (como membro da economia global) havia sido moldado a partir de uma escrita incrivelmente antiga, mas ainda praticada (o *devnagari*), que por sua vez deriva de uma das escritas mais antigas do mundo, o *brahmi*, e faz parte de um dos mais antigos sistemas de linguagem, o *sânscrito (samskrta)*, que coincidentemente significa "juntar". Extinto há um certo tempo, mas nunca morto, o sânscrito designava o "refinado" e era utilizado para fins literários, enquanto coexistia com sua contraparte coloquial, o *prakrit (prakrt)*, que denotava o natural. Perceber o quanto o sânscrito se situa longe na linha do tempo pode tirar o fôlego de muitos: 1.450 anos antes do tempo do *Ramayana* (um dos nossos dois textos épicos) e do advento dos arianos no subcontinente indiano.

Antes de analisarmos o design e o desenvolvimento da Índia através da lente de um documento político (a *Declaração de Ahmedabad*, de 1979, e seu impacto no design serão nossos guias para este artigo), vale a pena lembrar que:

(1) o design na Índia, felizmente, nunca ocorreu por ordem superior ou por política. Aconteceu por um atestado de fé, apoiado na convicção das pessoas de que algo nessa área precisava de atenção em termos de solução de problemas. Nem a falta de recursos, nem a de tecnologia um dia desencorajaram a vontade de encontrar uma solução. Portanto, é improvável que a busca da essência do design do país possa ser retirada de um documento político;

(2) em segundo lugar, se o recente histórico de desenvolvimento do país, após o período de vigência do documento, falha em descrever um trajeto para o design, é possível que as causas do mau funcionamento do design precisem ser buscadas em intervalos temporais que vão além do contemporâneo, a fim de tocar em

uma visão perspectiva do que atrapalhou ou facilitou a prática de design para a mesma sociedade em outras épocas; e, por fim,

(3) ainda sobre o assunto das políticas de design, pode ser que valha a pena mencionar que a longa herança da Índia de tratados nesse sentido[2] volta profundamente ao passado, tendo continuamente crescido em relevância por permanecer envolvida com as necessidades do usuário e evoluído organicamente com o tempo para consoar com as formas contemporâneas. É relevante perguntar se um documento criado para orientar o design na Índia no passado recente aproveitou qualquer parte da riqueza tradicional de conhecimentos e experiências da cultura, uma vez que estes continuaram a nos informar e a infundir com suas melhores práticas?[3] Poderíamos citar pelo menos três áreas relativas à nossa realidade atual:

(a) Na durabilidade surpreendente de nossas escritas e línguas reside a chave para combater a atual obsolescência embutida e a curta expectativa de vida dos produtos que conduzem o design[4]. *Problema em foco: obsolescência embutida* versus *durabilidade.*

(b) Nosso legado milenar de multiculturalismo e multilinguagem poderia dar origem à ideia de um pluralismo completamente inconsciente e, talvez, a um bom lugar para começar a entender a diversidade, incluindo a necessidade de entender a tendência atual da tecnologia e da globalização de achatarem[5] o design a um idioma "tamanho único", embora envolto por uma pele superficial de "etnografia", como uma desculpa para uma contribuição transcultural.

Como poderíamos, então, classificar essa incrível estratificação de influências culturais? Alguns a chamam de *síntese*, outros de *sincretismo*. Nosso primeiro-ministro Jawaharlal Nehru preferiu caracterizá-la como o efeito "palimpsesto" – quando camadas[6] são incorporadas uma sobre a outra e, no entanto, ainda conservam algo da sua identidade e distinção originais. *Problema em foco: "tamanho único"* versus *diversidade.*

---

2   *Arthasastra* (economia), *Ayurveda* e *Sushruta* (medicina), *Natyasashtra* (artes cênicas), *Vastusastra* (arquitetura/materiais), codificação da gramática sânscrita (por Panini e Patanjali).

3   Para um recente projeto de inovação interativo e impulsionado pela tecnologia, uma tentativa de entender o uso humano de gestos nos ajudou a encontrar inspiração nos clássicos movimentos de dança das palmas das mãos chamados *mudras*, extraídos do tratado do século V sobre artes performáticas, chamado *Natyasastra* (a ciência da performance).

4   Uma série de televisão recente, *The men who made us spend*, questiona empresas como a Apple a fim de entender por que produtos como o iPhone precisam ser atualizados de forma tão gradativa a cada ano, em vez de aceitarem que já atingiram seu patamar de potencialidade de crescimento.

5   Talvez o mundo não seja tão "chato" (plano) afinal de contas, Sr. Thomas Friedman! (FRIEDMAN, 2006)

6   Os diversos fluxos de pessoas e ideias de diferentes partes do mundo absorvidos pelo subcontinente desde os tempos mais remotos: de grupos étnicos de cristãos sírios e xiitas iemenitas a cristãos armênios, judeus, incluindo uma tribo perdida chamada israelenses "bene", árabes, gregos, persas, parsis, levantinos, centro-asiáticos, afegãos, sul-asiáticos, lankanos, tailandeses, birmaneses, africanos, entre outros.

Figura 5.3 Tata Nano, elaborado com a eficiência da cadeia de produção.

Figura 5.4 Relógio Titan inspirado na arquitetura Mugal.

(c) As particulares experiências vividas de sustentabilidade como tradicionalmente a conhecemos oferecem uma oportunidade de entender como a sustentabilidade funcionou na Índia, com sua mensagem incorporada ao cotidiano das pessoas, e nos obrigam a perguntar: foi ou não um processo lento que se construiu dentro de um sistema de valores? Se assim fosse, então a atual tendência simplista do design, de implacavelmente "retroajustar" ou empacotar a sustentabilidade por meio de "mensagens" superficiais (termos como "3 Rs", "verde", "créditos de carbono" etc.), dificilmente poderia construir algo além de caricaturas, com pouca evidência para defender que estamos no caminho certo para práticas formadoras de hábitos de sustentabilidade.

A esse respeito, pelo menos, estudar o passado pode nos dizer que, para que algo seja formador de hábitos e intuitivo, é preciso tempo, e é preciso empatia pela natureza como sendo tanto finita quanto feroz – dois problemas com ao quais nos confrontamos hoje, independentemente da tecnologia. *Problema em foco: redundância da mensagem e do produto* versus *sustentabilidade como formadora de hábitos*.

A única questão pertinente seria então: existe uma norma que legitima até que lugar do passado alguém necessita viajar a fim de recorrer a inspirações de design e conhecimento experimental para o futuro?

Pode-se notar que o exemplo de escritas da antiguidade, com sua capacidade de apoiar o design contemporâneo no espaço cosmopolita e vernacular quanto à solução de problemas em áreas como design tipográfico, símbolos, logos, design de identidade, mapas, sistemas de sinalização etc., é apenas uma de incontáveis situações possíveis. Para trazer o ponto um pouco mais perto de casa, vale a pena perceber que a escrita fundamental *brahmi* para o símbolo da rúpia (*devnagari*) originou-se, inacreditavelmente, há um milênio e meio (entre 2600-1900 anos atrás), como parte da nossa civilização do vale do rio Indo, um dos primeiros exercícios do mundo em planejamento urbano avançado.

Figura 5.5 Logotipo do grupo de hotéis Welcome inspirado na saudação indiana "*namaste*".

Figura 5.6 Logotipo do relógio Titan baseado na inovação do relógio de sol, "Jantar Mantar".

O mérito de voltar no tempo está na forma como isso pode nos proporcionar um melhor controle sobre materiais de pesquisa e sua dimensionalidade. A dimensionalidade da *brahmi* vem do número de escritas que ela deu à luz ao longo de uma enorme escala de tempo: o *siddham*, que viajou para a China e a Coreia como um veículo de ensinamentos budistas no século V; o *devanagari*, refinado e preparado para utilização no século IX; escritas tâmeis (século XI), *kannada* e *telugu* (século XII), coreano, tibetano (século XIV) e alguns outros. Surpreendentemente, todas essas escritas continuam a fazer parte do cotidiano de suas respectivas culturas e de uma entidade viva do nosso mundo contemporâneo de idiomas e sistemas de comunicação. A propensão do design para o lateralismo nunca encontrou melhor refúgio!

Aqui, portanto, está o ponto: uma língua-raiz ter ficado à tona por mais de dois milênios e permanecido em uso prático até a presente data, integrando-se com as máquinas quando a impressão e a internet entraram em nossa vida diária, significa simplesmente que há espaço para a coexistência de sistemas paralelos de culturas, de tecnologias, de design.

Isso apenas reforça a ideia, não muito moderna, de que, em termos dos ciclos de vida dos nossos produtos ou dos limites da atenção humana, nem tudo precisa ser encurtado, nem imitar os ritmos da máquina. Há outras inspirações: dependendo do que estamos criando, há os ritmos circadiano e sazonal; o bater moderadamente lento, mas contínuo, das ondas na água; os sons repetitivos do reino dos insetos; o chamado de pássaros indicando o nascer do sol; o chicotear contínuo de escuras massas de chuva durante uma noite de fúria de monções.

Só porque a tecnologia se sustenta em termos como *beta*, *alfa* e "*rápido*" (etnografia, prototipagem), isso não a torna alinhada a tudo o que experimentamos. Se o design, como processo, nos estimula a olhar para trás para poder avançar, por meio de repetições, o mesmo poderia se aplicar à nossa visão da Antiguidade, sinalizando que nem tudo é feito para acabar em museus.

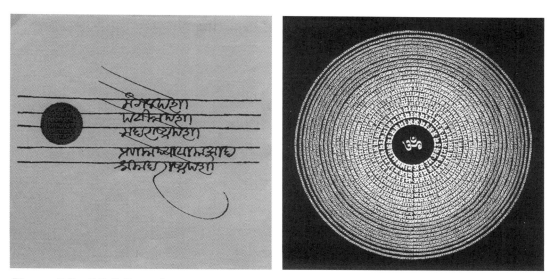

Figuras 5.7 e 5.8 Esforço de restaurar um antigo poema caligráfico Modi utilizando *devnagari*.

O alvorecer de uma nova era, aparentemente!
Nascida de uma revolução e, no entanto, de forma "não violenta", como a maioria das coisas sobre nós parecem ser – dicotômicas e confusas para novos espectadores –, a Índia entrou em sua nova fase pós-colonial de existência em agosto de 1947 com uma mensagem de inspiração cultural de seu primeiro-ministro, Jawaharlal Nehru. Ele nos lembrou de forma bastante eloquente que, depois de 200 anos seguindo ordens de outros, este era o momento que definiria o "encontro da Índia com o próprio destino".

Na realidade, a visão de Nehru para o desenvolvimento do país, embora inspiradora em alguns aspectos, marcou o início de um período de inconsistências e ambiguidades que prejudicou severamente a trajetória de crescimento do design. De modo que, muito antes da *Declaração de Ahmedabad*, em 1979, a sorte estava lançada por meio de uma série de decisões de desenvolvimento mal calculadas que falharam em se alinhar à maneira como a Índia funciona melhor. Antes de oferecer um vislumbre da maneira indiana de tratar o design, temos de criticar o paradigma de desenvolvimento em que a *Declaração de Ahmedabad* foi baseada. Seis áreas que mantiveram o design refém de condições inibitórias referem-se a: uma incompatibilidade com (a) a cosmovisão e (b) as perspectivas da tecnologia do país; (c) uma incapacidade de julgar o potencial do setor do artesanato para uma parceria com sistemas industriais modernos, embora em nível de pequena escala; (d) uma falta de compreensão dos valores fundamentais da inovação; (e) um ecossistema de design fraturado cujo espírito essencial era uma obrigação de crescer, ou seja, a concorrência num mercado aberto, reprimido pelo protecionismo; e

(f) a tolice de adotar uma visão invertida do papel da educação na construção de capital humano (que deve começar com educação primária em vez de investimentos em instituições de ensino superior logo de início).

No entanto, uma consequência inesperada desse erro de inversão da pirâmide do ecossistema do design ocorreu no ensino de design, emergindo como um claro benefício. De fato, foi esse acaso da inversão que acidentalmente teve o efeito de criar "capital de design", por meio de investimentos públicos em escolas de design – com a fundação do Instituto Nacional de Design (NID), em 1961, e o Centro de Design Industrial (IDC), em 1969. Ambos foram concebidos com os mais altos padrões de pedagogia em design e, nesse sentido, cocriaram uma justificativa para as reuniões de mentes e instituições, tanto as que precederam sua fundação como as posteriores. Tal como o interesse da Fundação Ford, a pedido do primeiro-ministro Nehru, em convidar Charles e Ray Eames para visitar a Índia com a finalidade de estudar o setor do artesanato para contribuições em design, resultando esse convite no *India report* (*Relatório da Índia*, em tradução livre) (1958); na elaboração pela UNIDO e pelo ICSID da *Declaração de Ahmedabad de design industrial para o desenvolvimento* (1979); na participação do PNUD na atualização da infraestrutura, do conhecimento e das habilidades de design, tanto do NID quanto do IDC; e em cada instituição, à sua maneira, destacando o design como uma ferramenta importante para o desenvolvimento de uma economia. Isso incluiu especialmente a preparação do *Design as a strategy for a developing economy* (*Design como estratégia para as economias em desenvolvimento*, em tradução livre) pelo IDC, em 1989, para chamar a atenção do ministério local de ensino superior – representado pelo poderoso Ministério de Desenvolvimento de Recursos Humanos (MHRD) – para os potenciais do design como ferramenta para a inovação, a concorrência, a tecnologia da informação, o artesanato, a pesquisa e o desenvolvimento, o movimento dos consumidores e, de fato, a educação.

O papel da *Declaração de Ahmedabad* de 1979, portanto, precisa ser visto no contexto deste acaso – como um acidente feliz da sorte e, certamente, como uma aberração, e não como uma previsão para o crescimento do design. O que também não fez, infelizmente, foi prever que as políticas de desenvolvimento que estavam sendo realizadas causariam um legado de "anos perdidos" (1950 a 1990) para o design na Índia.

"Anos perdidos" da Índia, quando fatores de desenvolvimento falharam em "semear" o design (1950 – 1990)

Durante um período de quarenta anos, pós-1947, a Índia estabeleceu-se como uma economia mista e um mercado doméstico protecionista que fez muito pouco para organizar um papel significativo para o design. A expressão "anos perdidos" brota da ideia de que faltava ao conhecimento adotado pelas políticas de desenvolvimento naqueles primeiros anos da construção de nossa nação os fundamentos sobre o que fazer para "semear" o design. Portanto, é preciso delinear. Como mencionado anteriormente, há seis áreas que gostaríamos de destacar.

A negação da visão de mundo indiana

O tema culturalmente inspirado do "encontro com o destino", que empatiza completamente com os fundamentos filosóficos da cultura indiana – a qual tem sua tônica no destino e na sorte –, na realidade foi revogado por uma perspectiva política definida por uma "visão mecânica" de vida, baseada em um modelo estatístico "científico" de doze setores, como um mecanismo de planejamento, com a intervenção do Estado no lugar do papel da iniciativa privada, ainda que, no momento da Independência, em 1947, "a Índia tivesse um setor privado grande e empreendedor, o maior de qualquer colônia" (DESAI, 2007).

Enquanto a iniciativa popular realmente significa assunção de riscos e inovação, Nehru não estava preparado para lidar com o caótico processo orgânico que ela ocasionou. E, em vez de explorar a propensão natural da cultura à engenharia simples ou *jugaad* – termo usual que significa fazer o possível para resolver um problema com o que está disponível –, Nehru optou pelas indústrias de grande porte centralmente controladas pelo Estado. Com esta inconsistência de intenções, representada pelos opostos binários *cultural/orgânico versus mecanicista/estático*, o país viu a primeira vítima da sua negação de nossa visão de mundo mediada pela cultura, que serviu à nossa sociedade tão bem ao longo de seu legado único de existência contínua desde o nascimento da própria humanidade. O modelo de desenvolvimento "moderno" simplesmente falhou em compreender a natureza do desenvolvimento "tradicional", por meio do qual a Índia havia funcionado confortavelmente através dos milênios.

Uma pessoa que é lembrada com alguma nostalgia hoje é Mahatama Gandhi e seu modelo econômico de aldeia como uma entidade orgânica da existência, em torno da qual se constroem a autossuficiência, a sustentabilidade e a identidade cultural por meio dos conceitos de "local" e frugal, com o pensamento famosamente articulado de Gandhi sobre a finitude dos recursos, que diz: "Há o bastante no mundo para a necessidade das pessoas, mas não para a ganância". Gandhi parecia muito mais em sintonia com a natureza orgânica da sociedade da Índia, talvez reconhecendo, como articulado por Sanyal (2008), que "todas as economias são ecossistemas em evolução, que têm menos em comum com a mecânica *newtoniana* e muito mais com biologia ecológica – mutações, ligações simbióticas, equilíbrio dinâmico e sobrevivência do mais forte". Enquanto isso não põe em risco o papel da industrialização em uma nova economia, certamente reflete uma falta de compreensão de como isso poderia ser costurado a uma abordagem da sociedade para a vida cotidiana. Impor algo novo e diferente ao modo de vida de alguém por meio de um documento poderia incorrer em alienação. A extensão dessa apatia pode ser medida pela opinião de Mahalanobis de que, para que a tecnologia seja eficaz com as pessoas, ela requer "hábitos de aldeia e psicologia para ser transformada em uma perspectiva industrial com interesse em ferramentas, engenhocas e inovações, e com desejo de aquisição da perícia na sua utilização" (MAHALANOBIS).

Tecnologia como investimento premiado

O que nos leva à nossa segunda área de análise, a saber, uma incompatibilidade na forma como a inovação requer tecnologia para se desenvolver. Quando a tecnologia é projetada para que o acesso a ela seja controlado, ela perde muitas de suas características, especialmente sua capacidade de ser livre e acessível para aqueles que realmente precisam dela. Durante a inauguração da represa de Bhakra Nangal em 1954 (supostamente a mais alta de seu tempo), Nehru descreveu o projeto como o primeiro de uma série de "templos para a Índia moderna". Caminhando delicadamente entre um desenvolvimento dominado pela visão do Ocidente, analítico, científico, linear, causal e explicativo, e uma visão de vida indiana que explica as coisas de forma difusa, com lógica circular e em blocos, o esforço de Nehru em unir o mundo do reducionismo/profano com o do "sagrado", tão confortável para os indianos, trouxe um novo significado para o secular: daquele momento em diante, a ciência e a tecnologia seriam as novas religiões! E, de fato, tanto Nehru quanto seu conselheiro-chefe de planejamento, Mahalanobis, acreditavam que a solução para uma "economia autogeradora" recaía sobre "contribuições industriais e tecnológicas". A defesa de Nehru da ciência como "a chave para melhores taxas de crescimento econômico" (KHILNANI, 1997) foi genuína e evidenciada por sua presença nas sessões do Congresso Indiano de Ciência.

Na realidade, porém, a promessa de infundir a economia com tecnologia foi seguida pelo sequestro de tecnologias desenvolvidas em outros lugares (principalmente no Ocidente), ostensivamente com o interesse de permitir uma margem de manobra para a Índia construir sua própria. E, embora estivesse buscando a autossuficiência tecnológica, por si só uma tarefa louvável, esta não poderia ter sido alcançada fechando-se para os discursos de tecnologia que ocorrem em outros lugares. Um renascimento da cultura com tecnologia e conhecimento acontece através de um processo de acumulação, por meio da extração de outras fontes a fim de enriquecer a própria. A Revolução Industrial, por exemplo, foi uma soma dos conhecimentos em álgebra, astronomia, medicina etc. vindos do Oriente Médio, alguns dos quais, por sua vez, foram obtidos do subcontinente indiano, ao longo de séculos de intercâmbio comercial e cultural. Isso fez da tecnologia, assim como o conhecimento, um processo aditivo que exige fermentação constante, sendo seu inverso a estagnação. Experiências de desenvolvimento em todo o mundo afirmam que "as dinâmicas criativas da tecnologia e do capitalismo têm reduzido drasticamente o tempo de desenvolvimento das nações" (DAS, 2000). Mas nossa política de desenvolvimento havia se transformado em um modelo russo de socialismo e uma versão sequestrada de tecnologia. Sob um ambiente mais aberto de fermentação, a tecnologia poderia ter ajudado a melhorar a nossa produção *per capita*, como fez na Grã-Bretanha, dobrando-a em 58 anos (depois de 1780); nos EUA, em 47 anos (após 1840); no Japão, em 33 anos (após 1880); na Indonésia, em dezessete anos (após 1865); na Coreia do Sul, em treze anos (após 1970); e na China, em dez anos (depois de 1978). A Índia, por outro lado, perdeu o ônibus da tecnologia (DAS, 2000).

No entanto, a política introspectiva de tecnologia confundiu a jovem nação com a ideia de uma crível e complexa coexistência do secular com o sagrado que a Índia sempre viveu, em oposição à dicotomia *secular versus sagrado* que vem com uma atitude neutra de valores. O uso da tecnologia e do "sagrado" (antes da era das máquinas) não sofria problemas de contradição na sociedade indiana. A tecnologia sempre permanecia no centro da solução de problemas, e nossas inovações em ciências dos materiais, como na metalurgia, nos empurraram da Idade da Pedra para a do Bronze e do Ferro, tornando esses materiais em um modo de vida no subcontinente indiano muito antes de sequer serem conhecidos na Europa.

Em suma, ao falhar em alinhar o que foi dito com o que foi praticado em termos de tecnologia, e na habilidade de introduzir tecnologias outrora alienígenas com sensibilidade, uma grande oportunidade para a construção de inovação e, eventualmente, design, em um conjunto exultante de valores culturalmente derivados, foi perdida.

O papel do artesanato na parceria com a indústria de pequena escala foi revelado

Uma terceira incoerência resulta da negação, por parte dos agentes políticos, do artesanato como sendo uma ordem mundial já pronta, que poderia ter moldado a economia das empresas emergentes de pequena escala se fosse vista da forma correta.

Antes de elaborarmos sobre esta problemática, é necessário ressaltar que a disseminação da *Declaração de Ahmedabad* (de 1979) aconteceu também com um documento igualmente importante: o *India report*, de 1958, escrito por Charles e Ray Eames, também chamado de *Eames' report*. O que é também dizer que o instrumento de política de design indiano não foi atestado pela *Declaração de Ahmedabad* em 1979. Ele já havia sido pioneiro em 1958 e foi aplicado com resultados evidentes (que um olhar mais atento ao *India report* pode revelar). O ponto essencial da diferença entre os dois documentos foi simplesmente sua ênfase setorial. O *Eames/India report* olhou atentamente para o artesanato, já a *Declaração de Ahmedabad* explorou oportunidades de desenvolvimento por meio do design industrial.

Fazia sentido também, uma vez que os *primeiros planos quinquenais* (dos anos 1950) concentraram-se na agricultura, época em que os Eames visitaram a Índia, enquanto a indústria veio como resultado dos *segundos planos quinquenais*, a partir dos anos 1960.

A iniciativa dos Eames foi concebida para abordar o novo cenário econômico da Índia, ameaçado por uma chegada potencial da industrialização, que poderia varrer de seu caminho quaisquer chances de sobrevivência de suas indústrias existentes, pequenas em escala e descentralizadas em escopo.

O artesanato seguiu um processo orgânico complexo que interligava fabricante, objeto e usuário, de modo que as habilidades foram criadas como um patrimônio e um legado aprendidos e dominados com empenho e experiência e, em seguida, repassados por meio da prática de geração em geração, apoiados por uma compreensão inata do "local", e, especialmente, dos materiais.

Felizmente, os Eames interpretaram o papel desempenhado pelos materiais com bastante precisão, explorando a Índia durante uma viagem de três meses e vendo a cultura através das lentes de fascínio dos "locais", exacerbadas pela sua experiência anterior com a cultura do México.

Isso os levou a descobrir a diversificada riqueza de materiais usados por diferentes comunidades da Índia, orientadas pelas necessidades locais e pela disponibilidade. E, como acontece por vezes com o olhar despojado de alguém de fora, eles resumiram esse conhecimento a quatro matérias-primas essenciais: *a corda* (de juta, algodão, junco, grama), *a folha* (que se transformou em prato para as refeições e proteção para a cabeça), *a argila* (que poderia ser transformada em terracota para servir como um recipiente de água perfeitamente estilizado), e *o tijolo*, que poderia ser queimado a partir de terra básica para construir as casas.

Seria de se supor que os Eames viram o que a maioria de nós via e experimentava: que, entre casa, coração e *habitat*, o ecossistema básico de materiais e funcionalidades de produtos que já existia na Índia foi trabalhado com perfeição através dos séculos e fundou-se em duas sinergias inerentes: (a) uma conexão com a natureza e a sustentabilidade que adicionou uma camada aos aspectos econômicos do uso de materiais; e (b) uma influência cultural do uso sensorial de mídias – como contação de histórias, iconografia e rituais – para emprestar fisicalidade à forma e à estética de um design. Em vez de negar esse conhecimento, os Eames os incluíram em suas recomendações.

De todo modo, mais uma oportunidade para a transformação do design foi perdida – dessa vez, a da integração de design industrial com artesanato, e assim o potencial para "modernizar" a "história viva" da Índia.

Valores fundamentais da inovação mal interpretados

A quarta incompatibilidade veio de uma falta de compreensão pelos agentes políticos sobre inovação propriamente dita. Por ser "dinâmica de forma autossustentável e assumir riscos", a inovação precisa, necessariamente, ser "um processo imprevisível que surge por meio de milhões de pequenas e grandes interações entre pessoas" (SANYAL, 2008). Essas interações não podem ser ditadas por documentos políticos nem rigidamente estruturadas como um planejamento em torno de um modelo de trocas. Um histórico da tecnologia vai confirmar que os resultados mais valiosos das experimentações em torno da tecnologia geralmente estão ligados às suas consequências imprevistas, que ocorrem de formas não classificáveis, principalmente por "amadores", ou seja, aqueles capazes de combinar conhecimento com trabalho físico (DAS, 2000). O conhecimento poderia muito bem estar no domínio do entendimento tácito de um ambiente e no instinto de que algo vai funcionar. Articulando-se por meio de grandes e concentradas fusões de capital e técnicas em megaprojetos, os decisores políticos optaram por "uma cultura aberta com instituições que encorajassem a interação dentro da sociedade e com o mundo exterior" (SANYAL, 2008), em vez de uma negociação fechada. A ideia de projetos do setor público como veículos de tecnologia foi racionalizada levando em conta dois aspectos: (a) o socialismo *fabiano* de Nehru, que investiu confiança nos setores públicos como pertencentes ao povo; e (b) as Teorias dos Polos de Crescimento (por François Perroux e outros), que investiram sua fé na fundação de grandes centros de crescimento (tal como aconteceu no caso de Paris), de modo a criar limites por meio de economias de escala, visando a apoiar qualquer coisa, de inovação a planejamento cívico, com rendimentos correspondentes.

Tudo o que conseguiu foi deixar os grandes centros existentes ainda maiores, desencadeando a migração da população e tornando-os inviáveis como espaços de convivência. Também esvaziou centros de emigração, alterando suas interações ecologicamente equilibradas e tornando-os frágeis, afetando, no processo, atividades que exigiam números mínimos para terem viabilidade. Isso ocorreu como resultado da incapacidade dos decisores políticos em ver as iniciativas dos locais como forças descentralizadas de inovação por meio da assunção de riscos e incertezas – a mesma coisa que prejudicou o artesanato, que foram as microinfusões de fundos e tecnologias adequadas. E, porque os grandes projetos do setor público o escravizaram, o país perdeu a oportunidade de reivindicar a liderança do que estava prestes a se tornar a convocação de Schumacher para *Small is beautiful* (*O negócio é ser pequeno*).

Design sem concorrência = design sem oxigênio

Uma quinta inconsistência com consequências para o design foi a tentativa de Nehru de, por um lado, celebrar o design convidando designers internacionalmente conhecidos para consultorias (Le Corbusier, os Eames e outros) e, por outro, desengatar o mercado da Índia do global, no processo de remoção da única coisa com a qual se desenvolve o design: a concorrência. A eliminação da concorrência internacional dentro da esfera doméstica foi feita ostensivamente pensada para fornecer aos produtores nativos condições de concorrência equitativas e protegê-los por meio de "arranjos econômicos introspectivos", como barreiras tarifárias que desencorajavam importações, enquanto a Índia ganhava tempo para construir uma "substituição de importações" e ganhar vantagem competitiva. Na realidade, esta prática tornou-se um eufemismo para "produtos e serviços desleixados e desatualizados" e uma "economia de escassez", na qual a demanda está sempre à frente da oferta e o produtor nunca tem de investir em marketing ou melhorias por meio do desenvolvimento de produto, porque seus produtos vão vender de qualquer forma em virtude dos monopólios. Isso significava adotar uma linha de montagem com "mentalidade de fábrica", o que também significava que as habilidades de desenvolvimento de produto permaneceriam nulas e uma economia inteira seria regida sem a necessidade de qualificação ou requalificação. Nem havia a necessidade de se preocupar com os consumidores, porque eles estavam sempre em desvantagem por estar em situação de demanda. Em outras palavras, design sem concorrência = design sem oxigênio = design ineficaz/redundante como ferramenta para solução de problemas.

A educação como ferramenta para desenvolver capital humano invertida em sua ênfase
Enquanto o pesadelo de qualquer pessoa é ser educada com conhecimentos obsoletos, é necessário ser dito aqui que a força de trabalho de um país cresce do solo para cima, por meio da alfabetização e da qualificação. A perspectiva de contribuição para o planejamento mencionada anteriormente via a educação apenas como "uma questão de adicionar linhas extras ao modelo" em termos de investimentos em educação. Mas em vez de investir no ensino básico geral, "o país consumiu todo o orçamento da educação para fornecer pessoal especializado para projetos do setor público" (SANYAL, 2008). Isso realmente deu à Índia a distinção de ter a terceira maior reserva de cientistas e engenheiros do mundo, depois dos Estados Unidos e da União Soviética (depois, com o desmembramento da União Soviética, a segunda maior reserva do mundo). Mas essa ênfase nas instituições superiores de ensino também privou numerosos milhões da alfabetização e, com isso, da capacidade de ser uma força de trabalho qualificada e capaz de inovar. Isso atrasou a transição demográfica da Índia de uma massa de analfabetismo – que fazia da população um passivo demográfico – para um ativo demográfico, com níveis de alfabetização vantajosos e potencial para democratizar a inovação e a difusão de ideias. A conexão entre inovação e design exigiu que a alfabetização fosse intensificada para promover a inovação e motivar o papel do design no desenvolvimento do país.

No entanto, como já foi dito, a política de inversão da educação, com ênfase em instituições de ensino superior, acabou por ser uma bênção para o ensino de design, com a fundação das primeiras escolas de design do país. Precedida pela criação de "centros de excelência" por uma lei do Parlamento, a rede de Institutos Indianos de Tecnologia (IIT) tornou-se o maior capital intelectual e de exportação da Índia para o mundo, por si só, uma surpreendente mudança para a sorte do país. Enquanto a falta de oportunidades de emprego no país provocou uma "fuga de cérebros" dos talentos do IIT, também preencheu rapidamente as necessidades dos Estados Unidos em pesquisa e desenvolvimento e na indústria (é de conhecimento público que uma porção dos cientistas e engenheiros do Laboratório Bell, da NASA, da Microsoft e de outros lugares veio do IIT). O capital de design e a equidade assim construídos serviriam de forma inesperada para a economia emergente da Índia nos anos seguintes. Em suma, durante os quarenta "anos perdidos", a Índia desferiu um golpe contra si mesma ao adotar um caminho de substituição de importações introspectivo, com um setor público maciçamente monopolista e ineficiente e um setor privado protecionista que se excluíram das rotas de comércio, negando ao país uma participação no comércio mundial que impulsionasse a economia, em adição a uma falta de atenção ao desenvolvimento de capacidades de recursos humanos.

A questão que temos de abordar agora é: a nossa cultura brilhou ou encolheu em razão de tais documentos? Ou funcionava melhor sob os valores da fé/automotivação/auto-organização?

Os "anos perdidos" reconquistados por meio de uma economia reformada e liberalizada (1991-presente)

Os "anos perdidos" foram seguidos por um período de ajuste de contas no qual fomos impelidos a tomar medidas para recuperar o impulso – basicamente sinalizado pela nossa preparação, finalmente – para competir no mercado global, em condições de concorrência equitativas ou não, e injetar uma nova infusão de vigor por meio da reforma de diferentes aspectos de nossa economia moribunda e estática. O gatilho veio da crise internacional. Em primeiro lugar, a queda da União Soviética em 1989, que nos confrontou com dois conjuntos de dificuldades: (a) ela "interrompeu um sistema vantajoso de permuta por produtos da Índia" (KHILNANI, 1997) – vantajoso porque nós éramos um país com pobres reservas cambiais e não precisávamos usá-las enquanto negociávamos com a União Soviética –; e (b) a queda da União Soviética significava que "a ajuda ocidental e os financiamentos concessionários" encontrariam agora novos destinos nos recém-criados países do Leste Europeu, longe da Índia.

Além disso, fomos confrontados com uma guerra no Oriente Médio (Operação Tempestade no Deserto), em 1990, que nos desafiou com mais um corte de crédito, em parte causado pelos preços elevados do petróleo e em parte pela perda de remessas dos nossos trabalhadores do Golfo. A Índia não apenas precisava de fundos, mas também precisava sinalizar ao mundo que poderia ser "confiável com dinheiro emprestado" (DESAI, 2007).

É um pensamento preocupante para o design que, como designers, estamos longe de estar isolados dessas realidades, e para sermos bem-sucedidos e totalmente integrados com a forma como as políticas atuam e, eventualmente, colidem com o design, devemos fazer dessas condições parte de um vocabulário maior de design. Ou seja, uma sólida compreensão do design requer que ele atue ativamente no entendimento das forças do desenvolvimento.

Os anos recuperados inauguraram-se com a decisão de um ministro das finanças formado em Cambridge, subordinado a um prudente primeiro-ministro, de dar o mergulho, e a Índia nunca mais olhou para trás. Por meio de uma série de medidas de reestruturação, realizadas em fases de modo a não puxar o tapete dos mais vulneráveis, a Índia começou a levantar suas barreiras protecionistas, inicialmente no setor de telecomunicações, seguido pelos setores de petróleo, varejo, educação, seguros, saúde etc., acompanhada por uma exigência da OMC de que nossas tarifas se desmontassem gradualmente até o ano de 2005. Foi por conta dessa liberalização da educação que uma série de escolas de design, juntamente com outras de domínio privado, foi fundada a partir do início de 2000. Mais uma vez, um setor privado conhecido pelo seu dinamismo empreendedor antes da Independência – e "algemado e infantilizado" durante os "anos perdidos" – renasceu das cinzas como a fênix para se refazer. E, enquanto exaltamos constantemente as virtudes do mundo eletrônico e da comunidade empresarial por mostrarem o caminho com o uso da tecnologia, Meghnad Desai, da London School of Economics, tem uma refrescante análise sobre nossos agricultores. Como o maior eleitorado do setor privado da Índia (em termos de números, talvez até mesmo do mundo), foram os agricultores que demonstraram, durante a maior parte desses "anos perdidos", sua capacidade de transformar situações a seu favor usando tecnologia. Foram os agricultores que ajudaram a introduzir a Revolução Verde na década de 1960 (com a ajuda de financiamento do Estado) e garantiram para a Índia sua segurança alimentar. Foram os produtores de laticínios que introduziram a Revolução Branca e a autossuficiência em leite, por meio do famoso movimento cooperativo Amul (Anand Milk Union Limited), utilizando um sistema de coleta e distribuição que é modelo no mundo, e, nos últimos anos, exerceram um excelente uso do design para se afirmar como uma entidade moderna. Por isso, não é de se admirar que tenham sido os agricultores a tomar a iniciativa de participar do marketing eletrônico, por meio do e-Choupal, lançado pela ITC (Imperial Tobacco Company, posteriormente diversificada para incluir hospitalidade e outros setores) e de um design ligado à empresa como o que descrevemos na primeira seção deste capítulo.

Desde 1991, uma classe média forte de 250 milhões de pessoas – a maior do mundo ao lado da China – emergiu para ajudar a atrair FDI (investimentos diretos estrangeiros na forma de capital), especialmente no setor de consumo. O setor de FMCG (movimento rápido dos bens de consumo) trouxe para o país empresas que vão de Whirlpool a Samsung, LG, Braun e Toshiba. E a desigualdade, muitas vezes o grande flagelo de um processo de reforma, é menor do que na China.

A Índia foi finalmente abençoada com os três fatores que sinalizam o verdadeiro amanhecer da prosperidade para um país: um ativo demográfico (em 2025, a Índia terá a população mais jovem do mundo); uma alta taxa de poupança; e uma taxa crescente de alfabetização por meio da educação primária.

Fatores que significavam grandeza para a Índia num passado remoto, e que incentivaram o uso do design de formas magníficas, estão todos de volta ao jogo: uma abertura a ideias, inovações abertas, fontes abertas de conhecimento, diversas fontes de informação e tecnologia, um sentimento de orgulho e identidade de sua cultura comparável – com a devida proporção – a uma espécie de revolução social que lembra a Restauração Meiji do Japão, em 1868. A tudo isso, o design respondeu voltando mais uma vez às raízes, e o mundo espera por uma compreensão de como a atitude prudente da Índia com seus recursos e sua reengenharia frugal e reversa ajudou a cortar custos, ao mesmo tempo em que inovava. A Missão Marte, lançada a uma fração do custo dos investimentos realizados pela NASA, tornou-se tema de debate no ano passado.

Aqui está um retrato dos anos "perdidos" e "reconquistados", muito parecido com a análise do "antes e depois" de um programa de perda de peso. Depois de décadas de emburramento, rabugice e autoflagelação, temos finalmente condições de olhar para o espelho e retirar o peso de nossas costas. A transição da Índia do "paradigma do elefante" (DAS, 2000) e da "taxa hindu" de crescimento para níveis de igualdade com as economias dos Tigres Asiáticos do Pacífico Leste e do Sudeste e com o dragão chinês. É um pouco irônico que, apesar da nossa indiferença à preservação do tigre e do elefante em um mundo cada vez mais antropomórfico, quando se trata de representação do triunfo ou da falha humana, nós ainda contamos com nossos análogos não humanos para nos ajudar a provar um ponto!

Há, no entanto, um paradoxo de proporções reais e épicas. Apesar de todas as revoluções tecnológicas nas áreas de TI, farmacêutica e de serviços de saúde etc., estamos de volta às nossas raízes complexas – o tradicional casado às práticas atuais; os ritos de passagem conectados ao "sagrado" aparecendo até mesmo em nossas fábricas de alta tecnologia e em outros locais pelo menos uma vez por ano; a natureza celebratória de nossos rituais e costumes que continuam a ocorrer sazonalmente; a prática do calendário lunar *panchang*, que continua a guiar nossos ciclos circadianos como uma construção cultural de tempo! E tudo isso sendo bastante intimidador para aqueles que estão fora do sistema.

O que podemos fazer sobre isso? A única coisa que nos espera em face de tudo isso é uma profunda reflexão sobre as questões de "modernidade", origem do design e identidade. E a necessidade de preservar os nossos instintos sobre o passado, que nos fazem continuar a extrair as melhores práticas de nossas "tradições vivas" de materialização que semearam as bases mais exemplares para o design, e cuja prova dos nove continua a existir, em sua transparente tenacidade para a "sobrevivência" e o "contínuo". As seções a seguir oferecem uma visão geral sobre este assunto.

"Sobrevivências culturais" como repositórios de conhecimento de design – uma oportunidade de olhar para a gênese primitiva do design

A coisa sensata, portanto, seria traçar a gênese do design em si como uma ferramenta de solução de problemas, a fim de se ter uma noção de como a ferramenta é genérica em termos contemporâneos, especialmente considerando sua cronologia particular, que se estende desde um passado recente a um passado remoto e leva consigo um carga proporcional de suplementos culturais e de experiências: sem dúvida, todas as sociedades humanas aprendem a resolver problemas a fim de sobreviver às adversidades, como atestado pelas palavras eloquentes de Gordon Childe: "O homem faz a si mesmo" (CHILDE, 1950). Mas nem tudo o que o homem faz se torna design.

A solução de problemas geralmente é filtrada por um processo básico de "materialização", que é a "transformação de ideias, valores, histórias, mitos e similares em uma realidade física que pode assumir a forma de objetos simbólicos, sistemas de escrita etc.".

Uma vez que a materialização oferece um terreno propício para o design, quanto mais longo for o período de tempo, maior será o alcance da inovação e da prática do design, com os artefatos assim criados tornando-se os "meios externos de costurar sociedades" (JONES, 2007), simultaneamente atrelando estas experiências à memória, bem como construindo altos níveis de conhecimento tácito, uma vez que o mecanismo subjacente para a transformação de material a partir de uma ideia em um objeto de design é essencialmente um que retumba no "que sabemos intuitivamente" (FRY, 2012).

Foi isso que aconteceu com o subcontinente indiano – um alto grau de materialização que resultou em inovações: especialmente, o pioneirismo da agricultura, há 15 mil anos, que significou a transição da Idade da Pedra (armazenamento de caça e comida) à Idade do Bronze, conhecida por sua evolução cultural e tecnológica. Sabemos também que as primeiras culturas que atingiram a Idade do Bronze/cultura neolítica[7] (que foram as culturas do Mediterrâneo) tiveram uma vantagem com a materialização e a inovação no design, considerando que durante todo este período a Europa estava congelada sob a Idade do Gelo.

Logo depois, a Índia transitou da Idade do Bronze à do Cobre/cultura calcolítica, inovando ao longo das duas fases: a roda de olaria, o moinho de água, a roda de carroça, a metalurgia básica (tecnologia de fundição), inventando a primeira escrita e o meio de redação, criando planos urbanos para cidades, saneamento e gestão de água, inventando o zero e o sistema decimal para lançar as bases para a matemática, bem como a álgebra primitiva, a astronomia, a medicina, a política e a economia, expressões idiomáticas, artes marciais e performáticas, e assim por diante.

Em termos da tríade design-tecnologia-produto, é importante lembrar que não é só porque uma cultura foi pioneira em uma nova fronteira do conhecimento, que ela abandonou suas invenções anteriores. Pois, apesar do telefone celular, a invenção de cem anos de idade do telefone fixo continua a ser um elemento de nossa cultura material. Apesar do computador, ainda utilizamos a tecnologia de impressão. E isso simplesmente porque as tecnologias têm um efeito cumulativo sobre seu desenvolvimento futuro, orientando o design a manobrar através das melhores escolhas. Em outras palavras, a Idade do Bronze não terminou por causa da falta de bronze!

Com sua propensão a construir memória por meio da cultura oral e de reter camadas de invenções herdadas, esse uso paralelo de tecnologias e design teria sido um elemento marcante na paisagem de inovação da Índia. Ela foi saudada como "pré-história viva" e "sobrevivente cultural" (KOSAMBI, 1956), não apenas indicando um grau indiscutivelmente alto de presença de design, mas também levando essas pegadas diretamente para a época atual, como experiência de seu "passado vivo".

Em uma linha contínua de "sobrevivências culturais" dos primeiros fluxos humanos da África para a Índia (que chegaram através da ponte terrestre Gondwana), existem até hoje, em algumas partes da Índia, culturas que são construídas originalmente com memórias da África e giram em torno de um paradigma criativo que faz da natureza o centro de sua consciência e de seus princípios de design. O que significa trabalhar em volta e não contra as características da natureza. Esses povos nativos – os *adivasis* (*adi* = original/*vasi* = habitantes) – e as suas culturas conquistaram algumas medidas espetaculares de sustentabilidade, por meio de

---

[7] A Idade do Bronze/cultura neolítica representou a transição do ser humano do uso de pedras (ferramentas) para caça ao de metal (arado, moinho de água), como início da agricultura.

imitação e da transferência das melhores práticas da natureza, o que agora celebramos como biomimetismo em ciências modernas, como se fosse uma ideia nova!

Em uma cultura predominantemente oral, as práticas da natureza foram traduzidas em ícones, símbolos, contação de histórias, rituais e um conceito de "espaços sagrados" – com mensagens visuais deixadas, como pinturas de piso e parede, em torno dos espaços públicos –, nos quais as instituições sociais refletem um ecossistema funcional de sobrevivência – nascimento, casamento, morte, celebrações da colheita etc., – dependente dos recursos locais e dos ritmos circadianos e sazonais, com o *habitat* encontrando florestas em assiduamente preservados "bosques sagrados" ou "espaços públicos", onde a reciclagem e o reúso retornam como sistemas continuamente praticados por todo o milênio (SEN, 2008).

É assim que a sustentabilidade por estratégia e prática torna-se segunda natureza/hábito incorporado e, eventualmente, uma propensão cultural, como vemos que ocorre na Índia em igual patamar a outras culturas tradicionais.

A existência primitiva dessas tribos florestais sobrevive desimpedida, embora com alguns ajustes, como se o tempo tivesse parado nessas partes do mundo.

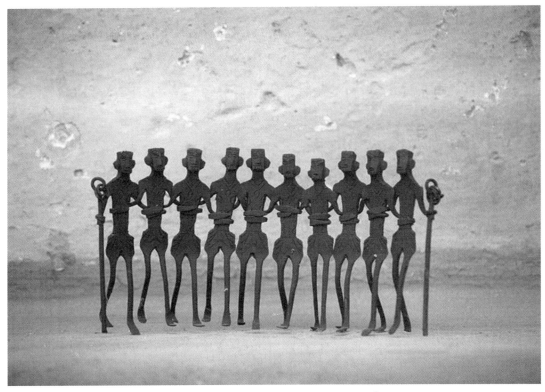

Figura 5.9 Artesanato de ferro forjado de Bastar (Índia Central).

Figura 5.10 Pintura de parede feita pela tribo Warli (Índia Ocidental).

"Continuidade cultural" como solo fértil para o DNA e a diversidade de uma cultura: a elaboração de identidades de design

"Sobreviventes culturais", obviamente, são um bom sinal para a humanidade, e nos incitam a imaginar se há um princípio essencial que os fez perdurar. Aparentemente, há. Ao mesmo tempo, porque as sociedades humanas, assim como a natureza, "são altamente variáveis e a maior parte dessa variação é historicamente contingente" (EARLE, 2002), a ameaça à sobrevivência do conhecimento de design nas sociedades tradicionais é preocupante porque seu desaparecimento simplesmente nos nega a diversidade. E a diversidade por meio da evolução é a maneira da natureza de sobreviver contra as adversidades.

O mesmo acontece se escolhermos o caminho de repúdio/negação da existência dessas sociedades e, com isso, de seus repositórios de conhecimento. E pior, se escolhermos a real obliteração, como aconteceu em escala massiva com várias das culturas indígenas das Américas do Norte e do Sul e da Austrália, nos privaremos de uma história de mecanismos de design complexos que evoluíram ao longo de histórias "longas". Essa capacidade de registrar e manter a complexidade por meio da memória faz do uso de "história longa" uma escala de tempo inclusiva.

Isso torna ainda mais necessário, portanto, entender a necessidade de continuidades culturais como o único mecanismo para projetar/destacar a evolução do design da cultura ao longo do tempo intergeracional, dentro de um modelo de estilos de vida não industriais.

Uma condição importante para a construção de diversidade/variabilidade de culturas: as pessoas devem ser autorizadas a moldar e interagir em suas próprias culturas sem ter de enfrentar dominação/repúdio de suas identidades por parte de grupos dominantes.

Para o design e a cultura, isso é particularmente importante em termos de exercício da liberdade criativa. Esse é o processo de "aculturação", que desempenhou um papel profundo na eliminação de diversidades e identidades culturais em toda a Índia, a partir de duas grandes forças tectônicas de aculturação – uma de dentro/interior e outra de fora/exterior.

Figura 5.11 O touro do Vale do Rio Indo como um logotipo do Banco Indus.

Figura 5.12 A escrita Indo na placa de argila do Vale do Rio Indo.

(1) O primeiro processo significativo de "aculturação" veio de dentro do subcontinente, quando algumas de nossas culturas primitivas, vindas de nossos colonizadores originais da África, os *adivasis*, espalharam-se ao longo do tempo para além dos seus *habitats* florestais, para se tornarem uma construção étnica maior chamada de *dravidianos*. Sua contribuição mais profunda para o design ocorreu na semeadura da forma mais antiga e mais avançada do mundo de assentamentos urbanos, saneamento e gestão de água, que ficaram conhecidos como *harappa* e *mohenjodaro* – parte das civilizações mais antigas do mundo, juntamente com aquelas construídas pelos assírios (Síria), mesopotâmios (Iraque), sumérios (Egito) e chineses. Cada uma dessas civilizações construída em torno da narrativa dos rios como fontes de água (Eufrates, Tigre, Nilo, Ghaggar, Saraswati, Indo).

Esse foi o local onde a escrita *brahmi*/indo nasceu e, finalmente, nos levou a nosso design moderno do símbolo da rúpia – uma linha do tempo espetacular de experiências vividas ao longo de dois milênios, que originaram e culminaram em inovações de design.

(2) Por cima desse contexto, desenvolveu-se uma cultura que se apresentou na forma de uma onda de migrantes de fora do subcontinente – da Ásia Central, da Grécia, da Macedônia, da Pérsia –, descritos como os *arianos*. Conhecidos como o povo *rgveda*, compuseram os textos épicos *Ramayana* e *Mahabharata*, bem como o *Sânscrito Rgvedas*, como conjuntos de transmissões orais chamados *shrutis* (para ouvir).

Um dos inúmeros exemplos de identidades culturais criando designs diferenciados a partir de materiais semelhantes seria o *sari* – uma peça de roupa sem costura, exclusiva da Índia. Formado da mesma base de algodão ou seda, embora com características locais, quando colocado nas mãos do mestre artesão/tecelão o *sari* acaba adquirindo artesanato e estética inteiramente distintos – o *Kanchipuram* do sul dravidiano, o *Benarasi* do norte ariânico, e o *Jamdaani* do leste semimongol (que tem influências genéticas da costa leste do Pacífico), para citar apenas alguns.

Todos os três saris, em ambas as variantes de algodão e seda, são altamente valorizados por seus povos e amplamente usados por suas mulheres. E, variando de região para região, por meio de influências de design exclusivas para cada um dos três, as identidades desenvolvidas são distintas o suficiente para garantir rótulos de "identidade geográfica" (como o vinho de Champagne, o aceto balsâmico de Módena, o chá da região Darjeeling do Himalaia, ou o arroz basmati das planícies do Ganges ao Norte da Índia).

Quem decide as definições de modernidade, identidade, origem do design?

O termo para design na Índia é *abhikalpa*, derivado do sânscrito. Traduzindo, ele significa: *kalpa* – imaginação; *abhi* – uma forma exterior de manifestação. É desnecessário dizer que o uso de *abhikalpa* como um termo manteve-se em existência contínua desde sua concepção, muitos milênios atrás. No entanto, a razão pela qual não conectamos a longa história material da Índia com o design moderno, apesar da existência oficial de uma nomenclatura, é porque o design nunca teve a chance de crescer dentro de sua definição atual de "moderno". Para começar, a história do design em si foi repudiada por preconceito pelo mundo industrializado, para o qual o design começou com a Idade das Máquinas e foi oficialmente definido e criptografado por Bauhaus como uma entidade "moderna". Para ser justo, o próprio design desses países se baseia num viés industrial, que exige que seus produtos sejam fabricados mecanicamente. Tudo o que for diferente é considerado "artesanal".

Indo além das definições, há a questão da origem do design. A ideia de que carregamos nosso aprendizado do passado para construir o futuro e encontrar novas maneiras de definir a nós mesmos, qualquer que seja a tecnologia determinante do dia, nunca teve chance de reconhecimento com relação à Índia ou qualquer sociedade de longa tradição porque, assim como a história é escrita pelo vencedor, assim também definições, etimologia, intenção e finalidades são definidos por aqueles que controlam as tecnologias. Assim, o destino e as identidades resultantes de algumas dessas sociedades tradicionais foram compreensivelmente predeterminados por processos como colonização e desindustrialização, em grande parte para vantagem política e econômica/material daqueles que possuem as tecnologias.

É, portanto, imperativo que introduzamos o pensamento, em nada adiantado, de que o "tradicional" não é necessariamente o contraste do "moderno", reduzindo sua existência a uma mera oposição binária. Esse uso do binário, embora tenha suas vantagens, como a etnografia de Claude Lévi-Strauss no Brasil evidenciou, pode tornar-se um princípio tão redutor da construção cultural que se arrisca a torná-la quase inútil. Mais problematicamente, sabemos que:

- **moderno** tornou-se temporariamente sinônimo de **universal**;
- **mecânico/lógico**, de tudo o que é **racional**;
- o **universal** é visto em oposição ao **local**, que significa bairrista, não contextual;
- o **tecnológico** é visto como avançado *versus* o **cultural**, que é visto como primitivo e retrógrado;
- o **lógico/mecânico** como racional *versus* o **mítico/orgânico** como altamente subjetivo, intratável e irracional;
- a **máquina** como industrial, eficiente *versus* o **ser humano** como frágil, ineficiente, lento.

No âmbito limitado deste artigo, sugerimos, portanto, "modernidade" com três implicações.

Modernidade = aquilo que representa uma economia de propósitos

Aquilo que representa uma economia de propósitos para a definição de "modernidade" corre o risco de também ser bastante transitório ao longo do tempo. A "modernidade" como "economia" foi mencionada como uma interpretação de Kohei Sugiura, designer gráfico japonês com um interesse cultural profundo na simbologia cósmica das culturas do sul da Ásia, sudeste da Ásia e costa leste do Pacífico. Juntamente com os colegas da faculdade Gui Bonsiepe e Tomás Maldonado, da Escola de Design de Ulm, estes são os pensadores que expressaram preocupação sobre a identidade do design como ferramenta de desenvolvimento. A interpretação particular de Sugiura sobre a "modernidade" resvala em uma condição pragmática do design, a saber, sua codependência das tecnologias emergentes. Ele observa que o que é considerado "modernidade" no Ocidente é, de fato, a função do design sendo "diretamente ligada à economia" em termos da sua habilidade de se nivelar com as recentes tecnologias, nesse caso, a internet. Uma vez que essa compatibilidade tecnológica não se aplica à maioria dos sistemas de escrita não ocidentais, como no caso dos caracteres chineses ou do *hangul* coreano, só para dar dois exemplos, os não compatíveis com a tecnologia não conseguem entrar no reino da "modernidade". Se considerarmos sua presença na internet, isso automaticamente confere ao latim a qualidade de "modernidade" (SUGIURA, 2005; 2014). Por isso, a óbvia conotação industrial de um trabalho de arquitetura torna-se estritamente "moderna", pois segue as regras de tecnologia, tais como o uso de ACM (em inglês, *Aluminum Composite Material*) como substratos, ou de vidro como parede de edifícios.

Modernidade = aquilo que é contemporâneo

Os exemplos dados anteriormente, no contexto da fabricação do símbolo da rúpia, representam razoavelmente funcionalidades do design que têm desfrutado de procedência contínua de utilização, sem qualquer erosão de sua relevância ao longo do tempo. Essa trajetória do passado para o presente, com compensações para a passagem do tempo, e sua capacidade de se transportar para as tecnologias prevalecentes fazem com que as entidades que são, por definição, tradicionais sintam-se confortáveis em sua pele relacionando-se com a "modernidade". É uma reformulação do tradicional em termos contemporâneos, e a transição é apoiada pela própria interpretação de uma necessidade que a impulsiona a assumir um novo papel. É, portanto, sua capacidade de evoluir com o tempo que mantém a entidade viva. O *sari* é um exemplo de uma roupa que, sendo tradicional em origem, sofreu uma série de mudanças para manter sua contemporaneidade de uso e tornar-se "moderna" em gênero/aparência.

Muitas canções de ninar e contos de fadas são igualmente contemporâneos, assim como o uso de artefatos de cozinha, ou símbolos de união, tais como os ligados ao casamento (o anel de casamento, a *mangalsutra* – um fio de ouro usado como símbolo de casamento) ou os ritos de passagem do nascimento. A obra de Kurosawa, *Rashomon*, com suas múltiplas interpretações e sua natureza de construção quase agnóstica em linguagem, é uma experiência visual de relevância contemporânea.

Modernidade = aquilo que é "atemporalidade"
A modernidade intuída pela atemporalidade é baseada na tradição envolta em uma fatia razoável de tempo. A "modernidade" desses símbolos reside em termos de algo que é imutável, que é codificado para haver compreensão compartilhada, e que é contextualmente reverenciado. Essa "modernidade" não é universal nem dependente de tecnologia. A razão pela qual esses símbolos adquiriram "modernidade" é porque eles continuam a ser uma parte relevante da vida das pessoas. Símbolos chamados *rangolis*, que são desenhados no chão das entradas das casas, e folhas de manga amarradas como enfeites/passagens nas entradas das casas são exemplos da "modernidade" que adquiriu atemporalidade. Eles estão na esfera da "modernidade" porque se tornaram uma parte essencial de nossa vida e são como mídias que as pessoas em ambientes compartilhados entendem e, por isso, continuam a investir em sua simbologia subjacente. No processo, esses símbolos permanecem preservados, reverenciados e destacados em uma base contínua, em oposição a algo que é exibido como um artigo de museu representando "realidades vividas". G. N. Devy (2009), um acadêmico e especialista em culturas tribais, defende as pinturas *Pithora* da Índia Ocidental como um exemplo disso, pois segundo ele: "as pinturas retratam não apenas imagens, formas ou cores, mas uma espécie de mapa para os territórios ao norte do rio Narmada e ao sul dos montes Panchmahal (ambos da Índia Ocidental). O 'universo das narrativas' criado por meio da tradição/escrita *lakhara* é, na verdade, o equivalente medieval tribal do moderno *Permanent Account Number* (PAN)" (DEVY, 2009), que é o análogo indiano do número de segurança social dos Estados Unidos. Enquanto o atemporal "moderno" é amplamente evidenciado nas pinturas, a mera ideia de que tal codificação poderia ter sido concebida e preservada como um item de uso contínuo necessita da reconsideração das definições estreitas de "moderno" nas sociedades industriais.

"Modernidade" como uma definição industrial pode polarizar identidades. Mas não é apenas a máquina, com sua tendência à velocidade e à eficiência estruturada, que devemos combater. Às vezes, o preconceito humano pode ser muito mais incapacitante.

A presença das primeiras escritas e línguas (o indo, o sânscrito), desconhecidas para o Ocidente, causaram agitação quando os europeus que operavam as rotas comerciais oceânicas para a Índia no início do século XVI as encontraram por acaso. Curiosamente, a "descoberta" de algo tão antigo como o sânscrito, ao mesmo tempo que criou ondas de interesse, também o transformou perceptivelmente em uma entidade quase "nova" de conhecimento, na mentalidade daqueles que à época detinham o poder e a curiosidade intelectual para determinar o que era valioso em termos de conhecimento advindo de outras culturas e o que não era.

Essa mentalidade "colonial", além disso, analisou o recém-descoberto sânscrito com o viés de uma perspectiva anglo-saxônica, que desesperadamente tentava conciliar seu sentimento de perplexidade pelo fato de uma cultura "primitiva" ser capaz de produzir algo tão refinado como o sânscrito e tão requintado como seus clássicos literários, como o *Kalidasa*, de Abhignyanam Shakuntalam, descoberto logo depois (em meados do século XVIII) por um pesquisador ocidental, Sir William Jones, e traduzido rapidamente e amplamente para o alemão e outras línguas europeias. E saudou com o mesmo sentimento de espanto a "existência e presença do *Rgveda*" (inventado milênios atrás, descoberto pelo Ocidente em 1805). A fundação da Sociedade Asiática em Calcutá, em 1784, para receber, consolidar e permitir a troca de bolsa de estudos indo-europeia/oriental parecia ser um resultado natural.

Embora estudiosos ocidentais do século XVIII tenham "modelado a moderna ciência da linguagem com base na ciência altamente sofisticada da fonética sânscrita" (LANNOY, 1971), essa utilização de material cultural da Índia após sua "descoberta" não foi reconhecida, mas ironizada com zombarias feitas casualmente ao longo do tempo, uma das quais sustentou que "a Índia tem alguns episódios, mas nenhuma história" (KOSAMBI, 1956) – episódios significando contos de reis e dinastias enquanto história representaria os contos do povo.

As implicações para o design foram claras: uma vez que o design é declaradamente sobre pessoas e sua vida cotidiana, uma suposta falta de história também implicaria que a Índia sabia pouco sobre design. Esse pensamento ampliou a ignorância já considerável do Ocidente sobre a Índia, em vez de completar as lacunas de percepção.

A ignorância sobre o legado de design da Índia (e sobre legados similares provenientes de outros lugares, o Brasil sendo uma das culturas cuja riqueza de conhecimento indígena do passado foi ignorada) precisa ser admitida como resultante de uma assimetria de princípios, que pressupôs que todos os designs cuja menção vale a pena começaram com a Revolução Industrial e o seu "dom da fabricação", com um divisor de águas concomitante representado pela fundação de uma escola de design em Bauhaus, na Alemanha, em 1919, proclamando, oficialmente, o início do "modernismo" no design.

A mesma assimetria de princípios que decretou o que se qualifica como "design" também definiu de forma inequívoca as regras para o que constituía legado de design, optando por histórias "curtas" enquanto se divorciava completamente do design de histórias "longas", privando assim conjuntos inteiros de culturas tradicionais em todo o mundo de suas reivindicações legítimas de realizações na área. É como a árvore proverbial que cai numa floresta – se você não ouviu, não aconteceu!

Ironicamente, muito pouco dessa atitude mudou!

Em conclusão – a pergunta (ou perguntas) de um milhão de rúpias: A dicotomia entre história "longa" e história "curta" afeta o destino do design em países como a Índia, com seu imperativo de impulsionar uma linha do tempo inclusiva (por meio da história longa)?

Essas questões merecem ser perguntadas porque, por mais contemplativas que possam soar, elas são de consideração muito séria para serem deixadas apenas para os filósofos. E pela simples razão de que, dentro de uma geração, a Índia vai se tornar "a nação mais populosa do planeta, uma das três maiores economias do mundo, e irá exercer mais influência nas relações internacionais do que em qualquer momento da história" (THE ECONOMIST, 2015). Mesmo hoje, ela já tem os maiores índices demográficos do mundo quanto à população jovem em proporção à sua população total. E tem a segunda maior população do mundo, prestes a se tornar o país mais populoso dentro de poucos anos. Em um mundo cuja geopolítica permanece preocupada com a recuperação da economia em falência de uma das suas mais antigas civilizações (Grécia), e aguarda ansiosamente o resultado de um quase colapso financeiro de outra civilização antiga (China), a Índia não é mais tema de riso como era até alguns anos atrás. Isso causa rudes surpresas às nações, em razão de suas maneiras improvisadas (leia-se "atrapalhadas" e irritantemente "desajeitadas") de resolver situações cotidianas, não importa o quanto sejam urgentes. E não há como parar seu aumento, sendo a economia que mais cresce no mundo a uma taxa de 7,5%, para não mencionar que sua imprensa livre faz de seu povo um dos mais ruidosos e "argumentativos" também!

Se não fosse pelo fato de que os jovens podem ser um grupo muito difícil e tempestuoso, que vai exigir saber o que tem direito de saber, poderíamos esconder estas questões aborrecidas em algum canto escuro, como é frequentemente feito com as pessoas mais velhas. Mas os jovens também são criativos e, enquanto fazem perguntas difíceis, também podem ajudar a encontrar soluções. Em seu recente discurso à União Africana em Adis Abeba, o presidente Barack Obama disse que continentes com ativos demográficos tendem a crescer mais rápido *(sic)* e de forma mais robusta. E que, em conjunto com a velocidade que a tecnologia oferece, podem-se esperar mudanças de proporções tectônicas nos padrões de nossos estilos de vida.

Assim, essas questões que estão sendo levantadas são do interesse da geração seguinte, uma vez que aquela quererá saber por que fizemos o que fizemos.

E, ao estarem no centro das atenções, suas vozes serão altas e incisivas. De qualquer forma, às vezes, a solução está verdadeiramente em fazer as perguntas certas. Então, aqui estão elas, dirigidas aos sábios mais velhos, mas dedicadas aos jovens e aos curiosos:

(1) Será que um determinado design deve sua procedência/identidade ao tempo de origem da sua criação ou será que ganha corpo somente após a sua descoberta pelo *mainstream*?

(2) Como, então, determinar qual sistema de conhecimento pode ser "incorporado" ou marginalizado, sem uma compreensão do seu contexto?

(3) E, seria muito vanguardista imaginar o *mainstream* como um sistema dinâmico que, eventualmente, muda de posição e se afasta para dar a outras culturas uma oportunidade de crescer, com suas próprias mensagens originais de melhores práticas e identidades?

(4) Mas mais importante, como poderia alguém criteriosamente determinar a escala de tempo apropriada para se explorar um sistema de conhecimento, sem uma compreensão adequada do seu contexto? Especialmente se considerarmos que as culturas têm existido por períodos de tempo variáveis, de algumas centenas de anos (como os Estados Unidos) a alguns milênios (como a Índia).

(5) Será que isso, portanto, não destaca a necessidade de aplicação de escalas de tempo proporcionais ao tempo de vida específico de cada cultura, em vez de medidas absolutas e divisões em marcos que não foram predeterminados como universais? (Tendo em conta que o marco-padrão para uma comparação "antes e depois" do design é considerado, há um século e meio, como a Revolução Industrial.)

(6) Como pode uma escala de tempo predeterminada e de tão limitado alcance ser capaz de acomodar marcos que mudaram a vida como a conhecemos, como o nascimento da agricultura há 15 mil anos na Índia, o nascimento da religião há 10 mil anos em Gobekli Tepe, na Turquia (MANN, 2011), ou a localização da primeira ferramenta do mundo, feita de obsidiana, em Olduvai Gorge, no leste da África (LEAKEY, 1994), e que nos deram nossa primeira visão valiosa sobre usabilidade do design como entendida pelos primeiros humanos?

(7) O que acontece com toda a memória criptografada nessas culturas materiais e repassada intergeracionalmente como informação e conhecimento? Ao excluir essas escalas de tempo, isso não priva as culturas de uma oportunidade de decodificar essas memórias e transformá-las em repositório e melhores práticas para o design?

(8) E, pior, ao obliterar toda essa informação, não corremos também o risco de ter de "reinventar a roda" (pergunta retórica irônica com toda a intencionalidade do trocadilho subjacente)?

Referências

CHILDE, G. H. *Man makes himself*. Bradford-on-Avon: Moonraker Press, 1950.
_____. *Man makes himself*. London: Watts, 1951.
DEVY, G. N. *The Devy reader*. Hyderabad: Orient BlakSwan, 2009.
EARLE. T. *Bronze Age* – the beginnings of political economies. Oxford: Westview Press/Perseus Book Group, 2002.
THE ECONOMIST. India's one-man band. 23 maio 2015. Disponível em: <http://www.economist.com/news/leaders/21651813-country-has-golden-opportunity--transform-itself-narendra-modi-risks-missing-it-indias>. Acesso em: 12 set. 2015.
FRY, T. *Becoming human by design*. Londres/Nova York: Berg, 2012.
JONES, A. *Memory and material culture*. Cambridge: Cambridge University Press, 2007.
KHILNANI, S. *The idea of India*. Nova York: Farrar, Straus and Giroux, 1999.
KOCCHAR, R. *The Vedic people*: their history and geography. Kathmandu: Sangam Books, 2000.
KOSAMBI, D. *Introduction to the study of Indian history*. Mumbai: Popular Prakashan, 1956.
LANNOY, R. *Sacred tree*: a study of Indian culture and society. Oxford: Oxford University Press, 1971.
LAUGHLIN, R. B. *A different universe*: reinventing physics from the bottom down. Nova York: Basic Books, 2005.
LEAKEY, R. *The origin of humankind*. Nova York: Basic Books/Harper Collins, 1994.
MANN, C. C. Birth of religion. *National Geographic*, jun. 2011.
RICH, B. *To uphold the world*: a call for a new global ethic from Ancient India. Boston: Beacon Press, 2010.
PANDEY, I. *India 60*: towards a new paradigm. Noida: HarperCollins India, 2007.
SANYAL, S. *Indian renaissance*: India's rise after a thousand years of decline. Londres: WSPC Publishing, 2008.
SEN, A. *Sustainability as a cultural construct in the context of India* – the symbolisms of the 'sacred grove' as a basis for best practices. Cumulus Design Research Conference, St. Etienne, França, 2008.
SEN, A.; POOVAIAH, R. *New technology's new home* – Internet within India's cultural paradigm. 2º Congresso Internacional de Engenharia Gráfica em Artes e em Design; XII Simpósio Nacional de Geometria Descritiva e Design Técnico, Feira de Santana, Brasil, 14-18 set. 1998.
SINGH, U.; LAHIRI, N. *Ancient India*: new research. Nova Deli: Oxford University Press, 2009.
SMOLEY, R. *The dice game of Shiva*: how consciousness creates the universe. Novato: New World Library, 2010.
SUGIURA, K. *Books, text and design in Asia*. Tóquio: TransArt. Inc., 2005.
_____. *Forms come alive*. Hong Kong: Chinese University Press, 2014.

Design na África: participo, logo existo

Entrevista com Mugendi K. M'Rithaa, por Gabriel Patrocínio (julho de 2015)

Há três Áfricas.
A que nós vemos todos os dias.
A sobre a qual escrevemos.
E a verdadeira e mágica África
que não vemos desabrochando
através de todas as dificuldades de nosso tempo,
como um milagre silencioso
  Ben Okri

Até que os leões tenham seus próprios historiadores, as lendas sobre sua caça glorificarão sempre o caçador.
  Ditado africano

Gabriel: O design e, mais especificamente, o design industrial como o conhecemos hoje surgiram como uma consequência da Revolução Industrial, a qual foi basicamente um empreendimento comercial eurocêntrico – à parte do significado de desenvolvimento tecnológico que a moveu. Por outro lado, essa mesma Europa considerou historicamente o continente africano como uma fonte de riquezas a ser explorada, colonizada e, em último grau, saqueada. Como e quando o conceito de "design industrial" atingiu o continente africano? Quais eram as condições preexistentes relacionadas ao design (indústria, cultura de objetos, comércio)?

Mugendi: Primeiramente, eu gostaria apenas de mencionar que meus principais pontos de referência *são o Quênia e a África do Sul* – mas suas histórias não são originais, no sentido de que outros países africanos podem identificar-se com elas. Seu ponto está correto, eu penso que a *África é incrivelmente rica em recursos naturais e, historicamente, infelizmente, os africanos não foram vistos como um povo que contribuiu para o discurso global de maneira criativa e filosófica. Assim, tudo o que é africano era menosprezado, visto como inferior e, na verdade, em muitos casos, foi destruído completamente,* ou saqueado e levado aos museus da Europa para ser mostrado a título de curiosidade – mas nunca era um africano que estava lá para apresentar o trabalho e explicar o que ele significava. Assim, por exemplo, muito do artesanato africano é mal compreendido, pois ninguém tinha realmente a linguagem para desvendar o significado daquele trabalho, nem da cultura material – o que, para mim, é uma fundação muito importante para falar sobre o design industrial porque, se você pensar no artefato como um objeto de desejo, seja para o consumidor ou mesmo para o designer, então você deve voltar para a sua origem, e, na África, eles tinham tanto valor utilitário como simbólico, e o que é rico sobre os produtos africanos é que eles ainda contam histórias – se você examinar um banquinho verá que ele tem gravuras bonitas, além da função de ser o assento de alguém; ele terá detalhes que poderiam dizer algo sobre a história da comunidade de onde vem. Também a ideia da propriedade intelectual é diferente, no sentido de que os africanos eram tipicamente anônimos na maneira de criar seus trabalhos, eles o faziam partindo de um sentimento de amor por sua comunidade, e não para serem recompensados com título ou reconhecimento individual, enquanto no Ocidente a propriedade intelectual é concedida a um indivíduo, o que é uma filosofia muito diferente. Dito isto, o design industrial chegou à *África de* duas maneiras: por exemplo, em um país como o Quênia, veio por meio de pessoas que foram treinadas fora da África. De fato, a primeira pessoa a que eu gostaria de fazer referência é um homem negro que estava exilado nos Estados Unidos, chamado Selby Mvusi, o qual em 1963 chegou à Universidade de Nairóbi e começou a formular algo nativo de design industrial. Sua formação era em Belas Artes, mas ele tinha um sentido muito apurado de compreensão de que a agenda do desenvolvimento na África necessitava da industrialização como um pré-requisito. Por outro lado, também sentia muito fortemente que qualquer coisa que saísse da África deveria respeitar a sensibilidade africana, a cultura africana, a contação de histórias africana, e assim por diante. Por isso, gastou muito tempo incorporando o conceito de design industrial, mas enriquecendo-o com a filosofia da África.

Em 1959, o Conselho Internacional de Sociedades de Design Industrial (ICSID) teve sua primeira Assembleia Geral, em Estocolmo. Nesse evento, Selby Mvusi apresentou um discurso essencial no qual defendia o design para os países em desenvolvimento. Naquele tempo, o termo mais comum era "países pobres" ou "países de Terceiro Mundo", porque o contexto era o da Guerra Fria. No mesmo evento, ele encontrou-se com o professor Nathan Shapira, que, à época, apresentou um artigo sobre as necessidades de industrialização em relação à agenda de desenvolvimento dos países emergentes. Nathan Shapira formou-se na Universidade Politécnica de Milão – não sei se você conhece sua história –, inicialmente em Arquitetura e depois em Design. Desse modo, o ICSID, embora não possa ser totalmente associado àqueles eventos históricos, foi na verdade crítico para o estabelecimento do design nas partes em desenvolvimento do mundo. Algo que eu quero realmente fazer, durante meus dois anos como presidente (do ICSID), é trazer de volta essa agenda. Lendo a história desses dois senhores em 1959, há quase sessenta anos, é fascinante ver o quanto seus discursos eram ricos e o quanto estavam corretos ao dizer o que disseram naquela época. Após o encontro em Estocolmo, em 1959, eles se reuniram novamente mais tarde em diversos lugares, participando de eventos do ICSID. Selby Mvusi foi o primeiro a vir para a Universidade de Nairóbi. Ele também lecionou antes em Kumasi, Gana, e na Universidade do Zimbabwe.

Infelizmente, Selby morreu em dezembro de 1967, em um acidente de carro em Nairóbi. Por sorte, ele era um prolífico escritor, de modo que deixou muitos registros sobre sua visão e seu pensar, o que é um afortunado legado a se herdar. Mas o interessante é que, após sua morte, em 1969, Nathan Shapira chegou à Universidade de Nairóbi e lá ficou até 1972. Nathan Shapira, para seu mérito, compreendeu o valor do que Selby Mvusi estava tentando fazer, e incorporou esse trabalho em sua grade curricular durante todo o seu período na universidade, criando conexões internacionais entre a Universidade de Nairóbi e designers dinamarqueses, bem como outros designers europeus e americanos. Inclusive, ele aplicou o conhecimento que tinha – uma vez que utilizou uma abordagem mais etnográfica e antropológica para a compreensão do design – para alimentar seu conteúdo programático quando foi mais tarde para a UCLA, em Los Angeles, onde lecionou Assistência Macrofinanceira. E deu a seus alunos as mesmas ferramentas que ganhou quando estava em Nairóbi, de modo que eles pudessem compreender como tratar as diferentes culturas das diferentes partes do mundo. Enquanto isso, na África do Sul, a primeira faculdade de design industrial foi inaugurada no Wits Technical (Witwatersrand Technikon) de Joanesburgo, em 1963; a segunda escola foi a precursora da escola onde estou agora, que naquele tempo chamava-se Cape Technikon, e começou o ensino do design em 1988; e hoje temos a terceira escola na África do Sul, em Pretoria – chama-se Tshwane University of Technology, e foi criada em 2008. Logo, há três escolas ao todo na África do Sul, desde 1963, que oferecem design industrial.

Historicamente, Joanesburgo era a capital da indústria e da mineração – não apenas da África do Sul, mas de toda a África – e atraiu trabalhadores imigrantes de Malawi, Namíbia, Angola, Moçambique, Tanzânia, Zâmbia, Botswana – toda a região. A mineração era um ramo tão forte em Joanesburgo que sugou populações inteiras de homens da classe operária de todo o sul da África. Deste modo, o design industrial lá era obviamente diferente – você sabe que a história da África do Sul tem muita herança holandesa e inglesa. Essas são as conexões históricas que formaram a base da industrialização. Muito foi basicamente copiado da corrente de pensamento *bauhausiana* da escola de Ulm, com ligações muito fortes com as escolas da Holanda – TU Eindhoven e TU Delft, e muitas outras instituições. A África do Sul, ao contrário do Quênia, era a rota comercial pura, onde se buscava basicamente apenas copiar o que estava acontecendo na Europa. Na verdade, embora estejamos conversando sobre isso agora – e estou sendo honesto com você –, a luta que temos com muitos colegas ocorre porque eles ainda ensinam design industrial na África do Sul como se fosse em um currículo europeu. Há pouquíssima referência à condição africana. Isso é algo com que estamos lidando ainda e que não conseguimos vencer. Mas estamos chegando lá, em razão de vozes como a minha e de outros que têm uma forte perspectiva afrocêntrica.

No Quênia, o programa de design industrial tem uma raiz africana muito profunda e, felizmente, é forte na apreciação etnográfica e antropológica da condição africana – mas perde na proficiência técnica do design industrial. Alguém como eu teve de ir para o exterior estudar – consegui uma bolsa de estudos da Commonwealth e fui para a Índia, onde fiz meu mestrado, antes de voltar para ensinar na universidade onde estudei. Nessa época, a Universidade de Nairóbi ainda não oferecia o mestrado em design industrial – o que é triste quando você considera que, em 1963, quando a Wits Technical na África do Sul começava seu programa, Nairóbi também começava o seu, todavia este foi prejudicado porque se tornou muito forte nos aspectos social, cultural e filosófico da "afrocentricidade", mas falhou em se atualizar sobre os desenvolvimentos técnicos da área.

Considerando o design industrial como um discurso que abrange sistemas técnico-sociais, Nairóbi voltou-se mais para a dinâmica social, enquanto a África do Sul focou muito mais nos aspectos técnicos do currículo.

Gabriel: Isso faz sentido, considerando as diferentes experiências destas duas escolas – a África do Sul, por causa da mineração, como você explicou, estava mais preocupada com os aspectos técnicos do ramo, enquanto o programa de Nairóbi era mais voltado para os aspectos humanos do design, vindos de Nathan Shapira e, mais especificamente, de Selby Mvusi.

Mugendi: Foi realmente uma sorte que Selby tivesse um histórico em artes e antropologia, pois isso influenciou muito suas ideias e seu ensino. Além disso, a África do Sul também tinha uma abordagem muito eurocêntrica. Nairóbi tinha uma perspectiva afrocêntrica enquanto a da África do Sul era eurocêntrica. Se observarmos as pessoas que conseguiram empregos para lecionar design industrial na África do Sul, estas vinham principalmente da Europa. Os professores pioneiros vieram todos da Europa – não dos Estados Unidos, como no caso do Quênia.

Gabriel: É possível discutir o "design africano" como uma moldura de referência quase genérica, sendo o continente tão grande e culturalmente abrangente?

Mugendi: A resposta rápida é não. E a razão é que a *África é vasta. A África é um lugar complexo, com mais de* duas mil línguas e muito mais culturas do que podemos começar a identificar. Se trouxermos outra camada, a lente do colonialismo – e cada poder colonial tinha uma perspectiva diferente –, a África francofônica era muito diferente da África anglofônica quanto à maneira como posicionaram o sistema educacional e também quanto à maneira como tentaram nivelar o conhecimento nessas regiões. Assim, a resposta simples é não, e a resposta mais longa é porque as pessoas não compreendiam a África, de modo que era conveniente apenas colocar uma etiqueta "design africano", por ignorância. Se as pessoas tivessem se preocupado em fazer um pouco mais de investigação, teriam encontrado uma rica diversidade de talentos, ideias, filosofias e culturas exatamente como você encontraria na Europa ou em qualquer outro lugar.

Gabriel: Há alguns anos, houve uma grande exposição sobre a cultura africana no Rio de Janeiro ("African Art", no Centro Cultural Banco do Brasil, em 2004), com produtos maravilhosamente trabalhados, ferramentas, mobílias, tronos, instrumentos musicais, e também trazendo as referências culturais e religiosas por trás dos objetos. O que realmente me espantou foram a riqueza e a habilidade impressionantes, demonstrando as extensas potencialidades por trás da cultura de objetos na África.

Mugendi: Este é um ponto muito importante, porque muito da cultura material brasileira tem também raízes africanas. Há um bonito provérbio nigeriano que diz: "até que os leões tenham seus próprios historiadores, as lendas sobre sua caça glorificarão sempre o caçador", que significa que, se alguma outra pessoa estiver lhe contando uma história, sempre a contará a partir de sua própria perspectiva e viés. Isso de fato inspirou um grupo de cinco de nós e, em 2009, começamos uma plataforma chamada "Design with Africa", porque sentimos que a história do design africano necessitava ser contada por africanos, a partir de sua própria perspectiva.

Gabriel: Que nível de influência os designers estrangeiros – como o professor Nathan Shapira (chefe do departamento de design na Universidade do Quênia, 1969-1972) e Victor Papanek – tiveram no estabelecimento de um design africano contemporâneo?

Mugendi: Eu acho, em primeiro lugar, que pessoas como Nathan Shapira tiveram uma apreciação muito mais profunda da sensibilidade do design africano – vamos dizer assim – porque assumiram uma perspectiva etnográfica. Victor Papanek, eu acho que ele tinha boa intenção, mas, no processo de propor soluções de design para o contexto do desenvolvimento, ele deixou de lado a estética, que é uma parte muito importante de qualquer processo de design, independentemente de onde esse design está sendo feito. Há alguns aparelhos de rádio e televisão que ele idealizou para a Tanzânia que são realmente feios, e um pouco ofensivos à inteligência dos consumidores. Ser pobre não significa não ter um senso estético. Isso, para mim, era uma falha fundamental na maneira como Victor Papanek via as partes em desenvolvimento do mundo. Acredito que, na verdade, a maneira de pensar de pessoas como Selby Mvusi e Nathan Shapira desafiou outros a criarem objetos que contassem histórias tão belas quanto os artefatos existentes na África, o que significava que deveriam ser mais bonitos, e não tão simples como os que vinham do Ocidente.

Gabriel: O documento da Organização das Nações Unidas para o Desenvolvimento Industrial (UNIDO) aqui reproduzido (*Diretrizes básicas para a política do design industrial em países em desenvolvimento*) criou as bases para que políticas de design funcionassem como uma ferramenta de desenvolvimento para governos em países periféricos, seguindo o mesmo trajeto de industrialização da Europa e da América do Norte. Isso foi aprofundado mais tarde pela Conferência de Ahmedabad de 1979 – novamente, um empreendimento da UNIDO e do ICSID. No Brasil dessa época (1970), o design industrial foi reconhecido como uma parte significativa da política industrial, mas, apesar disso, algumas ações importantes não foram realizadas como o pretendido. Mais tarde, em 1995, um programa nacional foi criado, mas teve outra vez uma execução fraca. Como foi esse processo na África – houve influência destes esforços da UNIDO nos anos 1970? Como você descreveria o papel que o design cumpriu no desenvolvimento industrial africano?

Mugendi: A experiência na África foi muito similar à brasileira. Nos anos 1960 e 1970, havia muitos investimentos de parceiros bilaterais que não somente enviavam pessoas para ajudar a treinar a nova geração de designers industriais, mas também enviavam muitos recursos, infraestrutura e equipamento técnico. Nos anos 1970, muitos países se tornaram mais fortes, logo, no final da década, muito do apoio que recebiam desses acordos bilaterais foi perdido. Assim, honestamente, pegando como exemplo o Quênia, quando eu era um estudante na metade final dos anos 1980, o design industrial já não era mais oferecido, nem mesmo como matéria curricular. Infelizmente, mesmo o ativismo e a advocacia do design haviam diminuído ao ponto de este ser relegado a homólogo das artes plásticas. Muitos legisladores, quando você lhes dizia que era um designer, diziam "mas nós não precisamos de designers, precisamos de doutores, arquitetos, engenheiros, não precisamos de coisas ou roupas mais bonitas". Então, fomos associados a artistas por causa da perda desse sentimento de defesa e relevância por parte da agenda desenvolvimentista – somente agora, por exemplo, enquanto conversamos, o Quênia tem uma política de design aguardando aprovação como lei pelo Parlamento, e isso tanto tempo – cinquenta ou 52 anos – após termos começado a oferecer design industrial na Universidade de Nairóbi. Logo, o design enfrentou um sério declínio, chegando ao ponto de se tornar totalmente irrelevante, tanto para legisladores quanto para governantes, e teve de ser reforçado pela *Declaração de Ahmedabad*, mesmo que esta não tenha sido abraçada pelo Quênia de forma tão poderosa quanto poderia ter sido. Mas agora, com o *Vision 2030* – o Quênia tem um ambicioso programa de metas que busca sua industrialização até 2030 –, o design transformou-se em uma parte muito importante dessa conversação. De minha parte, sinto-me um pouco triste por termos perdido tanto tempo, uma vez que desde os anos 1960 não tivemos tanta boa vontade em fazer o design industrial funcionar, e possivelmente perdemos cerca de quarenta anos durante os quais poderíamos realmente ter nos transformado em uma nação muito mais industrial. Para os padrões do leste africano, estamos razoavelmente industrializados, mas não estamos nem perto de onde poderíamos estar se tivéssemos levado algumas dessas questões a sério a tempo.

Gabriel: Cito frequentemente um estadista brasileiro do século XIX (Ruy Barbosa) que costumava apontar o design como uma ferramenta para o desenvolvimento do país, em razão da riqueza de nossos recursos naturais e da inventividade de nosso povo, originada da mistura cultural entre europeus, povos indígenas brasileiros, africanos e pessoas de outros países. Esse pensador, em 1882, fez algumas afirmações bastante notáveis, que infelizmente foram ignoradas até aproximadamente cem anos mais tarde.

Mugendi: Eu gosto disso porque também prova que, sempre que houve visionários que compreendiam o valor do design, este pôde florescer nos países em desenvolvimento. Porém, no minuto em que se perde esses visionários – porque sua visão não foi difundida na consciência geral das pessoas –, o esforço morre junto com essa pessoa. O problema que vivemos na África e em muitos países emergentes é que não temos instituições fortes para continuar essa agenda, então ela passa a depender de patrocínio privado – enquanto na Europa é ligada a câmaras de comércio, indústrias de fabricação e assim por diante. Na África, ocorre muito a situação em que alguém diz "tudo bem, vamos dar um pouco de apoio ao design" – e alguma outra pessoa responde "nós não precisamos de design, precisamos de agricultura, ou algo diferente".

Gabriel: Isso é um ponto em comum com alguns estudos de gestão do design – eles afirmam que, para adotar e obter sucesso com o design como estratégia, uma empresa tem de ter um especialista em sua hierarquia superior. Acredito que o mesmo se aplica às políticas de design. Se você observar os locais onde as políticas de design foram bem-sucedidas, há sempre alguém para ciceroneá-lo nos bastidores. Você conhece Curitiba, no sul do Brasil, esteve lá e sabe o quanto estão fazendo. Se analisarmos os governos de Curitiba dos anos 1990, veremos que havia um arquiteto e urbanista lá, Jaime Lerner (que ocupou três mandatos como prefeito da cidade e dois como governador do estado do Paraná), que era um grande entusiasta do design. Eu credito a ele muito do que tem acontecido em Curitiba desde então – ele era realmente um pioneiro. Algumas pessoas podem não concordar inteiramente com isso, mas eu pelo menos acredito que ele teve uma influência muito forte lá.

Mugendi: Eu concordo. Acho que a diferença fundamental entre os países em desenvolvimento e o Ocidente é que os visionários desses países em desenvolvimento tiveram de ser muito corajosos, pois não era uma tarefa fácil. É o caso de pessoas como o general Lee (Lee Kuan Yew), em Singapura. Lá, ocorreu uma forma de ditadura benevolente, do tipo que diz "nós sabemos o que é bom e vamos seguir com isso, as pessoas compreenderão depois", e, gradualmente, as pessoas aceitam. Porque, às vezes, é uma ruptura tão radical do que é conhecido que é preciso um pouco de coragem, do contrário só se pode esperar que aconteça naturalmente, e evolutivamente isso não aconteceria dessa maneira.

Gabriel: Em um artigo publicado há alguns anos no site do ICSID (KUMAR, s/d) o professor Kris Kumar, da Universidade de Botswana, apontou diversas nações africanas que estão emergindo como usuárias eficazes de design, tais como Quênia, Tanzânia, Marrocos, Ilhas Maurício e Botswana – e hoje, certamente adicionaríamos a África do Sul a essa lista. Você concorda com esse ponto de vista? Que outros países devem atualmente ser adicionados a essa lista?

Mugendi: Kris Kumar era meu colega. Frequentei a Universidade de Botswana por quatro anos e convivemos enquanto eu estava lá; logo, sei sobre o que ele escreveu. Concordo com algumas partes, mas penso também que há uma definição estreita do termo "usuários" quanto à compreensão do valor do design. Em outras palavras, usar design é diferente de apreciar design. Eu gostaria de expandir essa lista para incluir os países que realmente penso que têm uma tradição nativa e vernacular em design, e teria de incluir Gana. Gana, a meu ver, é *o país mais voltado ao design d*a África, de um ponto de vista tradicional e primitivo. É um país surpreendente em termos da maneira que encontrou para incorporar o design – não sei se você conhece algo sobre o Império Ashanti; os símbolos *Adinkra*, que evoluíram através de sua própria cultura; os lenços *Kente*, originalmente vestidos pela realeza e que se transformaram em parte de sua identidade nacional. A meu ver, o lugar onde percebo a expressão mais atual e contemporânea do design em cada aspecto, de moda a mobiliário e objetos, é Gana. Então eu a incluiria. Também incluiria a Nigéria, por causa de sua cultura de fabricação muito rica. Pode não ser design como nós o conhecemos, mas lá ainda se fazem objetos com finalidades utilitárias e de negócios, de modo que eu não deixaria a Nigéria de fora. Lembre-se também de que a Nigéria é a maior economia da África atualmente, alcançou a África do Sul há alguns anos e hoje é 34% maior do que ela.

Gabriel: A perspectiva de crescimento na Nigéria é surpreendente para os próximos anos.

Mugendi: Sim, e é motivada basicamente pela indústria cinematográfica local, a chamada *Nollywood*, que influenciou não somente a estética, mas também a cultura material. Se observarmos a maneira como carros, televisões e outras coisas – vamos dizer artigos de consumo – *são projetados em Nollywood*, veremos que houve um impulso grande para o crescimento da sensibilidade sobre o bom gosto em um contexto consumidor.

Gabriel: Recentemente, a *Fast Company* publicou um artigo (SKIBSTED; HANSEN, 2014) afirmando que designers deveriam parar de sentir pena da África. O texto discute o gigantesco crescimento econômico esperado para o continente nos próximos anos, e indica que "utilizar uma abordagem paternalista ao investir na África prejudica as pessoas do continente e a promessa para os negócios". Isto traz à tona um problema discutido frequentemente por alguns autores – especialmente Bonsiepe (1991) – com relação a fazer design *por* ou *com* (alguém), ou *em* (algum lugar), como níveis diferentes de intervencionismo externo em uma sociedade ou em uma comunidade. Isso é uma ameaça ou uma oportunidade? E traz benefícios – não somente às populações assistidas, mas também aos designers e à comunidade do design?

Mugendi: Estou totalmente de acordo com a visão de Bonsiepe, porque mencionei mais cedo que nós começamos algo chamado "Design with Africa" em 2009, e foi precisamente por essa razão, porque os processos participativos na África são muito importantes, quer sejam comunidades se unindo para apoiar umas às outras para o bem, ou quando há uma calamidade – essa coisa de *ubuntu* é muito poderosa e você vai encontrá-la em cada parte do continente. No leste da África, no Quênia, nós o chamamos de *utu*, que é um termo swahili que significa a mesma coisa que *ubuntu*; em Botswana é *botho*, e todos significam a mesma coisa, humanidade[1]. Assim, a ideia da participação é muito importante. Eu, na verdade, defendo o uso da expressão *ubuntu* como "participo, logo existo". *É muito diferente da lógica cartesiana do* "penso, logo existo", de modo que "participo, logo existo", para mim, é a definição do que o designer deve ser, este deveria ser o mantra do designer que quer se comprometer com a comunidade.

O que você disse está correto, doze das principais 26 economias que crescem mais rápido no mundo estão na África. Podemos analisar um país como a Ruanda, que em 1994 quase se autodestruiu com o genocídio de um milhão de pessoas, e hoje é uma das economias de mais rápido crescimento na África. Assim, se todos tivessem tido pena de Ruanda, apenas para reforçar seu ponto, o que as pessoas teriam feito, apenas diriam "oh, pobre Ruanda, vamos enviar alimentos para eles, eles se mataram". Mas Ruanda não apenas deu a volta por cima, como está também atraindo investimentos em TCI (tecnologia da informação e comunicação). Se observarmos lugares como Nairóbi, que foi votada a cidade mais inteligente da África, há muitas atividades acontecendo que asseguram a robustez do espaço. Então os africanos necessitam de parceiros, não de doações. Isso é muito importante para mim, também como designer no continente, e esta é a minha mensagem repetidamente quando vou a conferências, tentar mostrar às pessoas o lado positivo da África, que está tentando fazer algo por si mesma. E se alguém quiser patrociná-la dizendo "vamos fazer algo por você", está destruindo esse potencial porque, quando uma pessoa para de trabalhar e começa se tornar dependente, ocorre o que chamamos de "síndrome de direitos", algo que tem sido perpetuado por algumas de nossas agências bilaterais, intencionalmente ou não, conscientemente ou não. Ao oferecer auxílio em vez de oportunidades para encontrar soluções em conjunto, perpetua-se a

---

1 *Ubuntu, utu, botho*: a palavra tem um significado similar em idiomas africanos diferentes – humanidade, ou unicidade; *"eu sou o que eu sou por causa de quem nós todos somos"* (página do *software* Ubuntu, em www.ubuntu.com/about/about-ubuntu); *"um exemplo de um contrato social de respeito, responsabilidade e confiança mútuos, que os membros da sociedade fazem entre si, e que definem o processo de ganhar respeito primeiramente dando-o, e de ganhar empoderamento ao empoderar o outro"* (página da Universidade de Botswana, em www.ubotho.net/botho-vision2016).

situação de dependência na qual a África é sempre o sócio minoritário do relacionamento, e eu sou contra isso. Sinto que o século XXI, por muitas projeções, é o século da África, e não digo isso de maneira arrogante, não me entenda mal, digo com humildade, mas sinto que, para que a *África finalmente assuma seu lugar no mundo*, ela deve se envolver em parcerias mutuamente benéficas, e não em doações unilaterais. A ideia também de canalizar nossos recursos naturais, o que já causou muitos danos, até mesmo conflitos civis, seja por diamantes de sangue na África ocidental ou mineração de coltan[2] no Congo, produto usado em todos os telefones e laptops. Precisamos parar de ver a *África como um lugar* onde alguém entra e extrai recursos, e passar a *vê-la como um lugar* onde se pode realmente formar parcerias de forma a adicionar valor aos materiais. Assim, por exemplo, Botswana iniciou agora sua própria indústria de lapidação de diamantes. Por um longo período, Botswana, embora fosse um país líder em termos de volume de diamantes em qualquer lugar no mundo, enviava todos os seus diamantes brutos para a Europa, e estes eram trabalhados na Antuérpia, em Amsterdã e em outros lugares, e de lá eram importados a altos custos. Então hoje, com suas políticas progressistas, Botswana de fato inaugurou a lapidação e a joalheria de diamantes como uma indústria que está agregando valor a materiais brutos. É disso que a África precisa. Se alguém tem boas ideias e vê que a África tem muitos recursos, venha e invista no continente, ajude-o a utilizar o design sob um aspecto de adição de valor, como um efeito multiplicador para adicionar valor aos recursos africanos. Espero que você consiga transmitir esse apelo para mim por meio deste capítulo, pois este é o apelo que eu faço ao resto do mundo.

Gabriel: O que você poderia dizer sobre o papel, o valor e o legado do World Design Capital 2014 (que aconteceu na Cidade do Cabo) para a *África do Sul e o continente africano?*

Mugendi: Felizmente, algo foi escrito recentemente – eu compartilhei via Facebook e o ICSID compartilhou também – sobre o legado do WDC em números (ICSID, 2015). O maior legado para mim será intangível. Não se trata de quantos visitantes vieram ao país etc., mas do fato de que as pessoas descobriram que tinham talento, elas tinham conhecimento inato, tácito ou incorporado. Porque com os processos participativos de design que buscamos destravar durante esse projeto, nós o chamamos de "viva o design/transforme vidas", procuramos genuinamente transformar a vida das pessoas. Isso não acontece da noite para o dia – há lugares em que tivemos sucesso, enquanto há outros que estão em um nível diferente de maturidade –, mas acredito que as pessoas descobriram que também poderiam ser parte da discussão, decidir o que fazer com seus mundos, com seus representantes locais, resolver problemas de design por cuja solução antes apenas esperariam sentados, como consumidores finais que não tinham voz – sentiam-se impotentes. Isso é uma coisa mais poderosa para mim em termos de legado. Também gostaria de recordar uma das coisas que aconteceram e que não foi percebida: houve um projeto reconhecido no WDC 2014 que foi comemorado em Nairóbi, no Quênia. O que aconteceu foi o lançamento da Kenya Creative Week no ano passado, em agosto, diretamente motivado e inspirado

---

2 Coltan: columbita-tantalita, minério metálico a partir do qual o nióbio e o tântalo são extraídos.

pelo WDC. A cidade de Kumasi, em Gana, está planejando candidatar-se para sede do WDC em 2020. Nairóbi também quer tentar se candidatar novamente para o WDC. Aí está uma demonstração do valor do *design thinking* em nível municipal, da maneira como as cidades podem conquistar seus moradores e não apenas fazer negócios, como é comum no setor corporativo e em outros setores. O outro maior beneficiário, à parte da sociedade civil, foi o governo local desses países. A Cidade do Cabo tem hoje um legado em *design thinking* porque o prefeito da cidade tornou-se o maior defensor do design durante este ano, e estou envolvido em um grande número de projetos, que ainda estão destravando o *design thinking* no âmbito dos estabelecimentos informais e de outros lugares. Então estou muito otimista quanto ao legado do WDC 2014.

Gabriel: Que países africanos têm atualmente políticas eficazes de design (ou pelo menos programas de design apoiados pelo governo)?

Mugendi: Eu conheço somente dois. A África do Sul tem uma estratégia de design para a província do Cabo Ocidental (onde a Cidade do Cabo fica localizada), mas não há nenhuma política nacional de design. Agora, o passo seguinte para a estratégia do Cabo Ocidental é formular uma política de design que se desenvolva a partir disso. O Quênia, como mencionei, desenvolveu uma regulamentação para o design que aguarda processo legislativo em Nairóbi. Esses são os dois casos de que estou ciente.

Gabriel: Quais são suas projeções/expectativas para o design no continente africano, falando oficialmente como presidente do ICSID?

Mugendi: A primeira coisa que eu mencionaria é que os designers no continente entrassem em parcerias mutuamente benéficas com a comunidade internacional de design para o desenvolvimento da África – esta seria a primeira.

Número dois, como educador, estou especialmente interessado em novos designers e quero realmente investir meus dois anos como presidente do ICSID na tarefa de encontrar formas que possibilitem ao órgão apoiar as aspirações dos novos designers. Inicialmente, nas regiões em desenvolvimento de que falamos – nos BRICS (Brasil, Rússia, Índia, China, África do Sul e África, por extensão), mas também globalmente. Porque a África ainda está em fase de crescimento, há muitas oportunidades de fazer as coisas direito, e não apenas corrigir os erros que foram feitos em outro momento. Estou realmente interessado em modelos inovadores e promissores de como fazer as coisas de forma diferente, mas também em destravar possibilidades para jovens designers que estejam começando, de modo que possam seguir sua carreira de escolha.

E, finalmente, é claro que ser presidente significa que eu não posso focar somente na África. Tenho de expandir meu eleitorado para um nível global. Então, eu gostaria de ver que os fundadores do ICSID tiveram uma visão de como o design pode ser mais humano e mais ligado às aspirações de todas as pessoas – pessoas comuns. A agenda desenvolvimentista era o núcleo dessa visão em 1959, quando a Assembleia Geral de Estocolmo foi realizada. Vários outros encontros ocorreram entre ICSID e UNIDO, e outras agências também se reuniram para ver como poderiam ajudar a catalisar o desenvolvimento em países de baixa renda ou em desenvolvimento. Prefiro a expressão "contexto da maioria do mundo" – pois acredito que há mais pessoas nessas partes do mundo do que no chamado mundo desenvolvido. Assim, eu gostaria de lembrar a todos qual era a visão dos fundadores e apelar à comunidade global do design que honre essa visão, executando-a de uma maneira tangível, dentro de suas próprias esferas de influência.

Gabriel: Gostaria de fazer alguma consideração final?
Mugendi: Sim. Primeiramente, tenho de elogiar esta iniciativa, que é um projeto muito importante. Não é apenas interessante de um ponto de vista acadêmico e filosófico – *é algo crítico*. De fato, acredito que a sua contribuição será a mais importante dos últimos dez anos neste assunto em particular. É um trabalho muito importante este que está sendo feito. Eu preciso realmente enfatizar como é relevante que a comunidade global tenha acesso a estas vozes, porque esta é a voz emergente e este é o futuro do design. Se a sociedade humana deseja o crescimento desta profissão da maneira que se pretendeu, a serviço da humanidade e não apenas de interesses comerciais, essa voz precisa ecoar poderosamente.

Referências

BONSIEPE, G. Developing countries: awareness of design and the peripheral condition. *In*: CASTELNUOVO, E. *History of industrial design*, 1919-1990, the dominion of design. Milão: Electa, 1991.
ICSID. *World design capital Cape Town 2014's legacy continues.* 30 jan. 2015. Disponível em: <http://www.icsid.org/news/year/2015_news/articles1966.htm>. Acesso em: 10 jul. 2015.
KUMAR, K. *Upcoming design in Africa.* Disponível em: <http://www.icsid.org/feature/current/articles208.htm>. Acesso em: 5 jul. 2015.
SKIBSTED, J. M.; HANSEN, R. B. Why designers need to stop feeling sorry for Africa. *Fast Company* [on-line], 3 mar. 2014. Disponível em: <http://www.fastcodesign.com/1669478/why-designers-need-to-stop-feeling-sorry-for-africa>. Acesso em: 5 jul. 2015.

Design para o desenvolvimento: uma perspectiva da China

Sylvia Xihui Liu
Cai Jun

O design chinês é algo singular no mundo. Foram necessários apenas 35 anos para que passasse de artes e artesanato à atual fase de enriquecimento. Acompanhando a rápida evolução da economia, o design se transformou de ideal utópico nas universidades, no início da década de 1980, em elemento essencial do setor industrial após a primeira década dos anos 2000. Hoje, acredita-se que cada *startup* deva ter em sua equipe um designer. Como um dos maiores países em desenvolvimento do mundo, há vários fenômenos sobre design, nos mais diversos aspectos, acontecendo simultaneamente na China. De um lado, há uma quantidade crescente de estudantes e empresas de design. Até mesmo a maior parte das empresas internacionais de consultoria em design estabeleceu suas filiais em Pequim, Xangai ou Shenzhen, cidades-modelo da China. Por outro lado, algumas questões sobre o tema têm causado controvérsias ideológicas, caso das falsificações, proteções a marcas, padrões de qualidade e propriedade industrial. Neste artigo, iremos apresentar a situação real do design, buscando uma análise apurada e uma visão holística. Por meio de revisão histórica, a epopeia do design chinês será revelada. Quanto ao tema do design para o desenvolvimento, dois aspectos serão considerados. O primeiro é o desenvolvimento do próprio design enquanto parte essencial da indústria de serviços. O segundo é a contribuição do design para os negócios e para o desenvolvimento econômico.

A origem do design moderno na China

O desenvolvimento do design é estreitamente ligado ao contexto de mudança na economia da China (HANG, 2009). Há dois pontos de vista sobre as origens do design industrial na China. Alguns consideram que o design chinês se instaurou a partir do início do século XX, no final da dinastia Qing. Com uma série de leis e regulamentos, o governo Qing não só previu a regularização da atividade de artesanato e incentivou a invenção, mas também inaugurou escolas modernas para o ensino de artes plásticas e de design (WU, 2006; LI, 2007; CHEN, 2009).

Outros alegam que foi após o estabelecimento da República Popular da China, em 1949, que o design industrial foi gradualmente introduzido na China, especialmente após a década de 1980, com o desenvolvimento da economia em razão da política de abertura (WANG, 1995; TONG, 1999; BMSTC; BIDC, 2000; BIDPO, 2003; GUO; HU, 2003; LIU, 2006; HANG, 2009). No entanto, ambas as correntes concordam que o design chinês moderno sofreu historicamente com a falta de oportunidades de desenvolvimento, por causa das constantes guerras, e que também foi influenciado, em grande medida, por conceitos de design estrangeiros, em razão das condições locais desfavoráveis de tecnologia e fabricação.

A consciência sobre o design industrial emergiu na China no início do século XX. Em 1898, o governo Qing publicou o *Zheng Xing Gong Yi Gei Jiang Zhang Cheng* (uma regulamentação sobre a premiação de tecnologias de renovação). Essa foi a primeira norma de incentivo à tecnologia e à criação artesanal, bem como de proteção da propriedade intelectual. Em 1906, com vistas a atender à demanda dos novos fabricantes por especialistas, o Departamento de Comércio da Dinastia Qing começou a inaugurar várias escolas, como a notável *Yi Tu Xue Tang* (escola técnica de aprendizagem de artesanato) (LI, 2007). Os alunos formados eram enviados ao exterior para estudar, empregados como professores em outras escolas, ou passavam a trabalhar com arte industrial na sociedade (CHEN, 2009). Enquanto isso, o design moderno era introduzido pela primeira vez durante o *boom* econômico, buscando atrair mais investimentos internos e externos para os portos de comércio à época controlados por estrangeiros, especialmente em Xangai. No entanto, o design atingiu um avanço muito limitado nos estágios iniciais, exceto na área do design gráfico.

O desenvolvimento do design moderno foi diferente no Ocidente e na China porque as guerras que os países ocidentais enfrentaram são diferentes das que ocorreram na China. Em primeiro lugar, até a década de 1950, a China não tinha qualquer traço de uma indústria moderna, a qual, àquela altura, já vinha evoluindo ao longo de quase dois séculos nas nações ocidentais. Em segundo lugar, as nações ocidentais tiveram um período de respiro entre as duas guerras, vantagem de que a China não dispôs. Há quem sugira que a China não apresentou realmente um movimento de design moderno até o ano de 1979 (WANG, 1995).

Durante os anos 1950, Mao Tsé-Tung, presidente do Partido Comunista da República Popular da China, determinou a política nacional com a criação de condições propícias para a industrialização, utilizando a parca acumulação da indústria do artesanato enquanto acontecia esta transição. Sob a orientação de Mao, o artesanato e as artes na China foram reconhecidos como manufaturas (HANG, 2009). Isso também se refletiu na criação de órgãos governamentais, tais como a

Administração Central de Artesanato, em 1954; o Departamento de Indústrias Leves, em 1958; e a Agência de Gestão da Indústria Artesanal, em 1959.

Há, portanto, um forte argumento para o ponto de vista de que a era da modernidade na China começou em 1979. Olhando superficialmente, as quatro plataformas de modernização do primeiro-ministro Deng Xiaoping – agricultura, indústria, ciência e defesa – pouco têm a ver com o desenvolvimento do design chinês. Na verdade, como parte de uma visão mais ampla de atividade econômica, o design deveria ter sido trazido para o primeiro plano das medidas de reforma econômica e reestruturação da burocracia chinesa (WANG, 1995).

No entanto, entre todas as formas de design, o design industrial ou design de produto foi a mais ignorada. A razão para essa negligência é creditada ao setor de fabricação, ainda subdesenvolvido quanto à relação consumidor/produto. Esse segmento não emergiu até a política de abertura, quando a produção gradualmente superou a demanda, e a escassez de muitos produtos de consumo, antes uma situação comum, teve fim para o mercado chinês. Mais tarde, com os níveis de rendimento aumentando e mais pessoas tendo suas necessidades básicas satisfeitas, produtos mal projetados e antiquados não tinham mais espaço no mercado. Os consumidores começaram a procurar artigos de melhor qualidade e aparência (WANG, 1995). Assim, o design industrial foi gradualmente introduzido sob essas condições.

A política nacional de design

A evolução do design chinês moderno está, portanto, intimamente ligada ao contexto mutante da economia e da política. Em termos de política, ele foi influenciado por guerras e diretivas nacionais. Em termos de economia, relacionou-se ao marketing, aos consumidores e à indústria transformadora. Nos últimos anos, surgiu uma nova fase de desenvolvimento do design industrial, apoiada por uma série de esforços do governo central. Em 12 de fevereiro de 2007, a Associação Chinesa de Design Industrial (CIDA) apresentou propostas para o desenvolvimento do design industrial chinês ao governo central. Um dia depois, o Sr. Wen Jiabao, à época premier do Conselho de Estado da República Popular da China, aprovou as propostas com a seguinte instrução: "Atribuir grande importância ao design industrial". Em 13 de março de 2008, o design industrial foi oficialmente integrado à indústria moderna de serviços segundo as *Sugestões de aplicação de políticas para aceleração do desenvolvimento de indústrias de serviços*, publicadas pelo Conselho de Estado. No mesmo ano, Wen Jiabao salientou a importância do desenvolvimento do design industrial durante a inspeção oficial do Parque de Design Industrial de Wuxi. Em 2009, o presidente da China, Hu Jintao, incentivou empresas do país a recrutar mais talentos e estimular a pesquisa e a inovação, a fim de facilitar a transição do conceito de "fabricado na China" para o de "criado na China". Disso resultou que o design fosse envolvido na estratégia de desenvolvimento nacional. Em abril do mesmo ano, o premier Wen Jiabao visitou a Echom, uma empresa voltada para o design envolvida nessa pesquisa, e lá elogiou muito a função do design na criação de *expertise* em inovação nas empresas chinesas. No documento oficial do governo publicado por Wen Jiabao no Lianghui[1] do ano de 2010, o design industrial foi oficialmente destacado como uma das sete indústrias de serviços que deveriam ser desenvolvidas rapidamente. Em 16 de março de 2010, o documento *Conselhos para diretrizes sobre a promoção do desenvolvimento do design industrial* é publicado pelo Ministério da Indústria e da Tecnologia da Informação da República Popular da China (MIIT). Além disso, um mês mais tarde, a *Nota de reconhecimento dos produtos inovadores nacionais de 2010* (15 de abril de 2010) é criada pela Comissão Nacional para o Desenvolvimento e a Reforma, em conjunto com o Ministério da Ciência e da Tecnologia e o Ministério das Finanças. Todas essas ações e políticas promoveram significativamente o desenvolvimento do design industrial na China e o levaram a uma nova fase.

Teorias emprestadas sobre design
O conhecimento dos designers chineses sobre os movimentos do design ocidental moderno não é abrangente; é fragmentado, repleto de erros de conceito e de exageros (WANG, 1995). Anteriormente, os produtos chineses ou imitavam o design moderno estrangeiro, ou apenas supriam a produção de necessidades diárias, e geralmente tinham uma aparência mecânica, revelando sua engenharia. Com o número crescente de novos produtos e uma feroz concorrência externa, no entanto, as exigências sobre o design se tornaram imprescindíveis e urgentes. Uma vez que a maioria das empresas chinesas modernas foi estabelecida sem qualquer base no início da década de 1980, a maior parte delas criava novos produtos utilizando-se dos artifícios da cópia ou da imitação. Essa forma de trabalho ficou conhecida como *Duo kuai hao sheng* (produzir mais, mais rápido e melhor com menos investimento) (TONG, 1999). Para economizar tempo e investimento, os designers chineses normalmente copiavam modelos estrangeiros, em vez de se preocupar com concepção e planejamento. Essa ideia é resumida pelo slogan do projeto Shenzhen, "Tempo é dinheiro" (WANG, 1995).

Durante a primeira década da política de abertura, o ensino do design foi gradualmente transformado do modelo antigo para um novo. Para estudar desenho industrial, professores universitários de Pequim, Xangai, Wuxi e outras cidades

---

1   Lianghui refere-se ao Congresso Popular Nacional (NPC) e à Conferência Consultiva Política (CPPCC).

foram enviados para Alemanha, Japão e outros países desenvolvidos. Esses educadores trouxeram de volta as mais recentes teorias sobre design industrial e sobre o sistema de ensino de design, bem como compartilharam suas experiências com os acadêmicos internos. Por meio do entusiasmo deles em ensinar e introduzir esses novos conhecimentos, sistemas e experiências, o design industrial foi amplamente difundido, e o ensino do design atingiu um novo patamar (HKTDC, 2004). Em seguida, programas de design industrial expandiram-se tanto para escolas de arte quanto de ciência e tecnologia (LIU, 2006). O progresso do design industrial na década de 1980 revela as bases de sua idealização e teorização, pois foi influenciado por conceitos de design do Ocidente. O desenvolvimento da ciência e da tecnologia ocidentais também forneceu as bases para a civilização chinesa moderna e determinou o modelo do ensino de design na China. Como resultado, o esforço de educadores e estudiosos soava mais como uma possibilidade utópica (TONG, 1999).

O design e suas relações com a economia e a indústria
Antes de 1978: o design é visto como parte integrante do artesanato tradicional em uma economia planificada
Antes de 1978, a sociedade na China funcionava estritamente de acordo com o modelo de economia planificada. Uma vez que as empresas privadas eram escassas e a maioria das companhias era de propriedade do Estado, o livre mercado e a concorrência praticamente não existiam. O país era governado sob o código da igualdade, no qual os consumidores não tinham privilégios. A indústria pesada era o carro-chefe da economia, enquanto o segundo e o terceiro setores eram primitivos. Assim, não havia o conceito de design moderno, e o único ofício relacionado à criatividade era o artesanato tradicional. Nesse sentido, o governo apenas incentivou o artesanato a fim de sustentar a exportação de produtos manufaturados tradicionais em troca de moedas estrangeiras.

É a partir da década de 1950 que os fabricantes chineses começam a criar organizações de design. Mas, nesse período, seu trabalho ainda é normalmente associado à decoração de produtos ou a projetos de engenharia, em vez de design por si só (LIU, 2006). Na maioria dos casos, os engenheiros eram responsáveis por todo o processo, da parte mecânica à modelagem. Às vezes, artistas eram contratados para decorar e embelezar os produtos. Em relação ao escopo de seu trabalho, esses artistas eram conhecidos como *Mei Gong* ou "trabalhadores artistas" (WANG, 1995).

O design era algo mais voltado para a arquitetura de governo, a propaganda política e a divulgação das conquistas do país. Enquanto ferramenta de ornamentação de produtos, o design era visto mais como parte do artesanato tradicional. Não havia designers autônomos, empresas de design e definitivamente nenhum negócio estruturado de design. As disciplinas relacionadas a design nas faculdades eram limitadas a cerâmica, tratamento e secagem de têxteis, decoração arquitetônica, encadernação de livros e afins. Quanto à prática, muitas atividades de design foram realizadas em torno de temas como construção de prédios oficiais, grandes locais públicos e exposições propagandistas. O lema governamental relacionado ao design restringia seu papel e sua prática à decoração de produtos "leves", transformando o artesanato em itens de uso utilitário diário e itens de uso utilitário diário em artesanato (YING, 2007). Como conotava o slogan do governo, o design servia apenas para a decoração de produtos leves.

1978-1985: esclarecimento do papel do design industrial na política de reforma econômica

Desde o final da década de 1970, as indústrias de fabricação da China começaram a importar tecnologias internacionais avançadas, que introduziram no país os conceitos e as ideias sobre o design industrial moderno. No período compreendido entre o final da década de 1970 e o início da década de 1980, a China mudou de um monopólio econômico planificado pelo governo para um no qual coexistiam e concorriam empresas privadas e estatais.

A implementação da nova política de reforma econômica desencadeou uma onda de importações de capital estrangeiro e tecnologias. Em 1979, a China começou a construir zonas francas industriais e regiões alfandegárias ao longo do seu litoral para atrair empresas estrangeiras que trariam materiais, peças e designs e montariam seus produtos na China antes de exportá-los para outros países. A partir daí, o país atraiu investimentos estrangeiros para a construção de fábricas nacionais. Isso inaugurou a era na qual os negócios das empresas chinesas passaram a se apoiar em sua capacidade de oferecer uma vasta e barata provisão de mão de obra para lidar com produção em massa de produtos para empresas estrangeiras.

Paralelamente, linhas de montagem prontas, para a produção de aparelhos eletrodomésticos, foram importadas de Japão, Alemanha e Itália. Com isso, o fornecimento de aparelhos de uso doméstico para o mercado interno também pôde ser melhorado. Naquele tempo, a maioria das categorias de produtos tinha grande demanda e pouca oferta, e suas vendas eram determinadas pela produtividade. Em razão da falta de experiência com controle de qualidade, design e planejamento funcional, os fabricantes chineses apenas produziam pensando em suprir as limitações das linhas de produção estrangeiras em satisfazer os consumidores domésticos.

Um ensino sistemático de design industrial começou a emergir entre 1977 e 1985 na China. Para preparar a primeira geração de educadores da área de design, um grande número de acadêmicos chineses foi enviado para estudar na Alemanha e no Japão. Complementarmente, professores de escolas japonesas e alemãs foram convidados a visitar a China e realizar *workshops* para promover o design industrial nas instituições de ensino locais. Com base nisso, escolas de design pioneiras foram fundadas no início da década de 1980. São elas: a Academia Central de Artes & Design, a Universidade Hunan, a Academia Guangzhou de Belas Artes e a Universidade Jiangnan.

Nessa fase inicial de implementação do design industrial na China, houve um conflito entre o ideal utópico de design e a anacrônica indústria manufatureira. Por um lado, o novo processo disciplinar, as teorias e os conceitos sobre design foram todos tomados emprestados de outros continentes, os quais eram mais avançados e maduros quanto ao processo de desenvolvimento do design. A primeira geração de designers que estudou no exterior tinha altas expectativas sobre o design e sua contribuição para os negócios, a economia e a cultura. Por outro lado, os fabricantes buscavam uma produção mais rápida e de menor custo. Havia pouca necessidade de design com a situação de alta demanda e uma indústria ainda incipiente.

Em 1979, o Conselho de Estado aprovou a criação do Comitê Preparatório para a Associação Chinesa de Design Industrial. Isso demonstrou um aumento nas atenções do governo sobre o design. Começou-se a entender a função do design industrial no processo de inovação e desenvolvimento empresarial. No entanto, havia questões mais importantes da reforma econômica a serem resolvidas primeiro. A maior intenção do governo ao incentivar o design industrial era facilitar o desenvolvimento das indústrias leves da nação e ampliar a gama de produtos, estilos e variantes disponíveis no mercado. O design ainda não havia sido elevado ou promovido a uma ferramenta de inovação da indústria nacional.

1986-1995: o surgimento da indústria de design como conquista da primeira década de reformas

No final da década de 1980, as indústrias de aparelhos domésticos haviam se tornado as principais da China, e a concorrência era muito forte. As empresas do setor começaram a perceber a importância do fortalecimento de marca e o papel do design nesse contexto. O conceito de identidade corporativa foi introduzido na China e aplicado ao plano estratégico. Companhias de design gráfico foram criadas para fornecer serviços de gestão de marca. No entanto, a maioria das empresas de outros setores ainda estava sob a ilusão de que a identidade visual de seus produtos poderia por si só garantir o seu sucesso no mercado.

O primeiro escritório autônomo de design na China foi criado em Pequim, em 1986. Não sobreviveu por mais de seis meses. Pouco depois, em 1988, a Southland Industrial Design foi fundada em Guangzhou por três funcionários da Academia de Belas Artes da cidade. Essa foi a primeira empresa de design industrial oficialmente registrada e bem-sucedida da China. Seu trabalho concentrava-se em fornecer serviços de design para os emergentes empreendimentos de produção privada de eletrodomésticos da região do delta do rio das Pérolas.

Os modernos departamentos internos de design começaram a surgir formalmente nas companhias na década de 1990, especialmente em empresas de transporte coletivo. Para alcançar design de alta qualidade, estas desenvolveram seus setores internos de design como centros de pesquisa em design industrial, a fim de atrair designers talentosos e especialistas. Algumas delas até mesmo trabalhavam em conjunto com consultorias de design estrangeiras para melhorar suas próprias habilidades (BIDC, 2006). Todavia, o trabalho original desses departamentos apenas focava no desenvolvimento de produtos para o mercado chinês, geralmente com cópias mais baratas do design ocidental ou modelos ligeiramente modificados dos produtos locais já existentes (WHITNEY, 2006).

Atraídas pelos mercados em crescimento da China, as empresas estrangeiras começaram a expandir seus negócios, estabelecendo escritórios de design locais para oferecer produtos personalizados para o consumidor chinês, como o escritório de Pequim da Motorola, em 1987; a equipe da General Motors em Xangai, em 1997; a loja da LG Electronics em Pequim, em 1998; e o estúdio da Samsung em Xangai, em 1999 (BALFOUR; ROBERTS, 2003; ROCKS, 2006; WHITNEY, 2006).

Com a pressão cada vez maior por parte dessas marcas internacionais, e com a intenção de expansão para os mercados mundiais, algumas companhias chinesas, especialmente as líderes do mercado, mudaram sua atitude em relação ao design. Com isso, conseguiram melhorar a sua perícia em design de diversas maneiras, por exemplo, incentivando a pesquisa, colaborando com consultorias estrangeiras e criando escritórios no exterior.

Em 1992, *Design*, publicada pela Associação Chinesa de Design Industrial, foi a primeira revista no país com foco em design industrial. A revista foi muito importante para a disseminação do conhecimento sobre design industrial para a sociedade da época. Até hoje, é uma das publicações nacionais mais ativas sobre o segmento.

O ensino de design industrial começou a florescer na década de 1990. Programas de design foram desenvolvidos principalmente em duas áreas, artes e engenharia. A primeira oferecia instrução em design para os praticantes do artesanato tradicional, e a segunda, para os de engenharia e arquitetura. A evolução das duas áreas era independente até bem pouco tempo. Quando o ensino de design em artes e engenharia estabeleceu bases sólidas, as disciplinas começaram a colaborar entre si.

1996-2002: o crescimento do design ante a OMC

O mercado de design na China cresceu rapidamente após 1999. Um dos motivos foi a mudança na demanda dos consumidores e a concorrência do mercado. Com maior capacidade de produção, a situação de grande demanda se transformou em uma de grande oferta. As empresas tiveram de começar a considerar produtos diferenciados, em vez de somente confiar no sucesso dos baixos preços. A necessidade dos consumidores não se limitava mais apenas à aquisição de produtos, mas sim de um estilo de vida. Isso tudo levou ao aumento da demanda por novos designs de produtos e por uma nova concepção de design. Outra razão foi que companhias internacionais de design começaram a entrar no mercado chinês para desenvolver negócios conjuntos com grandes empresas, como a *startup* de colaboração em design entre a Lenovo e a norte-americana Ziba. Nesse intervalo de tempo, o rápido crescimento do mercado de telefonia móvel também alimentou muitos escritórios, que se especializaram em fornecer serviços completos, desde o design até a elaboração de protótipos para essa indústria.

Ao mesmo tempo, a experiência em todos os aspectos da fabricação avançou muito no país. Mais empresas multinacionais começaram a direcionar sua produção para artigos mais sofisticados e precisos. De acordo com a pesquisa da Conferência das Nações Unidas sobre Comércio e Desenvolvimento de 2004, das 700 maiores empresas multinacionais do mundo, 35% possuíam escritórios de pesquisa e desenvolvimento na China. Esse percentual estava logo abaixo do previsto para os Estados Unidos e o Reino Unido (SHI, 2006).

No entanto, nas *joint-venture* instaladas na China, o design foi muitas vezes refém de conflitos internos. Do ponto de vista da China, em vez de sistematicamente importar modelos estrangeiros de parceiros, ela desejava desenvolver produtos mais adequados para o mercado interno e fortificar suas próprias habilidades de inovação. Mas as empresas internacionais parceiras não estavam dispostas a desenvolver produtos na China. Muitas estabeleceram que todo o design e o desenvolvimento fossem feitos fora do país. Algumas até recusavam o envolvimento da equipe chinesa em seus processos de design e desenvolvimento. Desse modo, o design se tornou motivo de desentendimento entre a China e suas empresas parceiras por razões de valores, direitos de propriedade intelectual e melhor interesse das partes. Por essas razões, o progresso do design chinês foi abafado. Por exemplo, o veículo Volkswagen Santana, produzido na China, levou mais de quinze anos para ser modernizado.

Em 11 de dezembro de 2001, a China acabou se tornando um membro da OMC, o que significou não apenas seu sucesso na transformação da economia planificada em economia de mercado, mas também a sua transcendência para se tornar uma das grandes economias do mundo. Desde então, o desenvolvimento econômico chinês acompanha o mundial. Suas indústrias de transformação tornaram-se parte da economia global, e o poder de consumo de seu mercado emerge aos olhos do mundo. Neste momento, toda a comunidade desenvolveu um novo olhar sobre o design.

2002-2008: enriquecimento do design nos mercados internacionais

A evolução do design da China tem acelerado desde 2002. Um número cada vez maior de pequenos e médios escritórios de design foi estabelecido, especialmente nas regiões do delta do rio Yangtze e do delta do rio das Pérolas. Como revelado no *Anuário de Design Industrial da China*, publicado pela Associação Chinesa de Design Industrial em 2006, existiam 328 empresas de design industrial no país em 2005. Esse número teve grande expansão após 2007. A maioria das empresas de design estava antes localizada em cidades como Xangai, Pequim e Shenzhen de Guangdong. Em 2006, o China Red Star Design Award foi lançado como o primeiro prêmio dedicado ao design nacional. Ele foi endossado pelo Conselho Internacional de Sociedades de Design Industrial (ICSID) em janeiro de 2009. Passou a ser oferecido anualmente, e atraiu 400 inscrições de 200 empresas participantes logo em seu início. Este número aumentou para 758 empresas e 3.821 inscrições em 2009. É mais um fator que demonstra a rápida evolução do design na China.

Ao mesmo tempo, um mercado de design altamente competitivo e uma rede de negócios de design também foram se revelando em expansão. Consultores internacionais de design também começaram a entrar no mercado chinês. Essa onda foi iniciada por empresas coreanas, especializadas em projetos de telefonia móvel. Companhias americanas, europeias e japonesas, como IDEO, Ziba e GK, rapidamente seguiram esta tendência. Seus principais clientes são os grandes fabricantes. Com o ramo competitivo, as empresas de design gradualmente se diversificaram e, tanto firmas locais como estrangeiras, focaram em seus próprios segmentos de mercado para fazer a diferenciação de modelos e serviços.

Desde 2004, a indústria automobilística chinesa entrou em estrondosa rota de expansão, crescendo 20% ao ano (POLK & CO., 2007). As empresas nacionais de automóveis dividiam 28,7% do mercado chinês em 2006, ficando pela primeira vez à frente de suas concorrentes internacionais (BRANDT; RAWSKI, 2009). As marcas registradas nacionais, como Geely, Chery, Great Wall e Brilliance Auto, reconheceram o valor do design rapidamente em virtude da concorrência do mercado. A grande demanda dos consumidores causou a mudança de estratégia, a criação de políticas de importação de tecnologia e o sucesso do desenvolvimento do design.

O ano de 2008 foi, sem dúvida, um marco importante na história do progresso do design chinês contemporâneo. A China realizou com êxito os Jogos Olímpicos de Pequim. Pela primeira vez, o design foi acolhido e reconhecido pelos mais altos níveis governamentais. Naquele momento, o design não era apenas uma ferramenta essencial para a comunicação, mas também um instrumento estratégico para a promoção e a valorização da imagem global da China. Por meio do processo de produção das Olimpíadas, o governo foi capaz de compreender o design com maior profundidade, o que, por sua vez, facilita a futura criação de políticas para o desenvolvimento do design e da inovação.

2008-2013: o design vai de produto a serviço nos tempos da internet

Este período testemunha a ascensão da indústria da internet. Dos cerca de 2,9 bilhões de usuários da internet no mundo todo em 2014, a China representava mais de 20%. Assim como em outras partes do mundo, a utilização generalizada de *smartphones*, *tablets*, computadores e outros dispositivos eletrônicos teve um enorme impacto sobre o acesso à internet para a população chinesa. O número de usuários de internet móvel na China saltou, de cerca de cinquenta milhões em 2007, para 500 milhões em 2013, e continua a crescer. Desde junho de 2014, mais chineses acessam a internet via dispositivos móveis do que por meio de computadores. Em consequência, a compra e o pagamento via dispositivos móveis ganham cada vez mais popularidade. O grupo Alibaba, que ingressou na bolsa de Nova York em setembro de 2014, havia sido um dos pioneiros do mercado chinês na internet e é, atualmente, o maior operador de sites de compra on-line e plataformas de pagamento na China. O lucro líquido da Alibaba superou o lucro combinado de Amazon e eBay durante o segundo trimestre de 2014.

Isso indica uma mudança no comportamento do consumidor e nos canais de compra. Também leva a uma ênfase sobre novas áreas de design, incluindo design de serviços, design de interação e design comunitário. A importância do design na indústria tem se mostrado sem precedentes. De um lado, em razão das compras on-line e via celular, a aparência física do produto torna-se mais importante para atrair consumidores do que antes. E não só em relação à estética, mas também à ideia do consumidor sobre o produto. Por outro lado, com tecnologias atualizadas e maior capacidade de produção, o foco no desenvolvimento de novos produtos é modificado de *útil* para *usável*.

2013 até os dias de hoje: inovação do design em uma economia do conhecimento

Em face da nova economia, a qual consiste em novas tecnologias e novos ambientes, como sistemas *cyber*-físicos, fabricação inteligente, impressão 3D, análise de dados e assim por diante, o conteúdo e o contexto do design estão em constante mudança. Para estudar a futura direção do design na China e a melhor forma de utilizá-lo para aumentar a competitividade em nível industrial e nacional, um projeto de pesquisa foi lançado pela Academia Chinesa de Engenharia. Com base no estudo da evolução do design, dos recursos da China, da atual base econômica e das experiências bem-sucedidas das indústrias, a equipe de pesquisa propõe um conceito de "design de inovação" em substituição ao de design industrial tradicional, o qual geralmente abrange objetos físicos e só permite a adição de valor a estes por meio de modelagem.

Em 26 de março de 2015, durante um encontro de negócios realizado pelo Conselho de Estado, o governo relatou pela primeira vez que a realização do encontro "Made in China 2025" buscará influenciar a indústria chinesa a criar um forte plano estratégico para o uso do "Internet +", projeto de integração entre indústrias e internet. A reunião executiva do Conselho de Estado esclareceu que serão observadas as tendências do "Internet +" para a tecnologia da informação e o aprofundamento da industrialização, tendo a integração como linha principal. O design de inovação é visto como uma das principais soluções para a integração entre o setor de fabricação tradicional e a indústria da internet. Observa-se um momento de transição, de um design de produto voltado para a indústria para um design estratégico de serviço visando ao "Internet +".

Desafios para o desenvolvimento do design na China

Em relação à internet e à era do conhecimento atual, o conteúdo e o contexto do design na China passam por grandes mudanças. Isso leva a desafios para melhorar sua prática nas indústrias.

Aprimoramento da capacidade estratégica das empresas de design na prestação de serviços estratégicos e em soluções gerais

Os departamentos de design adquiriram novas atribuições nas empresas e nas indústrias nos últimos cinco anos. Algumas firmas de design locais, tais como LKK, NewPlan e Artop, transformaram seu papel de prestadoras de serviços em especialistas em soluções gerais. Elas estendem suas especialidades desde a modelagem até todo o processo de desenvolvimento do produto, por meio da combinação de diferentes recursos. Apesar de ainda terem seu foco principal nos mercados locais chineses, seus clientes se expandiram de empresas locais a marcas internacionais, tais como Samsung, Panasonic, Siemens, GE e Audi. Outras empresas de design começaram a lançar as suas próprias marcas, como a Daye e a R&D Design. Com o incentivo do governo central, a R&D Design abriu seu capital. É a primeira companhia chinesa de design industrial a possuir ações. Por um lado, essas firmas locais tradicionais se desenvolvem em uma nova e favorável direção para os negócios. Por outro, enfrentam grandes desafios, como estabelecer e garantir sua competitividade para criar negócios sustentáveis.

Integração do design em novos modelos de negócio

Movimentos de fabricantes se tornam mais e mais populares na China, especialmente em Shenzhen. Famosa por ser o berço das falsificações há dez anos, agora Shenzhen torna-se um modelo para os fabricantes de todo o mundo. Com uma abundância de talentos, capacidade de pesquisa e desenvolvimento, inteligência competitiva, protótipos, empresas de design e todo o equipamento para produtos inteligentes, criando um perfeito ecossistema para o ramo manufatureiro, a cidade transformou-se em uma enorme incubadora. Há mais novos modelos de negócios surgindo na nova era, a qual abarca uma série de novas tecnologias, incluindo internet, impressão 3D, análise de dados e *hardware* inteligente. No ramo das *startups*, o design tem um papel fundamental, uma vez que todos os empresários estão equipados com informações sobre a área. E isso traz outro desafio para o design. Como ele pode criar ou agregar valor a essas novas oportunidades de negócios? Se nosso conhecimento sobre design ainda for delimitado pela forma tradicional, não conseguiremos ingressar nessa nova era.

Revolução no ensino de design

Em face da rápida mudança no contexto econômico e industrial, o atual sistema de ensino de design não é capaz de satisfazer às novas exigências. Hoje em dia, o que é ensinado sobre design nas escolas ainda é muito baseado nas teorias e no conhecimento tomados emprestados do exterior no início da década de 1980. Nesse sentido, não deve haver apenas pequenas modificações no atual sistema de ensino, mas sim a criação de um sistema completamente novo para corresponder às demandas por atualização da prática industrial. Além de dominar o conhecimento sobre design, os designers devem ampliar seu pensamento estratégico e a compreensão sobre estratégias de comunicação por meio de várias disciplinas. Isso não apenas denota uma mudança significativa do currículo do curso de design nas escolas, mas também novas exigências para a contratação de docentes. A maioria dos professores de hoje trabalhou apenas nas universidades e raramente na indústria, faltando a eles conhecimento básico sobre mercados, negócios e economia.

Conclusão

A China, país com características singulares na história e no ambiente econômico, apresenta um contexto interessante para a compreensão do valor do design. No período de 35 anos, as experiências do design chinês foram de nulas a um processo de enriquecimento, e hoje se voltam para uma nova era. Com algumas marcas famosas no mundo, como a Lenovo, a Huawei Haier etc., o design chinês demonstra suas habilidades na atribuição de estilizar produtos. Na indústria de transformação, o design já é popularmente utilizado, enquanto também passa a integrar o novo modelo de negócios com um papel crítico no ramo das *startups*. Buscando acompanhar o rápido progresso econômico, as bases do design chinês devem ser reforçadas, em vez de continuar contando com teorias emprestadas, e seu papel de preponderância na atividade empresarial deve ser enfatizado. Ao mesmo tempo, o futuro do design chinês é também um tópico a ser estudado. Esses são os desafios a serem enfrentados por designers, empresas de design, organizações de design e governo chineses. Estamos tomando medidas agora. O design de inovação foi introduzido como parte essencial do encontro "Made in China 2025". Uma nova regulamentação sobre design está prevista para ser publicada. Nela, o design não será mais previsto como parte da indústria transformadora ou prestador de serviços. Terá um papel de liderança em todas as atividades de negócios, indústrias e planejamento econômico, por meio de *design thinking*, métodos e processos de design.

Referências

BALFOUR, F.; ROBERTS, D. China's design dream team. *Bloomberg Businessweek* [on-line], 1 set. 2003. Disponível em: <http://www.bloomberg.com/bw/stories/2003-08-31/chinas-design-dream-team>. Acesso em: 5 fev. 2015.
BIDC. *The opportunity and challenge in developing the industry of industrial design in China*. 4 jul. 2006. Disponível em: <http://tech.163.com/06/0704/09/ 2L65V5EN-00091NE2.html>. Acesso em: 6 fev. 2015.
BIDPO. (2003) *Brief introduction*. Disponível em: <http://www.beijingdesign.com>. Acesso em: 5 fev. 2015.
BMSTC; BIDC. *Report on Beijing industrial design*. Pequim: BIDC, 2000.
BRANDT, L.; RAWSKI, T. G. *China's great economic transformation*. Cambridge: Cambridge University Press, 2009.
CHEN, R. L. (2009) *From history to future* – reviewing and rethinking Chinese fine art education and art & design education in colleges and universities during the turn of century. Disponível em: <http://cn.cl2000.com/design/zhuanti/wen_006.shtml>. Acesso em: 7 fev. 2015.
CIDA (China Industrial Design Association), *2007 China Industrial Design Annual*, intellectual property Press, p. 350-354.
GUO, M.; HU, J. H. The construction of the industrial design system after China entered into WTO. *Packaging Engineering*, v. 24, n. 5, p. 201-203, 2003.
HANG, J. (2009) *The back-story of a term's ups and downs: the selection of Chinese crafts arts and design process in a century*. Disponível em: <http://cn.cl2000.com/design/ quente/wen_002.shtml>. Acesso em: 7 fev. 2015.
HKTDC. Bright prospects for foreign design companies in YRD. *HKTDC* [on-line], n. 7, 1 jul. 2004. Disponível em: <http://info.hktdc.com/alert/cba-e0407y1.htm>. Acesso em: 5 fev. 2015.
LI, F. Exploring Chinese industrial design in the early stage of 20 century. *Arts Circle*, v. 11, n. 64, 2007.
LIU, R. F. (Ed.) *Design process and design management*. Pequim: Tsinghua University, 2006.
POLK & CO., R. L. *China automobile market increase up 20% per year*. Disponível em: <http://www.enorth.com.cn>. Acesso em: 7 ago. 2014.
ROCKS, D. China design. *Business Week* [on-line], 20 nov. 2005. Disponível em; <http://www.bloomberg.com/bw/stories/2005-11-20/china-design>. Acesso em: 5 fev. 2009,
SHI, X. H. Creative engine-evaluation report on 25 China best research institute of enterprises. *Global Entrepreneurs*, v. 125, ago. 2006.

TONG, H. M. The confliction of ideal and reality: rethinking of Chinese industrial design in twenty years. *Art & Design*, v. 1, p. 4-9, 1999.
WANG, S. Z. *Shi jie xian dai she ji shi, 1864-1996* (Modern Design History of the World). Guangzhou: Xin shi ji chu ban she (New Century), 1995.
WHITNEY, P. China needs design that sells. *Business Week* [on-line], 5 abr. 2006. Disponível em: <http://www.bloomberg.com/bw/stories/2006-04-25/china-needs-design-that-sellsbusinessweek-business-news-stock-market-and-financial-advice>. Acesso em: 5 fev. 2015.
WU, J. L. *The art education and painters of China in the early twentieth century.* Taibei: Showwe Technology Limited, 2006.
YING, D. (2007) *Make a wing of art for consumer goods by modern arts and crafts.* Disponível em: </www.cnci.gov.cn/>. Acesso em: 5 fev. 2015.

Uma mudança de paradigma nas políticas: integrando o design à agenda europeia de inovação

Gisele Raulik-Murphy
Darragh Murphy
Anna Whicher

Políticas de design – intervenções do governo voltadas a estimular a demanda e o abastecimento do design em um país ou região – estão se proliferando através da Europa em multiníveis de governança – regional, nacional e europeu. Em 2013, a Comissão Europeia desenvolveu um *Plano de ação para a inovação orientada pelo design*, e outros no mesmo sentido foram também adotados pelos governos nacionais de Dinamarca, Estônia, Finlândia, França e Letônia entre 2012 e 2014. Como resultado dessas políticas, pela primeira vez, o design está sendo reconhecido como uma alternativa para a solução de problemas, que pode levar a inovação aos setores público e privado. O número crescente de políticas de design pode ser atribuído ao aumento de seu reconhecimento como um estimulador da inovação, com sua subsequente integração a políticas de inovação. Em 2015, quinze dos 28 Estados-membros da União Europeia tiveram o design incluído em suas políticas nacionais de inovação (WHICHER et al., 2015). Este capítulo aponta como, por influenciar a política europeia de inovação, a comunidade do design na Europa tem sido capaz de moldar um plano de ação europeu, e as implicações deste para outras partes interessadas que procuram envolver-se no nível de políticas.

Precursores em política de design
A Europa é vista como uma potência do design, da arquitetura à moda, do design gráfico ao industrial, e seus designers e agências distinguem-se por produzirem um trabalho que inspira o resto do mundo e atrai os melhores talentos. Alguns dos primeiros exemplos de intervenções governamentais que influenciaram o design originaram-se de países europeus. Eram frequentemente eventos que promoviam a indústria nacional ou o estabelecimento de instituições de artesanato.

Em 1875, a Sociedade Finlandesa de Artesanato e Design foi fundada com o objetivo de incentivar habilidades artesanais em indústrias que estavam gradualmente "progredindo" rumo à produção industrial barata. Por meio da organização de exposições e publicações internacionais e do apoio a escolas dominicais para o ensino de habilidades manuais, essa sociedade evoluiu, ao longo dos anos, para o Fórum de Design da Finlândia e a Universidade de Artes e Design de Helsinque (agora amalgamada com outras duas universidades de Helsinque para criar a Universidade de Aalto).

No final dos anos 1990, a Finlândia reconheceu um déficit de competências entre seus designers e as demandas do mundo corporativo. Em 1999, um passo dramático foi dado, quando um documento político elaborado pelo alto escalão do governo finlandês incluiu a frase "integrar o design ao sistema nacional de inovação" (ICSID, 2008). Com efeito, essa inclusão mudou a noção de design de uma atividade puramente estética para um facilitador da inovação. O design, hoje, é uma exigência de todas as organizações econômicas e de pesquisa finlandesas. Em 2013, o governo finlandês desenvolveu sua política mais recente, *Design Finland – propostas de estratégia e ação*, que inclui 29 ações para estimular a inovação orientada pelo design nos setores público e privado.

Outro exemplo é originado na Grã-Bretanha do período pós-guerra. Durante a reconstrução após a Segunda Guerra Mundial, a ligação entre design, estilismo e indústria passou a ser reconhecida como um bem de valor em termos de vantagem comercial, exportações e crescimento econômico. O Design Council foi criado em 1944 com o propósito original de "elevar os padrões de design industrial do Reino Unido na fabricação de produtos, a fim de apoiar a recuperação econômica da Grã-Bretanha" (DESIGN COUNCIL, 2015, p. 1). Através das décadas, o Design Council ganhou força e seu papel evoluiu, tornando-se mais estratégico e mais próximo dos serviços públicos. Junto com o Design Council, outras organizações no Reino Unido também aprimoraram o movimento do design, entre elas escolas, associações e outras organizações governamentais. Como resultado, a discussão do design encontrou o ambiente certo para amadurecer ao longo do tempo, e o Reino Unido tornou-se uma nação de liderança no debate sobre as políticas de design. Em 2005, um marco importante foi conquistado quando o documento *Cox review of creativity in business: building on the UK's strengths* (*Avaliação de Cox da criatividade nos negócios: construindo sobre os pontos fortes do Reino Unido*, em tradução livre) foi publicado, propondo cinco recomendações-chave:

- Abordar a questão da consciência e da compreensão, incluindo analisar o programa "Design for Business", que tem sido desenvolvido e dirigido pelo Design Council nos últimos quatro anos, e torná-lo amplamente acessível para as pequenas e médias empresas em todo o Reino Unido e para aqueles que trabalham com elas.
- Melhorar a eficácia do apoio do governo e dos esquemas de incentivo, proeminentes no setor de pesquisa e desenvolvimento do sistema de créditos fiscais.
- Abordar, no ensino superior, o tema da ampliação da compreensão e das habilidades dos líderes empresariais, especialistas criativos, engenheiros e tecnólogos do amanhã.

- Tomar medidas para utilizar o enorme poder da contratação pública, tanto central quanto localmente, a fim de incentivar soluções mais criativas por parte dos fornecedores.
- Elevar o perfil das capacidades criativas do Reino Unido, por meio de uma rede de centros de criatividade e inovação através do país, com uma sede nacional em Londres.

Mais de uma década mais tarde, o programa "Designing demand", do Design Council (que evoluiu do programa "Design for Business"), ainda é o mais relevante da Europa. Descobertas de empresas que participaram do programa revelaram que, para cada libra investida em design, houve, em média, um aumento de vinte libras em receitas e de cinco libras em exportações (DESIGN COUNCIL, 2012). Embora o design seja elegível para a área de créditos fiscais, sua aceitação é relativamente baixa. Além disso, a indústria de design do Reino Unido é a maior da Europa, e prospera. No ano de 2011, o design havia sido totalmente integrado à "estratégia de inovação e pesquisa para o crescimento", a qual afirma que: "O design pode ser transformador para empresas, por meio da liderança ou do apoio à inovação de produtos e processos, para a gestão do processo de inovação em si, para a comercialização de ciência, e para a prestação de serviços públicos" (BIS, 2011, p. 35).

Entretanto, os exemplos acima não são típicos de todos os países europeus. Políticas de design (ou design em políticas) são praticadas de modo inconsistente nos Estados-membros da União Europeia. Apenas em 2010 a Comissão Europeia publicou oficialmente o design como uma política prioritária para resolver essas inconsistências e como um meio para melhorar a capacidade de inovação nos setores público e privado.

Advogando o design para o governo

Até recentemente, a Comissão Europeia considerava a inovação como uma atividade puramente de pesquisa e baseada em tecnologia. Essa é uma definição palpável desse conceito, que permite comparações entre países por meio de métricas de investimento. A receptividade a novas definições de inovação veio depois do documento político de 2006, *Putting knowledge into practice: a broad-based innovation strategy for the EU* (*Colocando o conhecimento em prática: uma ampla estratégia de inovação para a UE*, em tradução livre), publicado pela Comissão Europeia. Ele afirmava que "todas as formas de inovação devem ser promovidas, uma vez que a inovação se apresenta de muitas outras formas além da inovação tecnológica, incluindo inovação organizacional e inovação nos serviços" (EU, 2006, p. 6). No entanto, esse documento tinha uma forte ênfase no aumento do investimento em pesquisa e desenvolvimento. Essa foi a primeira vez que uma inovação "não tecnológica" foi introduzida à linguagem de políticas, mas não houve menção a design no texto. Com a Comissão Europeia sendo receptiva a novas formas de inovação para enfrentar os desafios da globalização e tornar a inovação mais acessível às pequenas e médias empresas, o palco estava montado para a causa do design apresentar sua defesa.

Em outubro de 2007, o presidente da Comissão Europeia, José Manuel Barroso, reuniu-se com uma delegação do Departamento das Associações Europeias de Design (BEDA) para abordar a necessidade de design na agenda de inovação da Europa. O BEDA havia influenciado legisladores na Europa quanto aos benefícios empresariais e sociais do design por vários anos antes dessa reunião. A experiência adquirida ensinou ao BEDA como lidar com políticos; além disso, seu material de *lobby* foi utilizado para instruir o presidente Barroso sobre a defesa econômica do design antes da reunião. O "por que" da incorporação do design foi tratado antes da reunião, e o "como" foi seu principal assunto.

A delegação internacional do BEDA iniciou a reunião apresentando a situação das políticas de design de países concorrentes, como, por exemplo, Coreia do Sul e Índia. Suas evidências demonstraram a natureza inconsistente das práticas e políticas de design em toda a Europa, defendendo uma postura coerente para o design dentro da inovação europeia. Isso chamou a atenção do presidente Barroso.

Em adição, a delegação do BEDA apresentou um manifesto de uma página intitulado *Design Europe 2010*, com o subtítulo "Construindo a dimensão do design europeu no âmbito das estratégias de competitividade e inovação da Europa em apoio à agenda de Lisboa". Três medidas-chave foram propostas:

- Trabalhar na busca de uma base de evidências coerente e comparável para a atividade do design na economia europeia, incorporando o desenvolvimento de critérios para medir elementos intangíveis relevantes.
- Desenvolver um mapeamento e uma análise do setor de promoção do design europeu, a fim de identificar áreas para crescimento e futuros investimentos; evitar a erosão do setor; e propor orientações padronizadas de medidas de longo prazo para as políticas nacionais de design.
- Estabelecer um grupo consultivo permanente, intersetorial e multidisciplinar da UE, para desenvolver a política de design em nível europeu, envolvendo indústrias, negócios, indústrias de design, setor de promoção de design e outros interessados essenciais na economia europeia do conhecimento.

O manifesto foi cuidadosamente preparado pelo conselho do BEDA, que buscou articular suas demandas na mesma linguagem dos decisores políticos. Ele incluía referências à agenda de Lisboa e pesquisas essenciais, a fim de contextualizar a necessidade das medidas e de auxiliar a tomada de decisão com base em pesquisas verossímeis.

O documento foi bem recebido e abriu a discussão sobre uma série de questões que o BEDA queria abordar, a fim de reforçar o design como uma maneira de melhorar a inovação e de explicar como uma estratégia para o design em nível europeu poderia funcionar.

A reunião foi um sucesso, com o endossamento do presidente Barroso à contribuição que o design poderia trazer no sentido de uma Europa mais competitiva e inovadora, e seu apoio para o avanço das políticas necessárias para realizar esses objetivos. Posteriormente, a pedido do presidente Barroso, a delegação reuniu-se com o comissário Günter Verheugen, vice-presidente da Comissão Europeia responsável pelas empresas e pela indústria. Esse produtivo encontro aconteceu em Bruxelas, em janeiro de 2008, época em que a apresentação para a Comissão Europeia estava mais detalhada. Entretanto, mais clareza foi requerida pela Comissão sobre qual o lugar do design entre os segmentos de arte, cultura e negócios. Alguns exemplos de vencedores dos recentes prêmios de design norueguês foram apresentados por Jan Stavik, diretor do Centro Norueguês de Design e Arquitetura, e convenceram a Comissão de que o design está relacionado à inovação na indústria. O BEDA estava muito focado na ideia de o design ser um apoio à inovação.

Como legislador, Verheugen estava preocupado com a forma de medir os elementos intangíveis do design, da inovação e da criatividade. Ele concordou que a Comissão Europeia não tinha à época nenhuma política na área do design e indicou que o órgão iria, a partir daquele momento, iniciar um processo. Como efeito imediato, um funcionário foi nomeado como encarregado do portfólio de políticas de design para a Diretoria Geral de Empresas e Indústrias da Comissão Europeia.

Segundo o presidente do BEDA à época, Michael Thomson, "a reunião foi um ponto de inflexão para o design na Europa. A Comissão em seu mais alto nível conectou o potencial do design à necessidade da Europa por inovação competitiva em âmbito mundial".

Apresentando o design para funcionários de alto escalão do governo
Michael Thomson era presidente do BEDA durante as negociações com a Comissão Europeia. O sucesso dessas reuniões determinou o percurso do design na Europa e ganhou destaque entre governos e agentes políticos. Para outros interessados em design que desejem alcançar sucesso semelhante em suas respectivas áreas, aqui estão várias lições aprendidas a partir da experiência do BEDA:

1) Prepare um número pequeno de demandas factíveis. É crucial preparar uma narrativa bem construída. As demandas devem estar enquadradas na linguagem política do público-alvo e estreitamente alinhadas com o modelo existente.

2) Contextualize evidências em comparação com países concorrentes. Ao comparar o diminuto desempenho da Europa em inovação contra o dos Tigres Asiáticos, o BEDA foi capaz de ganhar impulso perante os atores políticos. O *benchmarking* pode fornecer uma valiosa base de evidências.
3) Construa uma massa crítica. O BEDA foi bem-sucedido na Europa porque foi capaz de trazer representantes de todos os cantos do continente – Áustria, Portugal, Espanha, Noruega e Reino Unido – à mesa de negociações.
4) Posicione o design dentro de uma agenda mais ampla de inovação e crescimento econômico e ofereça exemplos. O design pode ser um conceito complexo de entender para os decisores políticos. Ao utilizar estudos de caso locais, os agentes políticos podem se identificar com o processo do design.

Construindo uma base de evidências

Em uma conjuntura europeia, o protocolo habitual para a criação de uma política requer um documento de "comunicação", a ser compartilhado com todos os Estados-membros da União Europeia, que levanta a questão sobre o desejo da regulamentação pela Comissão. Quando Günter Verheugen solicitou um documento sobre design, a Comissão logo percebeu que era um passo precipitado, uma vez que os destinatários pretendidos ainda não haviam incorporado suficientemente a linguagem e o contexto do design na inovação. Em vez disso, o órgão decidiu pela pesquisa e pela constituição de um trabalho coletivo sobre design, visando a aumentar a conscientização entre os responsáveis políticos e orientar desenvolvimentos futuros nessa área. Para executar esse trabalho, a Comissão iniciou rapidamente um diálogo com a comunidade do design, por meio de uma série de eventos estratégicos e publicações.

Em junho de 2008, um *workshop* de dois dias sobre design como ferramenta para a inovação foi organizado pela Diretoria Geral de Empresas e Indústrias da Comissão Europeia (agora chamada DG GROW), na cidade de Marselha. O *workshop* reuniu 26 especialistas em design, administradores e diretores da Comissão de toda a Europa, a fim de explorar as oportunidades e os obstáculos ao uso efetivo do design pelas pequenas e médias empresas europeias. Ele forneceu informações valiosas e discernimento à Comissão sobre o potencial impacto do design, não só para a competitividade europeia, mas também para a capacidade da Europa em enfrentar os desafios sociais. Além disso, destacou a necessidade urgente de uma política de design que permitisse à Europa responder a alguns dos desafios atuais e futuros envolvendo indústria e sociedade.

Tradicionalmente, a formulação de políticas é orientada por dados. A falta de dados empíricos na área de design tem sido uma barreira significativa para sua aceitação nas políticas de inovação. Os economistas têm sido capazes de quantificar pesquisa e desenvolvimento por meio de várias métricas e indicadores, assim P&D se tornou o principal impulsionador das políticas de inovação na Europa. A Comissão Europeia exigiu evidências estatísticas do impacto macroeconômico do design em toda a Europa. Ampliar o âmbito da política de inovação para incluir design requeria ampliar as tradicionais métricas e indicadores de P&D. Desse modo, em 2008, a Comissão Europeia encarregou também o INNO-Grips (Relatório Global de Estudos em Política de Inovação) de investigar indicadores fundamentais para o design, com a esperança de incorporar melhor aspectos de design ao *Inquérito Comunitário sobre Inovação* (CIS). Isso resultou no *Design, creativity and innovation scoreboard* (*Placar de design, criatividade e inovação*, em tradução livre), publicado em 2009 por Hollander e van Cruysen. Não estava no âmbito do exercício coletar dados novos e comparáveis sobre design em toda a Europa; em vez disso, a pesquisa coligiu indicadores existentes e relacionados ao design disponíveis no Eurostat (Gabinete de Estatísticas da União Europeia). Exemplos de indicadores incluíam "emprego de design comunitário por milhão de habitantes" e "número de designers por milhão de habitantes" (HOLLANDERS; VAN CRUYSEN, 2009).

Paralelamente ao *Design, creativity and innovation scoreboard*, os pesquisadores britânicos Moultrie e Livesey também publicaram, em 2009, o *International design scoreboard* (*Placar internacional de design*, em tradução livre), como parte de um projeto de pesquisa financiado pelo Conselho de Pesquisa em Artes e Humanidades (AHRC) e pelo Conselho de Pesquisa em Engenharia e Ciências Físicas (EPSRC). Enquanto o primeiro era composto por 35 indicadores, o segundo era composto por sete: o investimento público total na promoção e no suporte do design; o número total de graduados em design; o número total de registros de design na OMPI; o número total de registros de marcas na OMPI; o número total de empresas de design; o volume total de negócios no setor de serviços de design; e a empregabilidade total nos serviços de design (MOULTRIE; LIVESEY, 2009).

Como exercícios acadêmicos, ambos os estudos foram cruciais no avanço de uma compreensão empírica do design, embora não tenham fornecido informações suficientes para a criação estratégica de políticas.

O *workshop* de Marselha e as várias publicações de pesquisa de políticas desde então foram fundamentais para a elaboração do documento de trabalho intitulado *Design as a driver of user-centred innovation* (*O design como um incentivador para a inovação centrada no usuário*, em tradução livre), publicado pela Comissão em abril de 2009. O documento de 69 páginas conduziu a uma revisão profunda da investigação sobre o papel do design na inovação, incluindo as áreas de política de design, valor econômico do design, design socialmente responsável e ambientalmente sustentável, classificações internacionais de design, dados estatísticos e barreiras ao melhor uso do design, para citar algumas. A síntese do documento abria com a seguinte declaração: "Os resultados são convincentes: as empresas que investem em design tendem a ser mais inovadoras, mais rentáveis e a crescer mais rápido do que aquelas que não o fazem. Em nível macroeconômico, há uma forte correlação positiva entre o uso do design e a competitividade nacional" (EU, 2009a, p. 2).

Imediatamente em seguida à publicação do documento coletivo sobre design, a Diretoria Geral de Empresas e Indústrias lançou um processo de consulta, por meio da publicação de um questionário de acesso público, a fim de examinar o papel do design na política pública, o escopo de uma possível ação no âmbito da UE e as potenciais barreiras. A consulta de três meses foi aberta a todos, incluindo países de fora da Europa, e destinava-se a assistir a Comissão sobre como melhor integrar o design a políticas de inovação abrangendo todo o bloco. Pedia à comunidade de design que identificasse formas de o design contribuir para a competitividade futura da economia da UE; em quais áreas as iniciativas de design poderiam ser úteis; e se a política de design deveria ser implementada em nível comunitário, nacional e regional. A consulta também propôs uma definição operacional da atividade de design – cuja ausência foi anteriormente um obstáculo para as discussões de políticas – e uma visão global da Europa através do design. Outras questões incentivaram o debate sobre a necessidade de iniciativas de design europeias; investigaram as vantagens de uma política específica de design designada a integrar design e política de inovação; e exploraram o uso potencial do design na abordagem das questões ambientais e sociais. Durante o período da consulta, 535 organizações e indivíduos de dezoito países europeus e estrangeiros tiveram tempo de preparar suas respostas ao questionário. Quando os resultados foram publicados, em outubro de 2009, algumas das descobertas fundamentais foram: 91% das organizações que responderam consideravam o design muito importante para o futuro da competitividade da economia da UE; 96% declararam que as iniciativas de apoio ao design deveriam ser parte integrante da política de inovação em geral; 78% consideraram como o mais sério obstáculo para o melhor uso do design na Europa a "falta de consciência e compreensão do potencial do design por parte dos agentes políticos" (EU, 2009b, p. 7).

Em paralelo ao processo de consulta, oportunidades significativas abriram-se para a comunidade de design. Essas oportunidades não foram apenas resultado dos esforços da Comissão em compreender e integrar o design a suas atividades, mas também foram consequência da iniciativa da comunidade de design no desenvolvimento de redes de relacionamento, propondo projetos ambiciosos e candidatando-se a investimentos europeus. Iniciativas de design financiadas pela UE nesse período incluíam design comunitário (proteção do design como um direito de propriedade intelectual); procedimentos em matéria de contratos públicos;

promoção do projeto "Design for all"; promoção da inovação orientada para o usuário por meio de *living labs*; e vários projetos para promover a pesquisa, a aprendizagem e o *networking*, entre eles "Design Management Europe", "Inclusive Design" e "SEEdesign".

Reconhecimento do design na política da inovação

Os primeiros sinais da mensagem do design começando a se espalhar para além do núcleo de sua comunidade surgiram em dezembro de 2009, na reunião do Conselho de Competitividade da União Europeia, com a participação de ministros de todos os Estados-membros da UE. Na reunião, o Conselho debateu e aprovou as conclusões constantes do documento intitulado *Towards a competitive, innovative and eco-efficient Europe — a contribution by the Competitiveness Council to the post-2010 Lisbon agenda* (Rumo a uma Europa competitiva, inovadora e ecoeficiente – uma contribuição do Conselho de Competitividade à agenda de Lisboa pós-2010, em tradução livre). No documento, sob o título "Competitividade global por meio do reforço da inovação e da pesquisa", o segundo ponto recomenda que o conselho "considere que o Plano Europeu de Inovação deve incluir todas as formas de inovação, tanto no setor público como no privado, incluindo a inovação não tecnológica, a inovação baseada na investigação, a inovação em serviços, em design e a ecoinovação" (EU, 2009c, p. 8).

Esse documento apresentou a oportunidade de incluir o design como parte da estratégia mais ampla de inovação no recém-inaugurado plano de inovação, a ser apresentado no ano seguinte.

Na reunião do Conselho Europeu de Competitividade, em maio de 2010, o órgão salientou a necessidade de ação sobre uma série de temas de inovação e mencionou especificamente o design:

A inovação não tecnológica, incluindo o design, a inovação em serviços, bem como a criatividade baseada na cultura, são ferramentas importantes para a competitividade, o crescimento e a qualidade de vida dos cidadãos. No que diz respeito ao design, que é um importante motor na inovação voltada para o usuário, o Conselho convida a Comissão e os Estados-membros a darem especial atenção ao design, considerando seu efeito influenciador sobre o desempenho da inovação, tendo em conta aspectos de sustentabilidade econômica, social e ambiental, e destaca a necessidade de criação de plataformas para o intercâmbio de conhecimentos, experiências e melhores práticas sobre questões de design como uma vantagem competitiva para as empresas europeias (EU, 2010c, p. 4).

Esse endosso significativo pelo Conselho de Competitividade e os acontecimentos que levaram a ele culminaram na inclusão oficial do design em uma política de inovação da Comissão Europeia, publicada em outubro de 2010, chamada *Innovation Union*. A *Innovation Union* é a articulação da primeira de sete iniciativas emblemáticas da estratégia de crescimento *Europe 2020*, lançada em março de 2010 (EU, 2010a). Ela reconheceu a importância do design como uma atividade capaz de trazer novas ideias para o mercado. No sumário, dez objetivos foram listados para melhorar a inovação na Europa, um dos quais foi destinado especialmente à utilização de recursos valiosos de design da Europa: "nossos pontos fortes em design e nossa criatividade devem ser mais bem explorados. Devemos dominar a inovação social. Precisamos desenvolver uma melhor compreensão da inovação no setor público, identificar e dar visibilidade a iniciativas bem-sucedidas, e comparar progressos" (EU, 2010b, p. 3).

A Comissão destacou dois desafios que se apresentam para a adoção do design como uma atividade de inovação: a capacidade para o design é inconsistente entre os países europeus, bem como os indicadores de desenvolvimento que monitoram o progresso do design como um facilitador da inovação não tecnológica. Em resposta a esses desafios, os seguintes objetivos foram delineados:

- aumentar o uso do design na inovação e no crescimento em toda a Europa;
- aumentar a conscientização de como a inovação orientada pelo design melhora a eficiência dos serviços públicos e impulsiona o crescimento dos negócios;
- criar capacidade e competências para concretizar essas políticas.

Dos indicadores mencionados no anexo do *Innovation Union*, o único que apresentou qualquer relevância para o design foi o indicador de investimento em empresas "porcentagem de despesas de inovação (tirando pesquisa e desenvolvimento) sobre volume de negócios", fornecido pelo Eurostat. Isso destacou o desafio que enfrentam o setor de criação e a Comissão Europeia para definir indicadores macro para o design que sejam confiáveis e comparáveis em todos os Estados europeus.

Implementando o design na *Innovation Union*

Uma vez que um compromisso político para o design tivesse sido feito pelos ministros nacionais em todos os Estados-membros da UE, a tarefa subsequente de execução da política poderia começar. Indiscutivelmente, a implementação é a fase mais desafiadora do processo, pois deve lidar com questões como financiamento, mudança política, gestão de pessoas e diferenças culturais. Deve ser visto como um triunfo que a *Innovation Union*, modelo para a política de inovação da União Europeia para a década de 2010-2020, tenha incluído o design como uma das dez prioridades para a inovação. A *Innovation Union* estabeleceu 34 compromissos para prosseguir com seus objetivos. O item 19 era específico para o design:

"em 2011, a Comissão irá criar um Conselho Europeu de Liderança em Design, que será convidado a apresentar propostas no prazo de um ano para melhorar o papel do design na política de inovação, por exemplo, por meio da UE e/ou de programas nacionais, e um Selo Europeu de Excelência em Design" (EU, 2010b, p. 19).

Em antecipação a esse compromisso, a Comissão Europeia abriu um concurso público prevendo a vaga de um secretário para gerenciar o Conselho Europeu de Liderança em Design (EDLB). Dois meses após a publicação da *Innovation Union*, a Universidade Aalto, em Helsinque, foi premiada com a Iniciativa Europeia de Inovação em Design, assumindo o cargo.

Em acordo com a *Innovation Union*, a Comissão designou membros para o EDLB em maio de 2011, que consistiam em quinze peritos vindos da indústria, das pequenas e médias empresas, das agências nacionais e regionais de inovação e do mundo acadêmico (EU, 2011). O Conselho foi encarregado de fornecer recomendações sobre como aprimorar o papel do design na política de inovação na Europa em nível nacional, regional ou local, e desenvolver visão conjunta, prioridades e ações para integrar o design às políticas de inovação na Europa. Para resolver isso, o Conselho realizou sete reuniões, de maio de 2011 a dezembro de 2012, incluindo um *workshop* de políticas de design em março de 2012, com mais de cinquenta agentes fundamentais do governo, da indústria, da academia, das indústrias de design e do setor público.

Em setembro de 2012, o EDLB apresentou suas recomendações ao vice-presidente da Comissão Europeia, Antonio Tajani, durante a Conferência Europeia de Design e Inovação. Em seu relatório, *Design for growth and prosperity* (*Design para o crescimento e a prosperidade*, em tradução livre), o Conselho assumiu uma visão ampla do design e criou 21 recomendações políticas, em seis áreas estratégicas de ação.

Sob a bandeira do aprimoramento do "design europeu no cenário global", as recomendações incluíam fortalecimento dos "centros europeus de excelência em design" em setores específicos da indústria; revisão da legislação para alcançar tolerância zero a infrações; e criação de uma etiqueta "criado na União Europeia" para estimular a exportação de serviços de design. Uma série de propostas focaram no "design integrado ao sistema de inovação da Europa", como medir o impacto do investimento em design no crescimento e incluí-lo nas estatísticas nacionais; repensar os códigos da NACE (nomenclatura das atividades econômicas); incluir o design em incubadoras; e valorizá-lo no processo de negociação de contratos públicos. Um tema importante foi o "design nas empresas europeias", que defendia a criação de uma rede entre os principais CEOs conscientes sobre design, desenvolvendo programas de apoio a empresas de médio porte no uso da ferramenta, permitindo uma melhor transferência prática entre o meio acadêmico e as pequenas e médias empresas, e a integração aos programas de financiamento da UE. Como parte do tema "design no setor público da Europa", o EDLB incentivou o estabelecimento de laboratórios de design dentro de autoridades públicas e o treinamento de gestores públicos em métodos de design para sua assimilação de forma eficaz. Duas propostas também se concentraram no "design no sistema de pesquisa europeu", incluindo o design em programas intersetoriais de pesquisa da UE, e na criação de uma equipe de pesquisadores de design. A área temática estratégica final foi "design no sistema de ensino da Europa", incluindo a melhoria da formação em design para todos os níveis de educação, com a revisão do currículo de design e o fortalecimento do desenvolvimento profissional contínuo dos designers (EU, 2009a).

O relatório foi recebido com entusiasmo pela Comissão Europeia, bem como pela comunidade de design, que por anos tem defendido as políticas de design na Europa. Deborah Dalton, presidente à época do BEDA, disse: "precisamos estabelecer um diálogo permanente sobre design com a Comissão Europeia. Uma organização como o BEDA é um parceiro fundamental para a Comissão, pois garante cobertura em escala europeia e foco em nível europeu dos assuntos relacionados ao desenvolvimento e ao crescimento do design na política de inovação da Europa".

A questão em muitas bocas foi sobre quantas das propostas seriam adotadas pela Comissão Europeia. Muitas das recomendações necessitavam de mudanças sistêmicas, que exigiriam estudos de viabilidade adicionais. Por exemplo, o relatório sublinha que o desenvolvimento de contratos públicos mais inovadores é uma condição prévia para a obtenção de melhores serviços. Essa recomendação exigiria a coordenação entre vários diretores gerais no espaço da Comissão e, portanto, não seria realizada dentro do prazo do programa. Essa falta de previsão é um lembrete infeliz dos desafios para a comunidade de design, ou qualquer interessado não político, em gerir suas expectativas e entender como a política e seu processo funcionam, a fim de alcançar o resultado desejado.

Um futuro reconhecimento do relatório do EDLB veio na forma de uma revisão da política industrial, publicada no mês seguinte. Entre suas áreas prioritárias de intervenção em matéria de inovação industrial, o documento identificou o design como um dos principais impulsionadores da inovação e da produtividade e como uma ferramenta para resolver problemas complexos nos negócios modernos. A política industrial destacou a necessidade de um plano de ação europeu para o design (EU, 2009a).

Desenvolvendo um plano de ação para o design

Na sequência da publicação das recomendações, por meio de um processo interno, a Comissão Europeia classificou as propostas em ações de curto e longo prazo. Em julho de 2011, veio o primeiro plano de ação da Iniciativa de Inovação do

Design Europeu, dois meses após a formação do EDLB. Ele lançou um convite à apresentação de propostas para melhorar o impacto das políticas de inovação em todos os níveis, acelerando a aceitação do design como uma ferramenta de inovação centrada no usuário. As principais questões que a EDLB queria que fossem abordadas pelas propostas foram apresentadas:

- tornar o design corrente no âmbito da inovação e integrar melhor as abordagens de design e inovação a projetos de inovação, políticas e apoio em toda a Europa;
- aumentar a sensibilização sobre design e inovação orientada para o usuário e o uso do design para fins econômicos, ambientais e sociais;
- melhorar a circulação de experiências e boas práticas na área da inovação centrada no usuário e do design na política de inovação.

Seis propostas conjuntas foram premiadas com um total de 5,3 milhões de euros pelo Programa de Competitividade e Inovação (CIP). Eram elas:

- **Casa Europeia da Gestão do Design (EHDM):** construir capacidade de gestão de design no setor público por meio do desenvolvimento de um conjunto de ferramentas personalizáveis e módulos de treinamento.
- **Integração do "Design for All" ao "Living Lab":** aumentar a competitividade e melhorar os serviços públicos, aproximando as comunidades de design e de living labs na Europa.
- **"Plataforma SEE" (Sharing Experience Europe):** envolver-se com os governos nacionais e regionais para integrar o design às políticas e aos programas, com o treinamento de mais de mil funcionários em workshops práticos sobre design.
- **"€Design – Medindo o Valor do Design":** identificar e estabelecer diretrizes para medir o design como um fator econômico de produção e seu impacto sobre o PIB de países e regiões.
- **"REDI" – apoio regional a empresários e designers para inovar:** estimular a inovação orientada pelo design e promover ecossistemas de inovação territorial, visando a intermediários em contato direto com as pequenas e médias empresas.
- **"DeEP" – Design em Políticas Europeias:** desenvolver uma abordagem baseada em indicadores e uma ferramenta web para avaliar as políticas de inovação em design.

Executando o plano de ação para o design

Ter um plano é apenas o início do processo; a aplicação em si é que é uma tarefa difícil. Em fevereiro de 2013, em uma reunião de profissionais da área sobre um plano de ação para o design na política de inovação, os representantes da Comissão – membros da Unidade de Inovação para o Crescimento, órgão da Diretoria

Geral de Empresas e Indústrias – afirmaram que o objetivo do plano de ação era acelerar a aceitação do design nas políticas de inovação em nível europeu, nacional e regional e promover uma maior utilização do design na indústria europeia, bem como no setor público. De acordo com a Comissão Europeia, as motivações para a integração do design à política de inovação possuem três dimensões:

- No setor empresarial, o design desempenha um papel fundamental como benefício intangível de criação de valor e melhora do potencial de mercado – transformando ideias, conceitos e protótipos em proposições viáveis de negócio, muitas vezes com inovação radical de significado para o design.
- No setor público, o design está contribuindo para serviços de bom custo-benefício e centrados no usuário – utilizando metodologias de design e ferramentas para renovar os serviços públicos e a administração, a fim de atender às necessidades do século XXI.
- Nos processos de tomada de decisão, o uso estratégico de design oferece soluções inovadoras para a resolução de questões complexas – traduzindo dados em conhecimento, por meio da visualização da "arquitetura" de questões complexas (SEE, 2013).

Uma reflexão essencial feita nessa reunião pelos decisores políticos foi sobre a necessidade de compreender o impacto do design. O design ficou sob escrutínio por não ser baseado em evidências. Havia um imperativo para apoiar o desenvolvimento de políticas de design, por meio do acesso à informação sobre o impacto econômico do design e sobre outros benefícios intangíveis à adição de valor, e para criar um quadro abrangente do investimento em design em toda a Europa. O desenvolvimento de métricas de design comumente assimiláveis por toda a Europa tem se revelado difícil, e o progresso na área das estatísticas europeias leva tempo. Provar o impacto do design com evidências quantitativas sempre foi um desafio. O desafio fundamental é a geração de resultados comparáveis entre os 28 Estados-membros da UE, da mesma maneira que os indicadores de inovação foram operacionalizados para influenciar o desenvolvimento de políticas.

Com uma lista tão abrangente de recomendações desenvolvida pela EDLB, não estava dentro da capacidade da Unidade de Política de Inovação para o Crescimento implementar todas essas propostas. Em setembro de 2013, a Comissão Europeia publicou um documento coletivo intitulado *Implementing an action plan for design-driven innovation* (*Implementando um plano de ação para a inovação orientada pelo design*, em tradução livre), destacando catorze linhas de ação, sob três prioridades. Por ser um documento interno, as ações não são politicamente subscritas. Portanto, as ações não são de fato novas iniciativas políticas, mas sim um inventário dos mecanismos existentes, como o EDLB.

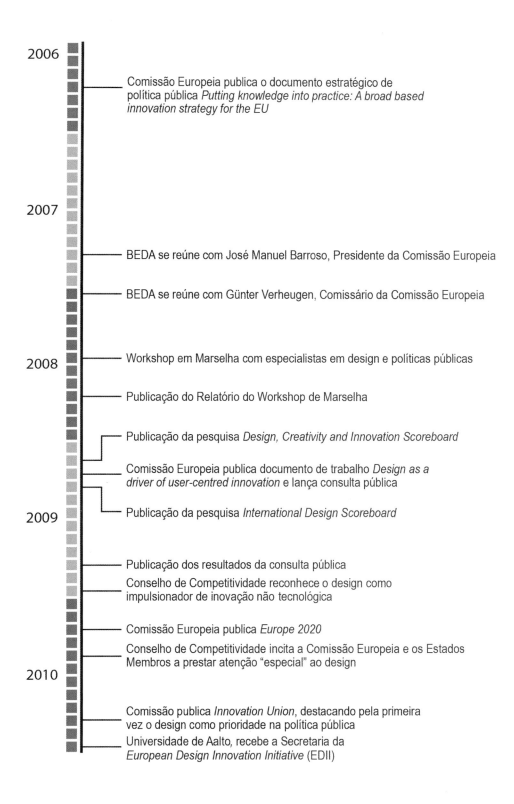

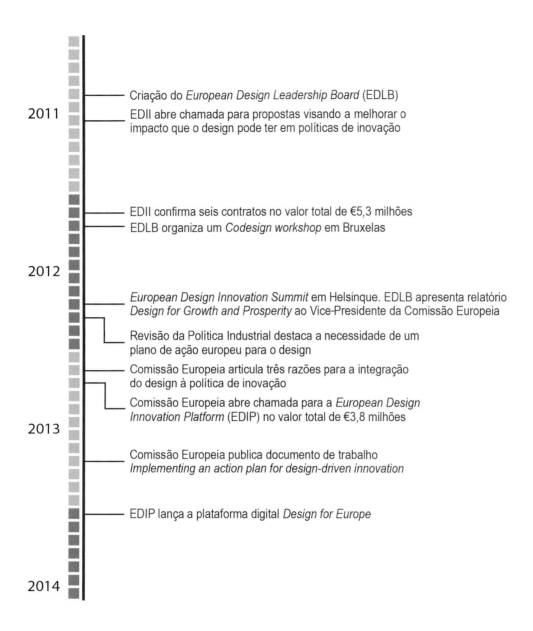

2011
- Criação do *European Design Leadership Board* (EDLB)
- EDII abre chamada para propostas visando a melhorar o impacto que o design pode ter em políticas de inovação

2012
- EDII confirma seis contratos no valor total de €5,3 milhões
- EDLB organiza um *Codesign workshop* em Bruxelas

2013
- *European Design Innovation Summit* em Helsinque. EDLB apresenta relatório *Design for Growth and Prosperity* ao Vice-Presidente da Comissão Europeia
- Revisão da Política Industrial destaca a necessidade de um plano de ação europeu para o design
- Comissão Europeia articula três razões para a integração do design à política de inovação
- Comissão Europeia abre chamada para a *European Design Innovation Platform* (EDIP) no valor total de €3,8 milhões
- Comissão Europeia publica documento de trabalho *Implementing an action plan for design-driven innovation*

2014
- EDIP lança a plataforma digital *Design for Europe*

Promoção da compreensão do impacto do design na inovação
- Advogar o papel do design na inovação para os decisores políticos da Europa.
- Medir o impacto econômico do design e seu papel ao lado de outras ferramentas intangíveis na criação de valor.
- Aplicar métodos de design em programas multidisciplinares de pesquisa e inovação que visem a desafios complexos.
- Desenvolver competências e aplicar métodos para a inovação orientada pelo design na educação e no treinamento.
- Facilitar o diálogo contínuo entre os principais interessados pela política de inovação orientada pelo design.

Promoção da inovação orientada pelo design em indústrias para fortalecer a competitividade da Europa
- Criar a capacidade de fornecer apoio em inovação orientada pelo design a empresas em toda a Europa.
- Reforçar a capacidade das pequenas e médias empresas europeias de usar o design como ferramenta estratégica na criação de produtos e serviços com maior valor para seus clientes.
- Reforçar a cooperação entre as empresas que investem em design como um diferencial competitivo.
- Promover novas estratégias de inovação colaborativas e práticas que permitam novos modelos de negócios.
- Integrar o design à área de pesquisa e desenvolvimento para melhor atender a aplicações comerciais e sociais que se beneficiam de uma forte orientação para o usuário.
- Investigar as necessidades de atualizar a proteção dos direitos de propriedade intelectual para o design.

Promoção da adoção do design para conduzir a renovação no setor público
- Construir a capacidade de administradores públicos de utilizar métodos de design e adquirir design de forma eficaz.
- Aumentar a investigação e o desenvolvimento de inovação orientada pelo design para serviços públicos eficientes e de fácil utilização.
- Promover a aprendizagem entre pares e a cooperação entre os atores dos setores públicos à procura de soluções orientadas pelo design (EU, 2009a).

Essa foi uma reiteração por parte Comissão Europeia de seu compromisso com todas as 21 propostas do documento do EDLB *Design for growth and prosperity*, mas ela ressaltou que as três áreas citadas refletiam as prioridades atuais, a fim de avançar com a integração do design às políticas atuais da UE e aos programas de financiamento.

Paralelamente ao desenvolvimento do documento coletivo, a Comissão Europeia lançou a Plataforma Europeia de Inovação do Design, de 3,8 milhões de euros, em março de 2013. O objetivo da plataforma, também conhecida como "Design for Europe", era impulsionar a adoção do design nas políticas de inovação e apoiar a criação de capacidades e competências para oferecer essas políticas. Ela foi implementada por um consórcio de catorze organizações, lideradas pelo Design Council (Reino Unido).

Em janeiro 2014, a "Design for Europe" lançou uma plataforma on-line que agia como um balcão centralizador para qualquer interessado em encontrar as mais recentes ferramentas e técnicas para a aplicação de design; fazer conexões com colegas; e localizar as últimas pesquisas. O desenvolvimento da plataforma digital foi concebido para reunir conhecimentos e exemplos de design de inovação em toda a UE, uma abordagem justificada por razões de valor para a divulgação de informações.

O futuro da política de design na Europa

Do encontro inicial do BEDA com o presidente da Comissão Europeia em 2007--2010, quando o design foi integrado pela primeira vez às políticas da Comissão Europeia, ao *Plano de Ação para a Inovação Orientada pelo Design* em 2013, a paisagem política do design foi transformada em toda a Europa. Em 2007, teria sido impensável para a delegação do BEDA pedir à Comissão Europeia para investir mais de 10 milhões de euros em design, mas foi o que aconteceu depois, por meio da Iniciativa Europeia de Design e Inovação (5,3 milhões de euros), da plataforma "Design for Europe" (3,8 milhões de euros) e da iniciativa Capacidades em Design para Pequenas e Médias Empresas (2 milhões de euros). Com efeito, durante esses anos, o design deixou de ser um fator inédito de inovação para ser o centro do debate sobre a inovação na Europa. Claro que ainda há um longo caminho a percorrer antes que a ambição da Comissão Europeia, de que em 2020 o design seja um elemento bem conhecido da política de inovação em toda a Europa, seja realizada (DROLL, 2011). No entanto, o reconhecimento do design como uma força dinâmica de inovação por parte da Comissão Europeia tem sido fundamental para aumentar a consciência do potencial impacto do design entre os atores políticos europeus. Em 2015, quinze dos 28 Estados-membros europeus haviam integrado o design a suas políticas nacionais (WHICHER et al., 2015). As aplicações variam desde inovação e estratégias inteligentes de especialização industrial até planos de ação de design específicos, como os de Dinamarca, Estônia, Finlândia, França e Letônia. Além disso, há uma consciência crescente do design como um fator para a inovação em nível regional e local, com uma variedade de regiões integrando design a suas políticas, incluindo Flandres (Bélgica), Boêmia do Sul (República Tcheca), Finlândia Central, Macedônia Central (Grécia) e País de Gales (Reino Unido), entre outros, bem como um número crescente de gestores de design surgindo nas autoridades públicas locais, incluindo, por exemplo, Lahti (Finlândia), St. Etienne (França), Katowice (Polônia) e Shropshire (Reino Unido).

Da jornada europeia, podemos obter muitas lições que podem ser transferidas a outros países ou contextos. Em primeiro lugar, é evidente que o planejamento e a execução de políticas são processos longos, em que várias partes interessadas devem estar envolvidas. É uma abordagem passo a passo, fortemente apoiada por pesquisas e consultas. Ainda há demanda por evidências baseadas em dados quantitativos, mas têm ocorrido progressos significativos nesse sentido. É notável como o planejamento pode ser mais fácil do que a própria implementação. O processo político pode perder o impulso uma vez que a fase de implementação chega. É fundamental que os advogados da causa do design continuem envolvidos desde a defesa inicial, através do processo de desenvolvimento até a implementação, o acompanhamento e a avaliação. Avaliar o impacto econômico das políticas de design é o próximo desafio acadêmico.

Referências

BIS. *Innovation and Research Strategy for Growth*. Department for Business, Innovation and Skills (BIS), UK, 2011. p. 35.

COMPETITIVENESS COUNCIL. *Conclusions towards a competitive, innovative and eco-efficient Europe*. 2982nd. Competitiveness Council Meeting Brussels, 4 December 2009, p. 8. Disponível em: <https://www.consilium.europa.eu/uedocs/cms_data/docs/pressdata/en/intm/111768.pdf>. Acesso em: 9 Jun. 2015.

COMPETITIVENESS COUNCIL. *Conclusions on Creating an Innovative Europe*. 3016th. Competitiveness Council Meeting Brussels, 26 May 2010. p. 4. Disponível em: <http://cordis.europa.eu/fp7/ict/pcp/comp-council-conclusions-creating-innovative-europe.pdf>. Acesso em: 9 Jun. 2015.

DESIGN COUNCIL. *Design Delivers for Business*. a summary of evidence from the Design Council's Design Leadership Programme, September 2012, UK, p. 2.

DESIGN COUNCIL. Design Council Celebrating 70 Years. 2015. [Online] Disponível em: <http://www.designcouncil.org.uk/about-us/celebrating-70-years>. Acesso em: 12 Jun. 2015.

DROLL, P. *EU Design & Innovation Initiative: hat's next for design in Europe?* European Commission official speaking at the SEE Policy, Innovation and Design Conference 2011. Disponível em: <http://www.seeplatform.eu/seefinalconference>. Acesso em: 9 Jun. 2015.

EUROPEAN COMMISSION. *Putting knowledge into practice: A broad-based innovation strategy for the EU.* European Commission Communication COM(2006) 502, Brussels, 13 September 2006, p. 6.

EUROPEAN COMMISSION. *Design as a driver of user-centred innovation.* Staff Working Document SEC(2009)501, Brussels, 7 April 2009a, p.2. Disponível em: <http://ec.europa.eu/enterprise/policies/innovation/files/design_swd_sec501_en.pdf>. Acesso em: 9 Jun. 2015.

EUROPEAN COMMISSION. *Results of the Public Consultation on Design as a Driver of User-centred Innovation.* European Commission, DG Enterprise and Industry, Brussels, October 2009, 2009b, p. 7.

EUROPEAN COMMISSION. *Europe 2020: a strategy for smart, sustainable and inclusive growth.* European Commission Communication COM(2010) 2020 final, Brussels, 2010a, p. 12.

EUROPEAN COMMISSION. *Europe 2020 Flagship Initiative Innovation Union.* European Commission Communication SEC(2010)1161, Brussels, 2010b, p. 3.

EUROPEAN COMMISSION. *Design for Innovation.* Brussels, 2011. Disponível em: <http://ec.europa.eu/enterprise/policies/innovation/policy/design-creativity/index_en.htm>. Acesso em: 9 Jun. 2015.

EUROPEAN COMMISSION. *Design for Growth & Prosperity – Report and Recommendations of the European Design Leadership Board.* European Commission, DG Enterprise and Industry, Brussels, 2012a.

EUROPEAN COMMISSION. *Commission staff working document.* European Commission SWD(2012) 297 final, Brussels, 2012b p. 35.

EUROPEAN COMMISSION. *Implementing an action plan for design-driven innovation.* Staff working document SWD(2013)280, Brussels, 23 September 2013. Disponível em: <http://ec.europa.eu/enterprise/policies/innovation/files/design/design-swd-2013-380_en.pdf>. Acesso em: 9 Jun. 2015.

HOLLANDERS, H.; VAN CRUYSEN, A. *Design, Creativity and Innovation: A Scoreboard Approach.* ProInno Europe – Inno Metrics. Maastricht, 2009.

ICSID. *Discussing the challenges of the development of national design policies.* 2008. Disponível em: <http://www.icsid.org/news/year/2008_news/articles687.htm>. Acesso em: 12 set. 2015.

MOULTRIE, J.; LIVESEY, T.F. *International Design Scoreboard – Initial indicators of international design capabilities.* Great Britain: IfM and University of Cambridge. Cambridge, 2009.

SEE. *A Design Action Plan for Europe?* SEE Platform Bulletin 9, PDR, Cardiff, 2013 p. 16.

WHICHER, A.; CAWOOD, G.; SWIATEK, P. *SEE Design Policy Monitor 2015.* PDR, the International Design and Research Centre at Cardiff Metropolitan University. Cardiff, 2015, p.19.

Consumo e desenvolvimento: perspectivas, limites e impasses do consumo colaborativo na contemporaneidade

José Mauro Nunes

Izabelle Fernanda Silveira Vieira

> *Dedica-se a esperar o futuro apenas quem não sabe viver o presente.*
> Sêneca

O cenário: início do terceiro milênio e a crise econômica global

A contemporaneidade apresenta uma série de desafios para os pesquisadores e profissionais nas áreas de marketing e design, em razão das seguintes problemáticas, algumas delas urgentes: as crises econômicas globais sistêmicas e os seus impactos nas práticas de consumo; a competitividade exacerbada entre as empresas, não mais restritas a seus respectivos segmentos de negócios, porém cada vez mais transversais e jogadas em diversos níveis; o crescimento econômico vertiginoso dos países periféricos na última década, porém sem a redução da desigualdade social[1] de seus habitantes na mesma velocidade; e, por fim, o esgotamento dos recursos naturais do planeta em virtude de uma cultura baseada na acumulação e no consumo desenfreado de bens materiais.

Dois indicadores despontam nos tempos atuais. Primeiro, a emergência dos BRICS no cenário econômico mundial, observada na segunda metade dos anos 2000 (O´NEILL, 2011). Segundo, a redução da atividade econômica dos países do Hemisfério Norte a partir da crise do sistema hipotecário norte-americano, em 2008, e do colapso da Zona do Euro por causa do déficit fiscal de países como Portugal, Irlanda, Itália, Grécia e Espanha (doravante alcunhados de PIIGS). Como resultado, os percalços americano e europeu, além da desaceleração da economia chinesa, levam a uma crise global na segunda década do terceiro milênio, com consequências econômicas, políticas e sociais significativas tanto para

---

1 Segundo Neri (2012), na década de 2000 o crescimento da renda familiar *per capita* da população 20% mais pobre foi inferior ao da população 20% mais rica nos países que compõem os BRICS: China (8,5% e 15,1%, respectivamente), Índia (1% e 2,8%) e África do Sul (5,8% e 7,5%). O autor aponta o Brasil como uma exceção a esse cenário, onde a renda dos mais pobres cresceu 6,3%, e a dos mais ricos, 1,7%.

os países desenvolvidos quanto para o mundo em desenvolvimento (LEWIS, 2011; MATTHIJS; BLYTH, 2015; ROUBINI; MIHM, 2010).

No que toca aos países emergentes, a adesão a um modelo de desenvolvimento econômico e social baseado na acumulação de bens de consumo assume diferentes matizes de orientação econômica, que vão desde uma maior autonomia do livre mercado (caso do Brasil entre os anos 1990 e o início dos anos 2000) até um marcante intervencionismo estatal na economia (como no caso chinês, em especial, a partir da abertura econômica realizada por Deng Xiaoping). No Brasil, esse processo de crescimento econômico tem como características: uma crescente oferta de crédito para populações economicamente menos favorecidas visando à aquisição de bens industrializados (principalmente eletrodomésticos, eletroeletrônicos e automóveis), proporcionando a criação de mercados consumidores internos volumosos, robustos e dinâmicos; como contrapartida desta expansão, o aumento exponencial do endividamento e da inadimplência das famílias no longo prazo, em especial nos domicílios mais pobres; o aumento dos índices de poluição ambiental e o colapso dos recursos naturais[2]; o surgimento de gargalos na mobilidade urbana nas principais capitais do país, bem como as dificuldades de acesso aos serviços básicos como saneamento, saúde e educação, afetando diretamente a qualidade de vida e a sensação de bem-estar nos grandes centros urbanos; e, por fim, a desarticulação das formas tradicionais de produção e das redes de solidariedade que foram construídas ao longo de décadas, à custa da entrada em massa de trabalhadores como mão de obra urbana barata, terceirizada e precária, notadamente no setor de serviços.

Todas essas questões colocam em risco a manutenção em longo prazo do modelo econômico capitalista ocidental, baseado no livre mercado, na expansão econômica global e na acumulação de bens materiais, engendrado após a Segunda Guerra Mundial. Não é por acaso que, no atual contexto da crise financeira, o número de publicações que discutem os limites econômicos e sociais desse modelo cresceu significativamente, tendo como mote a crise do capitalismo tal como o conhecemos e a construção de uma agenda de reformas que possa garantir a redução da desigualdade econômica, a inclusão econômica, o bem-estar social e o uso racional dos recursos naturais (KOTLER, 2015; PIKETTY, 2013; RODRIK, 2011; SACHS, 2008; STREECK, 2011; 2014).

Entretanto, engana-se quem pensa que a discussão sobre uma agenda de correção das disfunções do capitalismo ficou restrita às ciências econômicas. A preocupação com a desigualdade social, a sustentabilidade do planeta e a

---

2   Vide o caso recente da crise hídrica, que inclusive virou tema da campanha presidencial brasileira no final de 2014.

inclusão das classes econômicas menos favorecidas ganhou o centro do debate das ciências humanas a partir dos anos 1970. Há exatos 44 anos, o pioneiro dessa discussão no campo do design foi Victor Papanek, ao afirmar que a busca dessas alternativas deveria exigir dos designers maior responsabilidade moral e social, uma vez que, até então, a profissão encontrava-se dominada pelo modelo industrial de produção em massa. Radical em determinadas assertivas, sua obra seminal apontava os impasses da orientação dominante na área do design em resolver os problemas humanos no mundo real, bem como em países economicamente menos favorecidos e populações excluídas socialmente. Daí, o título do seu livro ter sido *Design for the real world: human ecology and social change* (*Design para o mundo real: ecologia humana e mudança social*, em tradução livre): uma abordagem comprometida com o desenvolvimento humano sustentável e focada nas necessidades humanas, em especial das populações localizadas nos países subdesenvolvidos (PAPANEK, 2005).

Passado quase meio século de sua publicação, sua proposta necessita ser rediscutida por vários motivos. Em primeiro lugar, em razão da melhora das condições econômicas e sociais do mundo em desenvolvimento: o crescimento econômico vivido no início do terceiro milênio possibilitou a entrada, no mercado consumidor desses países, de milhões de indivíduos até então alijados da economia de mercado, levando à expansão do acúmulo de bens. Em segundo lugar, a preocupação com a sustentabilidade do planeta e o esgotamento dos recursos naturais tornou-se central na agenda de discussões sobre o desenvolvimento, tanto em entidades governamentais quanto não governamentais, com a entrada em cena do conceito de *desenvolvimento sustentável*[3]. Por fim, a internet e as tecnologias digitais proporcionaram uma verdadeira revolução tanto no polo da produção dos bens, como no polo da distribuição e do consumo, o que levanta uma série de questões para o modelo tradicional de comercialização e acumulação de bens. O termo *economia colaborativa* torna-se cada vez mais frequente na literatura de negócios, economia e marketing, como uma alternativa ao modelo tradicional de produção, comercialização e consumo de produtos e serviços.

---

[3] Em 1987, a Comissão Mundial para o Meio Ambiente e o Desenvolvimento (CMMAD) das Nações Unidas produziu o relatório intitulado *Nosso futuro comum*, mais conhecido como *Relatório Brundtland*. Tal documento propunha compatibilidade entre crescimento econômico e proteção ambiental. Dessa forma, emergia o conceito de *desenvolvimento sustentável* enquanto modelo que "atende às necessidades do presente sem comprometer a capacidade de as gerações futuras também atenderem às suas" (Relatório Brundtland, 1988, apud HERCULANO, 1992, p. 11). Em resumo, tratava-se de reduzir o ritmo de exploração da natureza, de forma a salvaguardar recursos para as gerações que se seguiriam.

Este capítulo tem como foco discutir a economia colaborativa como uma das alternativas possíveis aos dilemas levantados pelo modelo de desenvolvimento baseado na acumulação material. Parte-se do pressuposto que o compartilhamento de bens e serviços é uma prática de consumo alinhada ao modelo de desenvolvimento sustentável e se insere na literatura do design ambientalmente responsável (McDONOUGH; BRAUNGART, 2002; VEZZOLI; MANZINI, 2008). Para que isso seja possível, este capítulo será composto por três seções. A primeira abordará a noção de desenvolvimento sob uma perspectiva que ultrapassa a visão meramente econômica, ao abarcar as dimensões da liberdade e da felicidade humanas e da sustentabilidade. A segunda tratará dos conceitos de economia do compartilhamento e consumo colaborativo, este último como uma prática de consumo alinhada com modelos ambientalmente sustentáveis. Por fim, na última seção, serão discutidos as perspectivas e os limites à adoção das práticas de consumo compartilhado.

O impasse: desenvolvimento sustentável e o modelo de acumulação material

Crucial para as ciências sociais, o conceito de desenvolvimento é comumente utilizado para classificar o nível de progresso e bem-estar das sociedades, a despeito da dificuldade de definir o que nele é teoria, prática social, ideologia e utopia. A multidisciplinaridade que tal conceito enseja contribuiu para torná-lo ainda mais complexo e desafiador na contemporaneidade.

De acordo com Amaro (2003), o conceito de *desenvolvimento* alude ao início das sociedades industriais – materialmente viabilizado pela Revolução Industrial, ética e culturalmente justificado pela Revolução Francesa. O conceito de desenvolvimento ganhou *status* científico após a Segunda Guerra Mundial, com a emancipação de muitas das colônias europeias – as quais aspiravam prosperidade e riqueza tal qual possuíam seus antigos colonizadores –, juntamente com os interesses estratégicos norte-americanos e com a influência ideológica da União Soviética. Assim, como bem observa Amaro (2003), o conceito de desenvolvimento é eurocêntrico, pois se baseia quase que exclusivamente na experiência histórica europeia.

Para Herculano (1992), a ideia tradicional de desenvolvimento pressupõe uma trajetória linear a ser percorrida, uma mudança ordenada e universal rumo a um mesmo processo civilizatório: "'desenvolvimento' é uma nova roupagem para a ideia de 'progresso' que está presente no Iluminismo etnocêntrico de Turgot e Condorcet no século XVIII, e que foi adotado pelo Positivismo de Comte no século XIX" (HERCULANO, 1992, p. 23).

Nos trinta anos que se seguiram à Segunda Guerra, o desenvolvimento se assentou em algumas premissas, como o *economicismo*, que considerava o desenvolvimento como sinônimo de crescimento econômico; o *produtivismo*; o *consumismo*;

o *quantitativismo* da economia na produção e na comercialização em grande escala; o *industrialismo* e o *tecnologismo*, que tomavam o progresso tecnológico como pilar do desenvolvimento; o *racionalismo*, que tinha a ciência como base do conhecimento; o *urbanicismo*, ancorado no mito da superioridade do urbano em relação ao rural; o *antropocentrismo*, que preconizava o bem-estar do homem como moralmente superior ao dos demais seres vivos; e a *uniformização* e o *etnocentrismo* dos meios de produção e de consumo, das culturas, dos sistemas políticos, entre outros (AMARO, 2003). Assim sendo, a noção de desenvolvimento tomada por um paradigma economicista acabou por designar os "países industrializados" como "países desenvolvidos", impondo a industrialização como uma etapa a ser seguida pelas sociedades não europeias. Nesta etapa de formulação do conceito, também se fazia uma íntima associação entre o desenvolvimento e a "modernização", ou seja, a substituição das estruturas tradicionais por lógicas progressistas calcadas na valorização do urbano e do industrial, bem como dos modos de vida característicos deles (AMARO, 2003).

Entretanto, o crescimento econômico e o progresso dos países ditos desenvolvidos, além de fomentar a marginalização dos países na periferia do capitalismo, não geraram o esperado bem-estar de suas populações. Em fins dos anos 1960 e início dos anos 1970, evidenciaram-se os sintomas do "mal-estar da sociedade" no seio dessas nações, fazendo emergir diversos movimentos de contestação, a exemplo do movimento de contracultura na segunda metade da década de 1960. As críticas ao conceito de desenvolvimento acentuaram-se mediante fatores como a frustração dos países periféricos com o descumprimento de promessas feitas pelos países desenvolvidos (tais como a concessão de subsídios econômicos e acordos de cooperação), juntamente com o estabelecimento da dívida externa e dos Programas de Ajustamento do FMI/Banco Mundial, estes últimos decorrentes das crises do petróleo e cujos efeitos foram sentidos, sobretudo, nos anos 1980 (AMARO, 2003).

Conforme Veiga (2005), até o início dos anos 1960 não era evidente a necessidade de distinguir *desenvolvimento econômico* de *crescimento econômico*, haja vista que as poucas nações desenvolvidas eram justamente aquelas tornadas ricas pela industrialização e, em contrapartida, os países que haviam permanecido na periferia do sistema capitalista eram aqueles cujos processos de industrialização não haviam começado ou eram incipientes. Ocorre que, durante os anos 1950, o crescimento econômico ocorrido em países semi-industrializados, a exemplo do Brasil, não se traduziu em acesso aos serviços básicos, como saúde e educação, e aos bens materiais e culturais por parte dos segmentos mais empobrecidos de sua população.

Com o objetivo de oferecer um contraponto ao Produto Interno Bruto (PIB), que considera apenas a dimensão econômica do desenvolvimento, o Programa das Nações Unidas para o Desenvolvimento (PNUMA) lançou em 1990 o Índ*ice* *de Desenvolvimento Humano* (IDH). Com a pretensão de se tornar uma medida geral e sintética do desenvolvimento humano, o IDH foi criado por Mahbub ul Haq com a colaboração do economista indiano Amartya Sen, ganhador do Prêmio Nobel de Economia de 1998, tornando-se referência mundial (PNUMA, s/d.).

Na concepção de Sen (2000), o desenvolvimento deve estar relacionado com a melhoria de vida e com o acesso à liberdade. De acordo com o autor, somos constantemente privados de nossas liberdades, seja por fome ou subnutrição; inacessibilidade de serviços como saúde, educação e saneamento; insegurança econômica e social; privação da participação política e dos direitos civis básicos; sexismo, racismo ou xenofobia; ou por quaisquer outras das inúmeras formas existentes de privação e violência (SEN, 2000). A visão de liberdade adotada pelo autor presume "tanto os processos que permitem a liberdade de ações e decisões como as oportunidades reais que as pessoas têm, dadas as suas circunstâncias pessoais e sociais" (SEN, 2000, p. 31). Em resumo, a expansão da liberdade individual é percebida pelo autor como meio e como fim do desenvolvimento. Ainda de acordo com o autor, a condição de agente livre e sustentável é o motor fundamental do desenvolvimento, uma vez que o que as pessoas conseguem positivamente realizar é influenciado por oportunidades econômicas, liberdades políticas, poderes sociais e condições habilitadoras, tais como boa saúde, educação básica, incentivo e aperfeiçoamento de iniciativas. Essas oportunidades são possibilitadas por disposições institucionais sob influência do exercício da liberdade das pessoas, mediante sua participação nas esferas social e política. Trata-se de um fluxo dialético entre a livre condição de agente e o desenvolvimento social.

Nessa tentativa de renovar o conceito de desenvolvimento, vários novos enfoques foram concebidos: *desenvolvimento local*, *desenvolvimento participativo*, *desenvolvimento humano*, *desenvolvimento social*, *desenvolvimento integrado* e *desenvolvimento sustentável*[4]. Nesse sentido, faz-se mister discutir esta última noção, tal sua relevância na agenda de debates na atualidade e sua pertinência com a discussão levantada por Papanek e os demais autores que discutem o design orientado para a sustentabilidade.

A iminência de uma crise ambiental global já estava sendo anunciada há décadas por ambientalistas. A percepção dos efeitos indesejáveis das sociedades ocidentais modernas e as críticas ao consumismo materialista desencadearam um movimento caracterizado pelo ativismo político, o qual McCormick (1992) chamou de *novo ambientalismo*. Surgiram novos argumentos contra os padrões de consumo das sociedades ocidentais modernas, considerados socialmente injustos, moralmente indefensáveis e ambientalmente insustentáveis

---

[4] Para uma definição destas noções, ver Amaro (2003).

(PORTILHO, 2010). O *novo ambientalismo* trazia questões que iam além do mundo natural, questionando a própria essência do capitalismo e o modelo de acumulação material.

A percepção dos impactos ambientais negativos dos padrões e dos níveis de consumo parece ter se intensificado nos anos 1990, culminando em um novo discurso dentro do pensamento ambientalista internacional, o qual relaciona a degradação ambiental não mais exclusivamente ao aspecto da produção, mas também, e principalmente, aos elevados padrões de consumo e estilos de vida dos indivíduos, sobretudo nas sociedades afluentes dos países desenvolvidos. Essa mudança discursiva poderia ser explicada pela tendência a uma mudança paradigmática do princípio estruturador da sociedade da produção para o consumo (PORTILHO, 2010).

Nesse sentido, as ações individuais no âmbito das escolhas de consumo passaram a ser defendidas por inúmeros pesquisadores e instituições como sendo uma boa estratégia de mudança rumo a uma sociedade sustentável. Em concordância com esse fenômeno de ênfase na esfera do consumo, novos atores de mercado parecem estar se apropriando da economia, a partir de valores próprios. Dessa forma, emergiram com vigor movimentos de consumidores que apontam para a ideia de *cidadania do consumidor*, ao considerar o consumo como uma prática social, política e ecológica (PORTILHO, 2009).

Conforme Canclini (1996), "a expansão das comunicações e do consumo gera associações de consumidores e lutas sociais" (p. 262). Para o autor, no contexto da globalização, a atividade política foi submetida às regras do mercado, de forma que outros modos de participação política e identidade cultural emergiram a partir da degradação da política e da descrença nas instituições sociais. Assim, o exercício da cidadania não pode ser desvinculado do consumo, haja vista que este é a atividade pela qual, atualmente, sentimos que fazemos parte de redes e grupos sociais. Com a hipótese de que, ao selecionarmos e nos apropriarmos dos bens, seguimos uma definição do que consideramos publicamente valioso, Canclini (1996) propõe que *consumo* e *cidadania* sejam observados em conjunto, tomados como processos culturais e práticas sociais que nos conferem sentido de pertencimento social.

Segundo Campbell (2001), o aparecimento da base econômica das sociedades modernas está assentado no surgimento de forças que motivaram o crescimento vertiginoso da produção. Assim, a Revolução do Consumo é parte de uma mudança maior constitutiva da modernidade, junto com a Revolução Industrial (McCRACKEN, 2003). Campbell (2001) preconiza ainda que o consumidor moderno pode ser caracterizado pela infinitude de suas necessidades, o que, por seu turno, provém do hiato entre os prazeres perfeitos de nossos sonhos e as alegrias imperfeitas de nossa realidade. A discrepância entre essas duas facetas daria origem a um anseio contínuo, do qual provém desejos específicos. O consumismo moderno não seria simplesmente materialista, mas primordialmente imaginativo, e o hedonismo moderno teria como elementos principais o devaneio, o desfrute estético e o prazer no uso (ainda que imaginativo) dos objetos (CAMPBELL, 2001).

Autores como Michelletti et al. (apud BARROS; AYROSA, 2003) chamam a atenção para uma mudança no que os consumidores consideram ser uma "boa vida" e para a emergência do consumo afluente como fonte de ansiedade e também de preocupação com o consumo ético ou *sustentável*. Para os autores, aqueles indivíduos engajados em práticas de *consumo consciente* realizam escolhas de produtos e fabricantes tendo por objetivo incentivar mudança nas práticas de mercado. As escolhas de consumo desses atores sociais refletiriam uma compreensão de que os bens materiais estão entrelaçados em um contexto social e normativo, e, dessa forma, consumir seria engajar-se em um ato político. Não obstante, Portilho (2010) acredita que considerar o consumidor como primeiro agente de mudanças ambientais pode ser inadequado e problemático, uma vez que favorece a apropriação privada dos bens naturais e o surgimento de mercados verdes elitizados. Contudo, essas mudanças nas formas de pensar e de fazer política levam à valorização de novas formas de participação do consumidor, inclusive pela via do consumo, seja ele individual ou coletivo. O *consumo colaborativo* é, certamente, uma dessas manifestações no cenário atual.

Uma proposta: a economia do compartilhamento e o consumo colaborativo
O início do terceiro milênio é marcado pela ascensão dos microcomputadores, da internet e, posteriormente, pela difusão das tecnologias digitais móveis (*smartphones* e *tablets*) e das redes sociais. No âmbito das práticas de consumo, tais inovações permitiram uma alteração significativa das formas de produção, distribuição, consumo e descarte de bens e serviços, até então dominadas pelo paradigma da produção industrial que organizava as sociedades afluentes. Os bens de consumo, a partir do pós-Segunda Guerra Mundial, começam a ser diferenciados a partir da presença de elementos intangíveis, como marca, posicionamento, e também pela adição de serviços e experiências a estes atrelados.

Para Brynjolfsson e McAfee (2014), a *segunda era das m*áquinas, representada pelo computador e por outras tecnologias digitais, tem um impacto significativo na cognição humana, assim como a máquina a vapor exerceu na força física durante a *primeira era das m*áquinas, ocorrida durante a Revolução Industrial. O grande acontecimento deste segundo momento é a emergência da *informação* como elemento central tanto no polo da produção quanto no polo do consumo, tornando as práticas de consumo cada vez mais intangíveis e ubíquas a partir do processo de digitalização e de transformação dos elementos de troca de átomos para *bits*, uma vez que se torna possível armazenar conteúdos nos dispositivos digitais e transmiti-los via internet. Vivemos a emergência de um novo paradigma econômico baseado na centralidade do binômio digital/informação, no qual irão gravitar diversas novas práticas de produção, distribuição, consumo e compartilhamento de produtos, serviços, ideias e experiências.

A partir dos microcomputadores e da internet, as diferentes sociedades tornam-se cada vez mais dependentes de recursos intangíveis, baseados em informação e intensivos em comunicação, tanto no âmbito público quanto no privado (FLORIDI, 2011). A velocidade da difusão da informação e o barateamento de sua produção e sua distribuição não apenas promovem uma explosão do acesso à informação, levando a um gradual *empoderamento* dos consumidores, como também possibilitam a entrada em cena de um novo conjunto de atores – as *empresas pontocom*, cujo núcleo dos negócios repousa na internet, o que abala os modelos de negócios anteriormente estabelecidos, baseados na produção e na comercialização de bens tangíveis. Tais empresas são dos mais variados tipos, tamanhos e âmbitos de negócios, envolvendo fabricantes de *hardware* e *software* (Microsoft, Apple), provedores de internet (AOL, Yahoo), *e-commerce* (Amazon, eBay, Alibaba), pagamento digital (PayPal), mecanismos de busca (Google), redes sociais (Facebook, Twitter, LinkedIn, Instagram) etc.

Se no polo da produção observa-se a emergência do império das empresas *pontocom*, no polo do consumo também há novidades significativas. Trata-se da entrada em cena de um novo perfil de consumidores: jovens, socializados desde a primeira infância por essas tecnologias e empoderados pela bonança econômica do final do século XX, que elevou o padrão de vida e de consumo das famílias dos países desenvolvidos. A literatura das ciências humanas e sociais tratou de nomear essa nova geração de consumidores digitais de diversas formas: *geração do milênio* (*Millennials*), *prosumidores*, *nativos digitais* (no âmbito dos estudos em educação) ou *geração Y* (na esfera dos estudos geracionais). Na esfera dos estudos de consumo, consagrou-se o uso do termo *Millennials*.

Várias pesquisas têm procurado descortinar as características da *geração Millennial*, bem como seus motivadores de compra (DELOITTE, 2014; EURO RSCG WORLDWIDE, 2011; NIELSEN, 2014; PEW RESEARCH CENTER, 2010; PwC, 2012; TAPSCOTT, 2010). A despeito das dificuldades em se estabelecer critérios de etapas geracionais, as gerações do século XX podem assim ser elencadas a partir dos respectivos intervalos de nascimento de seus integrantes (NIELSEN, 2014):

- Grande geração (1901-1924);
- Geração silenciosa (1925-1945);
- *Baby boomers* (1946-1964);
- Geração X (1965-1976);

- *Millennials* ou geração Y (1977-1995);
- Geração Z (1995 até o presente).

A chegada dos *Millennials* ao mercado de trabalho, atingindo graus crescentes de protagonismo social e exercendo com maior intensidade o seu potencial de compra, levanta uma série de desafios para as empresas tanto privadas quanto públicas, além da sociedade civil organizada. Segundo o estudo do instituto de pesquisa Nielsen (2014), esses consumidores são eminentemente urbanos e criados no contexto da globalização econômica, o que explica a sua maior tolerância à diversidade e à multiplicidade em comparação aos outros estratos geracionais. Por terem desconfiança dos políticos, dos partidos e do jogo político tradicional, são indivíduos que acreditam na mudança pessoal como veículo de transformação da sociedade, além de terem um impulso significativo para empreender e abrir novos negócios. Portanto, acreditam na capacidade de articulação e colaboração entre indivíduos como solução para os dilemas enfrentados pela sociedade atual em seus diferentes aspectos: consumo, sustentabilidade, participação política, criatividade e expressividade.

Para além da conexão e do empreendedorismo, outra característica bastante distintiva desta geração é sua intimidade com a internet e as tecnologias digitais. Por terem sido socializados desde tenra idade com computadores pessoais, internet e telefones celulares, os *Millennials* não conseguem estabelecer uma separação clara entre o mundo on-line e o mundo off-line, algo feito com naturalidade pelos integrantes da Geração X. Para os primeiros, as tecnologias digitais não são apenas ferramentas, mas veículos de expressão de suas identidades e opiniões pessoais. Nesse sentido, as tecnologias digitais podem ser entendidas como verdadeiras tecnologias subjetivas, por ampliarem os espaços de conexão, realização de negócios e expressão de crenças, valores, gostos e preferências pessoais (GARDNER; DAVIS, 2013; PALFREY; GASSER, 2008; TAPSCOTT, 2010).

Com a crise econômica dos países desenvolvidos, a partir de 2008, as características distintivas dessa geração tornam-se mais agudas. Se antes eram consumidores críticos com relação aos padrões de acumulação material da Geração X, o desemprego e a diminuição de seus rendimentos os tornam indivíduos mais conscientes de suas escolhas de consumo, valorizando empresas, produtos e serviços que sejam comprometidos com a responsabilidade social e ambiental. A valorização de produtos artesanais, locais e autênticos é uma de suas marcas distintivas. Em suma, é uma geração cujo mote pode ser assim descrito: "menos é mais" *(less is more)*.

A maior suscetibilidade quanto às questões ambientais, além do adensamento de novas formas de sociabilidade proporcionadas pelas redes sociais e do excesso proveniente da cultura de consumo por parte dos seus pais – leia-se, o questionamento da felicidade atrelada ao ideal de acumulação material –, formam um poderoso quadro de referência de alteração das expectativas destes consumidores. Para além da simples posse de bens, estes consumidores querem ter acessos, experimentá-los, utilizá-los, mas sem necessariamente deterem a sua propriedade individual. Como os modelos tradicionais de negócios no seio dos mercados afluentes, baseados na economia industrial e no consumismo desenfreado, não dão conta dessas novas demandas, há a necessidade de se reverem os mecanismos de produção, distribuição, comunicação e precificação desses produtos, sempre tendo a internet e as tecnologias digitais como pano de fundo da emergência desses novos modelos de negócios.

A *economia do compartilhamento* surge a partir do colapso da concepção tradicional de desenvolvimento, baseada no acúmulo e na posse de bens materiais e no consumismo desenfreado. Segundo pesquisa realizada pela consultoria PricewaterhouseCoopers, a previsão é que, em 2025, a economia do compartilhamento gere aproximadamente 335 bilhões de dólares em lucros na economia global (PwC, 2015). Seja apropriando-se de bens cuja posse não é sua, alugando casas ou disponibilizando habilidades e competências em troca de acesso a esses bens, é notório o crescimento deste mercado. Visto em perspectiva, o conceito de economia do compartilhamento atende a três grandes demandas por parte dos seus adeptos: a redução significativa dos custos de acesso, distribuição e aquisição destes; a ampliação dos laços de sociabilidade com a comunidade de usuários; e a diminuição dos impactos do consumo no meio ambiente.

Se no polo da produção nota-se a emergência do conceito de compartilhamento de bens, no outro lado afirma-se a noção de *consumo colaborativo*, entendido a partir de uma noção relativamente simples: de que consumidores podem obter valor de bens potenciais que não são totalmente explorados pelos seus detentores de posse (MATZLER; VEIDER; KATHAN, 2015). Nunca é demais ressaltar que a internet e as tecnologias digitais não apenas viabilizaram economicamente tal conceito, mas possibilitaram que um grande número de consumidores pudesse ter acesso a esses bens. A maioria esmagadora dos negócios ao redor desta noção tem a internet como cerne do seu funcionamento.

Segundo Botsman e Rogers (2011), "o consumo colaborativo permite que as pessoas, além de perceberem os benefícios enormes do acesso a produtos e serviços em detrimento da propriedade, economizem dinheiro, espaço e tempo, façam novos amigos e se tornem cidadãos ativos novamente" (p. xiv). Com a crise financeira global em 2008, o consumo colaborativo deixa de ser um nicho de mercado e torna-se uma tendência de negócios promissora, robustecida pelas redes sociais e pelos aplicativos para telefones celulares – que diversificam os canais de acesso, distribuição e consumo desses bens e serviços –, tornando obsoleto o modelo tradicional de posse e acumulação individual dos objetos de consumo.

Botsman e Rogers (2011) classificam os sistemas colaborativos de consumo em três tipos: os *sistemas de serviços de produtos*, os *mercados de redistribuição* e os *estilos de vida colaborativos*. Os primeiros são entendidos a partir do pagamento de uso de produto/serviço temporariamente, sem a necessidade de comprar a sua posse. Estes são a faceta mais visível do consumo colaborativo, representada pela locação de automóveis, residências, itens de moda, bicicletas, ferramentas, livros etc. Um dos casos de maior visibilidade desse modelo de negócios é o *Airbnb*, criado em 2008 pelos norte-americanos Brian Chesky, Joe Gebbia e Nathan Blecharcyzk, cujo mote é facilitar a transação entre pessoas que queiram alugar quartos extras em suas residências para hóspedes temporários com preços mais baratos que os praticados pela rede hoteleira tradicional, tudo isso mediado por uma plataforma digital que possibilita o aproveitamento de espaços ociosos em residências familiares com custos menores para os seus clientes. O mais interessante é que Chesky e Gebbia são designers formados pela Rhode Island School of Design, tornando a empresa um exemplo significativo de como o design tem a ganhar com a adoção de modelos de consumo colaborativo (LASSITER III; RICHARDSON, 2011). O sucesso do Airbnb é tão grande que, recentemente, o valor da empresa foi avaliado em torno de treze bilhões de dólares.

Os *mercados de redistribuição* estão ligados aos mecanismos de trocas e doações, isto é, da transferência da titularidade de bens/serviços, podendo ser organizados de maneira espontânea (brechós, feiras de trocas) ou até mesmo incentivados pelas empresas produtoras dos bens a serem trocados. Como exemplo, nota-se a empresa norte-americana de equipamentos esportivos e vestuário *Patagonia*, que incentiva os seus clientes a revender as roupas usadas a partir de uma parceria com o portal de leilões eBay. A despeito de sua incoerência inicial (uma queda das vendas de novos produtos), tal estratégia aumenta a circulação dos produtos da empresa tanto na internet quando no mundo real, além de reforçar o valor da marca Patagonia como ligada à sustentabilidade e às práticas de consumo colaborativas (MATZLER; VEIDER; KATHAN, 2014).

Por fim, os *estilos de vida colaborativos* abrangem uma miríade de espaços de trocas e compartilhamentos de bens intangíveis entre usuários, como tempo, dinheiro, habilidades e espaço. Segundo Maurer et al. (2012), essas iniciativas podem assumir diferentes formatos: *crowdsourcing* (construção colaborativa e sinérgica de bens, serviços e conteúdos); *crowdfunding* (o financiamento coletivo de projetos privados e iniciativas públicas); *crowdlearning* (as chamadas comunidades de aprendizagem); *couchsurfing* (compartilhamento de hospedagem em residências particulares); e, por fim, *coworking* (espaços de trabalho colaborativos).

Para Botsman e Rogers (2011), as motivações para o consumo colaborativo abrangem desde a redução de custo do bem até a conveniência e um maior comprometimento com os valores da sustentabilidade ambiental, o que é bastante característico da geração *Millennial*.

Devagar se vai ao longe: limites e impasses das práticas de consumo colaborativo
A articulação dos dois eixos temáticos abordados neste artigo, consumo e desenvolvimento, acaba por desembocar em um impasse no momento atual em que vivemos, tanto no âmbito dos negócios quanto no das teorias sociológicas e antropológicas que o problematizam (BARBOSA; CAMPBELL, 2006; BOURDIEU, 1979; EDWARDS, 2000; McCRACKEN, 2003). Margolin (2002) descreve tal impasse a partir do conflito patente entre dois modelos de desenvolvimento, sociedade e consumo por ele assim denominados: o *modelo de sustentabilidade do mundo* versus o *modelo de expansão do mundo*. O primeiro baseia-se na ideia de que "o mundo é um sistema de equilíbrio de forças ecológicas constituído por recursos finitos. Se os elementos desse sistema forem danificados ou desequilibrados ou se os recursos essenciais se esgotarem, o sistema sofrerá graves danos e provavelmente entrará em colapso" (p. 109). Por seu turno, o segundo modelo "consiste em mercados nos quais os produtos funcionam, antes e acima e tudo, como moedas de troca econômicas" (p. 109). O impasse reside no fato de que, a despeito dos argumentos sobre o esgotamento dos recursos naturais e do acúmulo dos problemas ambientais globais, o modelo de expansão é não apenas hegemônico no âmbito dos países desenvolvidos, mas também se encontra em plena expansão nos países emergentes e no Hemisfério Sul. Isso graças ao processo de globalização econômica das últimas décadas, além da difusão do materialismo via o ideário do consumismo, que ganha uma nova dinâmica a partir da difusão da internet e das tecnologias digitais nesses países.

O modelo de expansão do mundo é impulsionado pelo *materialismo*, entendido como sendo a importância que uma pessoa outorga aos bens materiais, bem como a crença de que a felicidade humana repousa na posse de determinados bens (BELK, 1985; 2001). Sua base reside no tripé: *acumulação* constante de bens, *possessividade* destes e *inveja* de outros que porventura possuam bens que não estejam na posse do indivíduo em questão (BELK, 1985; 2001). Dessa forma, o materialismo seria a moralidade dominante da cultura de consumo contemporânea, representando um conjunto organizado de crenças e valores que estrutura e regula o funcionamento da subjetividade aderida a essa visão de mundo na qual a acumulação de bens materiais levaria à felicidade e à realização humanas.

O colapso iminente do modelo econômico expansionista diante da natureza inaugura o que o sociólogo Ulrich Beck (1986) denomina *sociedade do risco*, que seria o estágio da modernidade no qual começam a tomar corpo as ameaças produzidas durante o percurso da sociedade industrial. Para o autor, o sistema industrial mundial encontra-se à mercê da natureza que ele próprio contaminou industrialmente. Ao contrário de uma natureza socializada, o que ocorre é a socialização das destruições do meio ambiente e sua transformação em ameaças sociais, econômicas e políticas de uma sociedade mundial superindustrializada

(BECK, 1986). O autor cita, ainda, catástrofes mundiais para afirmar que, atualmente, o risco não conhece fronteiras, uma vez que o desenvolvimento da modernidade e do modelo de produção industrial a ela atrelada – que tinha como um de seus motes a erradicação das limitações humanas –, coloca a humanidade sob o signo do medo, ante a riscos dos quais não há como fugir:

> Esta lógica de produção e divisão de riscos se desenvolve em contraposição à lógica de divisão de riquezas, a qual dominou até agora o pensamento social. Enquanto no século XIX e na primeira metade do século XX os riscos se restringiam a locais e grupos, hoje as consequências da modernização se converteram em ameaças irreversíveis a todos os ecossistemas, onde a produção e reprodução dos riscos não respeitam as fronteiras dos Estados nacionais, configurando-se em ameaças globais (BECK, 1986, p. 19).

A passagem do modelo expansionista para o modelo de sustentabilidade exigiria uma mudança de enfoque, tanto no âmbito da produção de bens quanto nas práticas de consumo. Segundo Manzini (apud MARGOLIN, 2002), em artigo publicado em 1994, a implantação do modelo de sustentabilidade passaria por três possíveis cenários: a *redução da obsolescência programada* e o aumento do tempo de vida dos produtos; o *investimento na economia do compartilhamento* e no *consumo colaborativo*; e, por fim, a *redução drástica* dos níveis de consumo atualmente experimentados nas sociedades afluentes.

O termo obsolescência programada é central para o entendimento da descartabilidade elevada dos bens materiais na contemporaneidade, bem como o encurtamento cada vez maior do ciclo de vida de produtos e serviços. A prosperidade econômica norte-americana do pós-guerra, a expansão dos mercados de consumo do mundo em desenvolvimento e a crescente indústria da publicidade proporcionaram a criação de uma sociedade que demanda incessantemente a novidade, impulsionada pelo consumismo exacerbado de indivíduos e famílias. Packard (1960), em sua obra seminal sobre o tema, chama a atenção para o surgimento de uma *era da descartabilidade* baseada no desperdício e incentivada pela busca incessante da prosperidade material e do novo, entendida como a base do estilo de vida americano. Observa-se um deslocamento não apenas semântico, mas também das práticas de consumo, em que produtos e serviços não mais atenderiam às necessidades básicas dos seres humanos, e sim à miríade de desejos incessantemente produzidos por uma moralidade do consumo da novidade, do desperdício e do luxo.

A história da obsolescência programada inicia-se no século XX, a partir de três etapas (SLADE, 2006): a *obsolescência de produto*, fruto da inovação tecnológica; *a obsolescência psicológica*, com a criação de uma disposição psicológica por parte dos consumidores – via indústria da publicidade – em trocar os produtos por versões mais novas, e não apenas por inovações tecnológicas; e, por fim a *obsolescência planejada*, em que as indústrias manipulam a durabilidade dos produtos. Nesse sentido, esta última pode ser definida como "o conjunto de técnicas que são usadas para limitar artificialmente a durabilidade de bens manufaturados a fim de estimular o consumo contínuo" (SLADE, 2006, p. 13).

Ao deslocar a posse dos produtos/serviços para o seu uso, bem como ampliar o seu espectro a partir do compartilhamento com outros usuários, o consumo colaborativo abre uma nova forma de enfrentar o problema da descartabilidade dos objetos, do desperdício e da difusão destes para públicos cada vez mais amplos, que porventura não tenham acesso por não disporem das condições econômicas necessárias para adquiri-los individualmente. Nesse sentido, o consumo colaborativo parece abrir um futuro promissor para as práticas de consumo.

Entretanto, é preciso lembrar que existem fatores que inibem a adoção dessas práticas de consumo, tais como o materialismo exacerbado, a percepção de escassez do recurso a ser compartilhado e a percepção de perda do valor do bem que será objeto da posse compartilhada (BELK, 2007). Dito de outra maneira, dois são os principais obstáculos à adoção do modelo de sustentabilidade: o materialismo exacerbado e o poder da inovação tecnológica, em especial no âmbito das tecnologias digitais e de acesso à informação. Ambos exerceriam um poder de sedução irresistível aos consumidores em escala global, ao afirmar os valores do progresso, da acumulação material e do consumo conspícuo como índices de felicidade e realização pessoal. Segundo Margolin (2002), isso é alimentado tanto pelo fato de que a "qualidade de um produto está bem além do que é exigido pelas necessidades do usuário, mas o produto é comprado porque representa o melhor que existe e isso constitui uma manifestação simbólica" (p. 112), quanto pela criação de mercados para produtos até então não existentes – representada na literatura de negócios pela famosa estratégia do oceano azul (KIM; MAUBORGNE, 2005).

Daí a dificuldade que Margolin (2002) assinala quanto à possibilidade de afirmação do modelo de sustentabilidade, não apenas em razão dos interesses econômicos e políticos que sustentam o modelo de expansão material, mas também pelo predomínio da moralidade do materialismo como ideal de progresso e felicidade humana. Para tal, impor-se-ia a necessidade de uma mudança do estilo de vida dos consumidores para uma redução dos níveis de consumo atualmente existentes, presente nos manifestos e cartilhas dos defensores do consumo sustentável. E, não obstante, seriam necessárias alterações no campo da produção e da comercialização de bens, no sentido de disponibilizar alternativas ao modelo dominante baseado em sua aquisição e sua acumulação. Dessa maneira, a tarefa crucial do design ambientalmente responsável seria criar produtos/serviços segundo esta orientação, gerando alternativas que tornassem negócios ambiental e socialmente responsáveis cada vez mais acessíveis a grande parte da população.

Análises inspiradas nas questões ambientais, usualmente enquadradas em termos de *restrição, excesso* e *escolha individual*, tendem a focar no consumo de energia, água e outros recursos naturais, mas não nos serviços e nas experiências que o tornam possível. Ao focar exclusivamente na ação individual, e consequentemente recriminar a moralidade subjacente a tais ações, essas análises falham em detectar mudanças culturais e geracionais de necessidade, expectativas e práticas. Em resposta e em contraste a essa visão, Shove (2003) adota uma proposta diferente ao iniciar pela discussão sobre a transformação sociotécnica das convenções coletivas e, assim, gerar um entendimento social mais minucioso das mudanças ambientalmente significantes.

De modo geral, a obra de Shove (2003) foca nas atividades humanas mais comuns e nos objetos utilizados em tais atividades, associando a sociologia do consumo e a sociologia da tecnologia, na tentativa de investigar as mudanças vivenciadas pelas últimas gerações no que tange às expectativas de conforto, limpeza e praticidade, bem como investigar o significado social das práticas. Shove (2003) afirma que o consumo rotinizado é profundamente formatado por forças culturais e econômicas e controlado por concepções de normalidade da vida social. Não obstante, a autora questiona o significado dessa suposta "normalidade" implícita em nossas práticas domésticas cotidianas. Além disso, Shove (2003) propõe que as pesquisas e políticas socioambientais busquem compreender a reestruturação coletiva da expectativa e dos hábitos. Sem a intenção de definir o que seria normal e o que seria excepcional, a autora analisa um conjunto de práticas e expectativas que constituem a vida diária e formam o que seria comumente visto como o cenário onde os dramas da interação social contemporânea são representados. Casas, escritórios, aparelhos domésticos e roupas têm um papel crucial na nossa vida, mas não questionamos como e por que executamos tantos rituais diários associados a eles.

Sob essa perspectiva, seria necessário considerar não apenas os produtos, por meio dos quais as expectativas dos sujeitos são satisfeitas, mas principalmente quais são as expectativas atualmente presentes, e, dessa forma, adotar o princípio de seguir as práticas que estão mudando rapidamente e que são problemáticas, do ponto de vista socioambiental. Dito de outra maneira, de nada adiantaria a substituição de um estilo de vida consumista por um estilo de vida sustentável apenas pela mudança na produção destes, mas sim pelas práticas de consumo que seriam reforçadas pela presença de serviços que proporcionariam a adoção e o fortalecimento destes ao longo do tempo.

É nessa junção, entre o polo da produção e o polo do consumo, que o argumento de Shove (2003) nos ajuda a compreender a importância dos designers na criação dos serviços que dariam suporte às práticas de consumo colaborativas. Para isso, o papel da internet, das tecnologias digitais e das redes sociais é de crucial importância para a adoção e a difusão dessas novas práticas de consumo, justamente por serem as plataformas de difusão e popularização destes perante uma audiência cada vez maior de consumidores, em sua grande maioria *Millennials*. Segundo Botsman e Rogers (2011):

Para que novos hábitos, ideias e visões tenham sucesso, eles precisam de uma rede e de uma plataforma que transformem princípios em comportamentos em uma escala global. As mudanças que estamos discutindo estão ocorrendo em um momento em que uma confluência extraordinária de desenvolvimento tecnológico e cultural torna a realização desses valores não apenas possível, mas também duradoura. O compartilhamento sempre dependeu de uma rede – mas agora temos uma que está redefinindo seu âmbito, seu significado e sua possibilidade. É claro que essa rede é a internet (p. 46).

Portanto, enquanto proposta, a economia colaborativa é não apenas uma lufada de ar fresco nas formas de proposição e criação de valor para os negócios, mas também uma alternativa para as práticas de consumo na sociedade contemporânea. Impulsionado pelas tecnologias digitais, a internet e as redes sociais, o consumo colaborativo torna-se cada vez mais presente na vida dos consumidores *Millennials*, despontando como um dos vários elementos presentes na agenda de reformas da economia capitalista (KOTLER, 2015). No entanto, vale registrar duas observações importantes. A primeira diz respeito aos diferentes ciclos de oferta, maturação e difusão da economia colaborativa nas economias desenvolvidas e emergentes, dado que o modelo de sustentabilidade encontra-se mais difundido nas primeiras em comparação com as segundas.

Nas cidades brasileiras, o consumo colaborativo começa a despontar como uma opção disponível ao consumidor. Suas facetas mais visíveis estão nas estações virtuais e físicas de aluguel e compartilhamento de bicicletas espalhadas ao longo das principais capitais brasileiras; na profusão de espaços de *coworking* e de ambientes colaborativos de trabalho que conectam recursos, empresas e pessoas nas mais diversas regiões do país; e na proliferação de plataformas de financiamento coletivo que podem movimentar cerca de nove bilhões de dólares até 2025, perfazendo um total de 10% da projeção de arrecadação mundial desse tipo de negócio (CATARSE, 2014).

A segunda diz respeito ao fato de que o sucesso da economia colaborativa depende não apenas de uma maior conscientização do consumidor diante dos dilemas postos pela agenda do movimento da sustentabilidade ambiental, mas também de um ajuste significativo no polo da produção e da comercialização de bens/serviços, proporcionando o acesso e a experimentação dos consumidores. Em ambos os casos, a tarefa dos profissionais de negócios, marketing, designers e empreendedores é engajar-se na busca de propostas e soluções que difundam cada vez mais os benefícios, as vantagens, as comodidades e as conveniências dos modelos colaborativos de produção e consumo, independentemente dos níveis de desenvolvimento econômico das sociedades em questão.

Referências

AMARO, R. R. Desenvolvimento: um conceito ultrapassado ou em renovação? Da teoria à prática e da prática à teoria. *Cadernos de Estudos Africanos*, n. 4, p. 35-70, 2003.

BARBOSA, L.; CAMPBELL, C. O estudo do consumo nas Ciências Sociais contemporâneas. In: BARBOSA, L.; CAMPBELL, C. (Org.). *Cultura, consumo e identidade*. Rio de Janeiro: FGV, 2006.

BARROS, D. F.; AYROSA, E. Consumo consciente: entre resistência do consumidor e discurso identitário. In: *V Encontro de Marketing da ANPAD*, Curitiba, 2012. Disponível em: <http://www.anpad.org.br/diversos/trabalhos/EMA/ema_2012/2012_EMA257.pdf>. Acesso em 12 mar. 2014.

BECK, U. *La sociedad del riesgo*: hacia una nueva modernidad. Buenos Aires: Paidós, 1986.

BELK, R. W. Materialism: trait aspects of living in a material world. *Journal of Consumer Research*, v. 12, n. 3, p. 265-280, dez. 1985.

_____. Materialism and you. *Journal of Research for Consumers*, v. 1, n. 1, 2001.

_____. Why not share rather than own? *The Annals of the American Academy of Political and Social Science*, v. 611, n. 126, 2007.

BOTSMAN, R.; ROGERS, R. *O que é meu é seu*: como o consumo colaborativo vai mudar o nosso mundo. Porto Alegre: Bookman, 2011.

BOURDIEU, P. *A distinção*: a crítica social do julgamento. São Paulo; Porto Alegre: EdUSP/Zouk, 1979.

BRYNJOLFSSON, E.; McAFEE, A. *The second machine age*: work, progress and prosperity in a time of brilliant technologies. Nova York: W.W. Norton & Co., 2014.

CAMPBELL, C. *A ética romântica e o espírito do consumismo moderno*. Rio de Janeiro: Rocco, 2001.

CANCLINI, N. G. *Consumidores e cidadãos*: conflitos multiculturais da globalização. Rio de Janeiro: UFRJ, 1996.

CATARSE. (2014) *Retrato Financiamento Coletivo Brasil 2013/2014*. Disponível em: <http://pesquisa.catarse.me/>. Acesso em: 2 abr. 2015.

DELOITTE. *The Deloitte Millennial Survey:* Big demands and high expectations, jan. 2014. Disponível em: <http://www2.deloitte.com/content/dam/Deloitte/global/Documents/About-Deloitte/gx-dttl-2014-millennial-survey-report.pdf>. Acesso em: 2 set. 2015.

EDWARDS, T. *Contradictions of consumption*: concepts, practices and politics in consumer society. Londres: Open University Press, 2000.

EURO RSCG WORLDWIDE. Millennials: the challenger generation. *Prosumer Report*, v. 11, 2011.

FLORIDI, L. *Information*: a very short introduction. Oxford: Oxford University Press, 2011.

GARDNER, H.; DAVIS, K. *The app generation*. New Haven: Yale University Press, 2013.

HERCULANO, S. C. Do desenvolvimento (in)suportável à sociedade feliz. *In*: GOLDBERG, M. (Coord.) *Ecologia, ciência e política*: participação social, interesses em jogo e luta de ideias no movimento ecológico. Rio de Janeiro: Revan, 1992.

KIM, W. C.; MAUBORGNE, R. *Blue Ocean strategy*. Cambridge: Harvard Business School Press, 2005.

KOTLER, P. *Confronting capitalism*: real solutions for a troubled economic system. Nova York: AMACOM, 2015.

LASSITER III, J. B.; RICHARDSON, E. Airbnb: case study. *Harvard Business Review*, 28 set. 2011.

LEWIS, M. *Boomerang*: travels in the new third world. Nova York: W.W. Norton & Co., 2011.

MARGOLIN, V. *A política do artificial*: ensaios e estudos sobre design. Rio de Janeiro: Civilização Brasileira, 2002.

MATTHIJS, M.; BLYTH, M. (Ed.) *The future of the euro*. Oxford: Oxford University Press, 2015.

MATZLER, K.; VEIDER, V.; KATHAN, W. Adapting to the sharing economy. *MIT Sloam Management Review*, v. 56, n. 2, 2015.

MAURER, A. M. et al. Yes, we also can? O desenvolvimento de iniciativas de consumo colaborativo no Brasil. *XXXVI Anais do Encontro da ANPAD*, Rio de Janeiro, 22 a 26 de setembro de 2012.

McCORMICK, J. *Rumo ao paraíso*: a história do movimento ambientalista. Rio de Janeiro: Relume-Dumará, 1992.

McCRACKEN, G. *Cultura & consumo*: novas abordagens ao caráter simbólico dos bens e atividades de consumo. Rio de Janeiro: Mauad, 2003.

McDONOUGH, W.; BRAUNGART, M. *Cradle to cradle*: remaking the way we make things. Nova York: North Point Press, 2002.

NERI, M. *A nova classe média*: o lado brilhante da base da pirâmide. São Paulo: Saraiva, 2010.

NIELSEN. *Millennials*: breaking the myths, 2014. Disponível em: <http://www.nielsen.com/us/en/insights/reports/2014/millennials-breaking-the-myths.html>. Acesso em: 2 set. 2015.

O'NEILL, J. *The growth map*: economic opportunity in the BRICs and beyond. Nova York: Penguim Books, 2011.

PACKARD, V. *The waste makers*. Nova York: David McKay Co., 1960.

PALFREY, J.; GASSER, U. *Born digital*: understanding the first generation of digital natives. Nova York: Basic Books, 2008.

PAPANEK, V. *Design for the real world*: human ecology and social change. 2. ed. Chicago: Chicago Review Press, 2005.

PEW RESEARCH CENTER. *Millennials*: a portrait of generation next, fev. 2010. Disponível em: <http://www.pewsocialtrends.org/files/2010/10/millennials-confident-connected-open-to-change.pdf>. Acesso em: 30 abr. 2015.

PIKETTY, T. *Le capital au XXIe siècle*. Paris: Éditions do Seuil, 2013.

PNUMA. *O que é o IDH*. Disponível em: <http://www.pnud.org.br/IDH/IDH.aspx?indiceAccordion=0&li=li_IDH>. Acesso em: 27 mai. 2015.

PORTILHO, F. Novos atores no mercado: movimentos sociais econômicos e consumidores politizados. *Dossiê Política & Sociedade*, v. 8, n. 15, p.199-224, 2009.

_____. *Sustentabilidade ambiental, consumo e cidadania*. 2. ed. São Paulo: Cortez, 2010.

PwC. *Millennials at work*: reshaping the workplace. 2012. www.pwc.com/gx/en/financial-services/publications/assets/pwc-millenials-at-work.pdf>. Acesso em: 18 set. 2015.

_____. *The sharing economy*. 2015. Disponível em: <http://www.pwc.com/us/en/industry/entertainment-media/publications/consumer-intelligence-series/assets/pwc-cis-sharing-economy.pdf>. Acesso em: 18 set. 2015.

RODRIK, D. *The globalization paradox*: democracy and the future of the world economy. Nova York: W.W. Norton & Co., 2011

ROUBINI, N.; MIHM, S. *A economia das crises*: um curso relâmpago sobre o futuro do sistema financeiro internacional. Rio de Janeiro: Intrínseca, 2010.

SACHS, J. *Common wealth*: economics for a crowded planet. Nova York: Penguin Books, 2008.

SEN, A. *Desenvolvimento como liberdade*. São Paulo: Companhia das Letras, 2000.

SHOVE, E. *Comfort, cleanliness and convenience*: the social organization of normality. Oxford: Berg, 2003.

SLADE, G. *Made to break*: technology and obsolescence in America. Cambridge: Harvard University Press, 2006.

STREECK, W. How will capitalism ends? *New Left Review*, n. 87, p. 35-64, mai./jun. 2014.

_____. *The crisis in context*: democratic capitalism and its contradictions. Cologne: MPIfG Discussion paper 11/15, out. 2011.

TAPSCOTT, D. *A hora da geração digital*. São Paulo: Agir, 2010.

VEIGA, J. E. *Desenvolvimento sustentável*: o desafio do século XXI. Rio de Janeiro: Garamond, 2005.

VEZZOLI, C.; MANZINI, E. *Design for environmental sustainability*. London: Springer Verlag, 2008.

Sobre os autores

Ajanta Sen
Possui pós-doutorado em Planejamento do Desenvolvimento pelo Indian Institute of Technology Bombay (IITB), Mumbai, Índia.
Com seus principais interesses na interpretação de tecnologias em face dos paradigmas culturais para os mercados emergentes, na análise sociocultural-etnográfica de questões relacionadas ao design industrial, e criticando novas tecnologias de mídia e questões de design para os meios de comunicação social, é especializada nas disciplinas de Design de Interação (produtos à base de *chip* feitos para a vida real, que funcionam interativamente em um ambiente de computação), *Computação Social* (trazendo experiências de usuários da vida real ao ambiente computacional por meio de *proxies*), e *Evolução do Design Industrial como uma Coevolução da Tecnologia*.
Dirige o projeto de uma rede de tecnologia chamado "Solar Project", o qual trata de ambientes transculturais de aprendizagem colaborativa para crianças, e é uma iniciativa conjunta entre escolas e institutos de design na Índia e no Reino Unido. O projeto ganhou mais de cem prêmios até o momento. Também é a fundadora do *Design in India* (www.designinindia.net), o único site do país com fontes abrangentes sobre design.
Como pesquisadora na Nanyang Technological University, em Singapura, está envolvida com um projeto de pesquisa de experimentação com as mídias sociais, denominado The Centre of Social Media Innovations for Communities (COSMIC), uma iniciativa de colaboração entre o IITB e as universidades de Singapura – NUS e NTU. O COSMIC visa a capacitar comunidades por meio de inovações nas mídias sociais que melhorem a maneira como estas vivem, trabalham e se divertem.
Alguns de seus notáveis (e contínuos) projetos ocorrem em colaboração com: a Microsoft Corporation e a Microsoft Research, em Redmond, Estados Unidos, e em Hyderabad, Índia; a Motorola India Research, em Bangalore; a Yahoo Research, em Sunnyvale, Estados Unidos; o Google Índia; a Bharat Petroleum Corporation Ltd (BPCL), na Índia; a Indian Oil Corporation (IOC), na Índia; o Khadim's Group, na Índia; a Ahmedabad Municipal Corporation, entre outros.
Ajudou a conceitualizar, aconselhar e co-organizar eventos internacionais, tais como o "Icograda Design week in India", conferência internacional com os temas "Design para crianças" e "Em um planeta todo nosso – uma visão sobre sustentabilidade e design através dos seis continentes".
É jurada de concursos internacionais de design e palestrante principal em plataformas internacionais de design, além de ceder seu tempo como consultora do Indian Architect and Builder (I&B), na Índia. Tem sob sua autoria diversos artigos internacionais sobre design e tecnologia, e foi premiada com uma prestigiada bolsa de estudos sênior pelo Ministério da Cultura do Governo da Índia.

Anna Whicher
Chefe de política do PDR, Centro Internacional de Design e Pesquisa, na Cardiff Metropolitan University. Desde 2009, coordena a rede de onze parceiros europeus que forma o SEE, envolvendo-se com o governo para acelerar a adoção do design em políticas e programas de inovação (www.seeplatform.ue). Entre 2012 e 2015, o SEE apresentou 112 *workshops* práticos para mais de mil decisores políticos sobre os temas política de design, programas de apoio ao design, design de serviço e gestão do design. Faz parte do Bureau of European Design Associations (www.beda.org), é consultora sênior para o Design Council no projeto Design for Europe (www.designforeurope.ue) e é membro do Arts and Humanities Research Council's Public Policy Advisory Group. Tem mestrado em Políticas Públicas Europeias pela University College London e trabalhou também no Parlamento britânico, no Ministério Francês de Assuntos Europeus e na Siemens, em Paris.

Cai Jun
Professor da Academia de Artes e Design e diretor do Laboratório de Pesquisa de Gestão do Design da Tsinghua University.
Anteriormente, foi chefe do Departamento de Design Industrial (2006-2009) e membro dos seguintes órgãos: equipe de avaliação externa do Instituto de Design do IIT (2011); conselho editorial da publicação *Design Issues* (2011-2013); e comitê consultivo internacional do Seoul World Design Capital (2010). Como colaborador externo da Aalto University e da Escola de Design da Hong Kong Polytechnic University, foi também convidado a participar como jurado do Gold Design Award (em Taiwan) e do GMark (no Japão). Em 2013, foi premiado como um dos dez melhores educadores em design da China. Explorando, por meio de experiência acadêmica e prática, a inovação de negócios orientada para o design e o *design thinking* voltado ao usuário, ele assumiu responsabilidades e participou de iniciativas de pesquisa para empresas como Motorola, Nokia, LG, Boeing, Lenovo, Coway etc. em mais de cinquenta projetos, e também conquistou prêmios de design na Noruega, em Hong Kong e em Mainland (China). Escreveu mais de trinta artigos e publicações sobre pesquisa do design, gestão e estratégia do design, entre outros temas. Foi o principal organizador do D2B2 Simpósio Internacional sobre Gestão de Design, em Tsinghua, em 2009, 2011 e 2013.

Darragh Murphy
Consultor de gestão do design e inovação, criou recentemente a empresa de consultoria DUCO, em Curitiba, no Brasil. Graduou-se em Design Industrial pela Loughborough University em 1995. Então, passou a trabalhar para o Hood Associates Industrial Design, em Dublin, na Irlanda, e, em seguida, para a Norsk Hydro, em Cardiff, no País de Gales. É um dos membros fundadores do Design Management Europe Award (DME) e foi nomeado embaixador do DME na América do Sul. Enquanto era pesquisador sênior no PDR, em Cardiff, criou o programa Ireland-Wales Winnovate (programa de inovação em design rural) e garantiu financiamento FP6 por meio do programa PRO-INNO Europe. Suas pesquisas atuais referem-se à aplicação de volumes de dados para a análise de design, inovação e práticas de gestão nas empresas e setores industriais.

Gabriel Patrocínio
Designer e ativista do design, graduou-se pela Escola Superior de Desenho Industrial (ESDI), em 1982, e obteve seu PhD pela Cranfield University, Inglaterra (2013). Sua tese sobre políticas públicas de design recebeu o primeiro lugar no 28º Prêmio do Museu da Casa Brasileira, em 2014. Professor-adjunto e coordenador do Laboratório de Políticas de Design do IFHT/UERJ. Faz parte da diretoria da Associação de Designers Gráficos (ADG) e do Conselho de Design do MAM-RJ. Foi membro do conselho consultivo da Associação Brasileira de Empresas de Design (Abedesign), do conselho de design da Secretaria de Desenvolvimento do Estado do Rio de Janeiro, e ainda professor (desde 1983), vice-diretor e diretor da ESDI (de 2000 a 2008). Possui extensa experiência como conferencista internacional na área de design e inovação e como consultor de propriedade intelectual.

Gisele Raulik-Murphy
Sócia-fundadora do escritório de gestão do design e consultoria política DUCO, em Curitiba, Brasil. Além disso, faz parte do conselho de administração do Centro Brasil de Design e do Conselho de Orientação Artística do Museu Oscar Niemeyer (MON). Originalmente uma designer gráfica, trabalhou no Design Center Paraná, em Curitiba; no Design Council, em Londres; e no Design Wales, em Cardiff. Estabeleceu e coordenou o projeto SEE, uma rede europeia para o desenvolvimento de políticas de inovação em design. Graduada pela Universidade Federal do Paraná (Brasil), também cursou mestrado na Brunel University e doutorado em Política de Design na University of Wales (Reino Unido). No mundo acadêmico, atualmente trabalha para a Universidade Positivo, em Curitiba, e também leciona em vários outros cursos de pós-graduação.

Gui Bonsiepe
Estudou na HfG Ulm (Hochschule für Gestaltung, Ulm) (1955-1959), onde atuou também como professor titular do Departamento de Design Industrial e Comunicação Visual, até o seu fechamento, em 1968. Após isso, mudou-se para a América Latina. No Chile, participou de um programa de assessoramento às pequenas e médias empresas em questões de design industrial (1968-1970) e criou a área de Desenvolvimento de Produtos no Comitê de Investigações Tecnológicas (1971-1973). Na Argentina, criou a área de Desenvolvimento de Produtos no Instituto Nacional de Tecnologia Industrial (1974-1976). No Brasil, criou e coordenou o Laboratório Brasileiro de Desenho Industrial – LBDI, em Florianópolis (1984-1987). Trabalhou em escritórios de projeto e foi docente em diversas universidades latino-americanas, europeias, norte-americanas e asiáticas, como a Escola Superior de Desenho Industrial – ESDI (Rio de Janeiro), a Universidade de Ciências Aplicadas (Köln) e a Universidade das Artes (Zurich). Ocupou a vice-presidência do Conselho Internacional de Sociedades de Design Industrial – ICSID (1973-1975). Publicou diversas obras sobre design industrial e comunicação visual, destacando-se: *Teoria e pratica del disegno industriale* (Milão, 1975); *A "tecnologia" da tecnologia* (São Paulo, 1985); *Dall'oggetto all'interfaccia* (Milão, 1995); *Design: do material ao digital* (Florianópolis, 1997); *Historia del diseño en América Latina y el Caribe* (co-organizador) (São Paulo, 2008); e *Design, cultura e sociedade* (São Paulo, 2011).

H. Alpay Er
Coordenador do Departamento de Design Industrial na Ozyegin University (OzU), em Istambul. Estudou Design Industrial na Middle East Technical University (METU) e completou seu PhD na Manchester Metropolitan University, no Reino Unido, em 1994. Trabalhou no Departamento de Design de Produtos Industriais na Istanbul Technical University (ITU), do qual foi diretor entre 2006 e 2013. Suas áreas de interesse incluem gestão e estratégias de design, políticas, história e educação de design em países emergentes. Sua produção acadêmica aparece em publicações internacionais como *Design Issues* e *Journal of Design History*. É membro da Design Research Society (DRS), da qual recebeu o título de "Fellowship of DRS" em 2006. Participou da Diretoria Executiva (2011-2013) do Conselho Internacional de Sociedades de Design Industrial (ICSID) e, atualmente, é conselheiro regional para o ICSID.

Izabelle Fernanda Silveira Vieira
Doutoranda em Ciências Sociais pela Universidade do Estado do Rio de Janeiro (PPCIS/UERJ), mestre em Ciências Sociais pela Universidade Federal Rural do Rio de Janeiro (CPDA/UFRRJ), especialista em Marketing pela Fundação Getúlio Vargas e graduada em Gestão Comercial pelo Centro Universitário Newton Paiva. Consultora da Pragma Consultoria e Treinamento, LLC, nas áreas de Marketing, Vendas e Gestão Empresarial. Pesquisadora social, seus interesses envolvem as temáticas de sociologia do consumo, mobilidade social, políticas públicas e sustentabilidade.

José Mauro Nunes
Doutor em Psicologia pela Pontifícia Universidade Católica do Rio de Janeiro e psicólogo pela Universidade Federal do Rio de Janeiro. Professor colaborador do Mestrado Executivo em Gestão Empresarial (MEX) e do Corporate International Master's (CIM) da Escola Brasileira de Administração Pública e de Empresas (EBAPE/FGV). Professor convidado dos programas de Educação Executiva do IDE/FGV e professor adjunto do Instituto Multidisciplinar de Formação Humana com Tecnologias (IFHT) da Universidade do Estado do Rio de Janeiro (UERJ). Pesquisador do Laboratório de Políticas de Design (DPLab) e do Laboratório de Estudos da Aprendizagem Humana (LEAH). Consultor associado da Symbállein Consulting Company nas áreas de Marketing, Liderança e Gestão da Mudança Organizacional. Sócio-diretor da Pragma Consultoria e Treinamento, LLC. Autor dos seguintes livros (os dois primeiros escritos em parceria com outros autores): *Comportamento do consumidor* (Rio de Janeiro: FGV, 2014, 3. ed., coleção FGV Management, série Marketing), *Pesquisa de mercado* (Rio de Janeiro: FGV, 2014, 3. ed., coleção FGV Management, série Marketing) e *Linguagem e cognição* (Rio de Janeiro: LTC, 2006).

Juan Camilo Buitrago
Graduado em Design Industrial pela Universidad Jorge Tadeo Lozano, de Bogotá (2001), e mestrado em Sociologia pela Universidad del Valle, Colômbia (2011). Atualmente, é professor associado do Departamento de Design da Universidad del Valle, na Colômbia, e doutorando em História, Teoria e Ensino do Design na Universidade de São Paulo (USP). É autor do livro *Creatividad social, la profesionalización del diseño industrial en Colombia* e publicou vários artigos sobre história e teoria do design na Colômbia e na América Latina. Foi palestrante em eventos especializados na Colômbia, na Argentina, no Brasil, no Reino Unido e nos Estados Unidos. O capítulo escrito é um dos produtos da sua pesquisa de doutorado, intitulada *ALADI. Da criatividade social à libertação de nossos povos*, sediada na Universidade de São Paulo e apoiada pela bolsa FAPESP de doutorado, assim como pela Comisión de Estudios da Universidad del Valle.

Marcos da Costa Braga
Graduado em Desenho Industrial (1985) e mestre em Artes Visuais (1998) pela Universidade Federal do Rio de Janeiro. Doutor em História Social pela Universidade Federal Fluminense (2005). Atualmente, é professor do Departamento de História da Arquitetura e Estética do Projeto da Faculdade de Arquitetura e Urbanismo, Universidade de São Paulo (FAU-USP). Membro do corpo editorial do periódico *Estudos em Design*, do conselho editorial da *Revista Arcos* da ESDI e do conselho científico da revista *Linguagens Gráficas*. Foi coordenador do curso de Design da Unicarioca e da Faculdade de Desenho Industrial Silva e Sousa. Autor de vários textos sobre história do design no Brasil e do livro ABDI e APDINS RJ: *História das associações pioneiras de design do Brasil*, que obteve o segundo lugar na categoria "Trabalhos escritos publicados" no 25º Prêmio Design do Museu da Casa Brasileira. É um dos coordenadores da coleção de livros *Pensando o design*. Membro do grupo de pesquisa de História, Teoria e Linguagens do Design da FAU-USP.

Mugendi K. M'Rithaa
Designer industrial, educador e pesquisador na Cape Peninsula University of Technology. Estudou no Quênia, nos Estados Unidos, na Índia e na África do Sul e é pós-graduado em Design Industrial, Ensino Superior e Design Universal.
Lecionou no Quênia, em Botsuana e na África do Sul e é apaixonado pelas várias expressões do design socialmente (responsivo e) responsável, incluindo design participativo, design universal e design para inovação social e sustentabilidade.
Desde novembro de 2009, é presidente do Conselho Internacional de Sociedades de Design Industrial (ICSID).

Ravi Poovaiah
Membro sênior do corpo docente do Industrial Design Center (IDC), no Indian Institute of Technology Bombay (IITB). Mantém também a Cadeira D L Shah de inovação no IITB.
Tem formação em Engenharia Mecânica, Design de Produto e Ensino de Design Gráfico, tendo estudado, respectivamente, nos institutos indianos de tecnologia de Madras e Mumbai (IITM e IITB) e na Rhode Island School of Design (RISD), Providence, nos Estados Unidos.
Seus interesses de pesquisa são nas áreas de linguagem visual, visualização de informações, narrativas visuais, dispositivos de interação, ambientes de aprendizagem colaborativa e design de ambientes *play-learn* para crianças.
Está envolvido com a construção de recursos digitais de acesso aberto, relacionados aos projetos "Design Learning", "Folk Tales", "Designing for Children", "Design of Way-finding Systems" e "Design in India", com acesso a informação colaborativa em rede.
Nesse sentido, também coordena, juntamente com NID e IIT Guwahati, um projeto patrocinado pelo Ministério de Recursos Humanos, denominado "e-kalpa", que busca criar um ambiente de aprendizagem digital de acesso aberto para o design na Índia.
Também é codiretor de um projeto de pesquisa em experimentação com mídias sociais denominado COSMIC, uma iniciativa de colaboração entre o IITB e as universidades de Singapura – NUS e NTU. O COSMIC visa a capacitar comunidades, por meio de inovações nas mídias sociais que melhorem a maneira como estas vivem, trabalham e se divertem.
Também trabalhou em projetos com os principais líderes da indústria, tais como a Microsoft, o Yahoo e o Google Índia, a Motorola Índia, a Indian Oil Corporation, a Bharat Petroleum Corporation, a Bharat Electronics Limited, a Siemens Índia, entre outros.

Roberto Aragão
Mestrando em Administração Pública e Governo pela Escola de Administração de Empresas da Fundação Getulio Vargas (EAESP-FGV), economista pela Escola de Economia de São Paulo da Fundação Getulio Vargas (EESP-FGV) e consultor da FGV Projetos. Trabalhou no desenvolvimento de projetos na área de economia para diversas empresas e associações. Nos seus trabalhos, costuma fazer previsões de séries de tempo, estudos setoriais, avaliações econômico-financeira e ministrar palestras de cenários econômicos e tendências. Academicamente, é um entusiasta de assuntos relacionados ao desenvolvimento econômico de países.

Robson Gonçalves
Economista, mestre em Economia pela Unicamp, bacharel em Economia pela USP. Foi economista do Banco Central do Brasil, pesquisador do IPEA – Instituto de Pesquisa Econômica Aplicada e professor de Microeconomia e Desenvolvimento Econômico do Ibmec – Rio de Janeiro e do Insper – São Paulo. É professor dos cursos de MBA da Fundação Getulio Vargas, consultor do Instituto Brasileiro de Economia da Fundação Getulio Vargas (IBRE-FGV) e coordenador da FGV Projetos, unidade de consultoria da Fundação Getulio Vargas. Atua como consultor e palestrante nas áreas de estudos setoriais, acompanhamento da conjuntura econômica e planejamento estratégico por cenários. Nos anos recentes, tem se dedicado a pesquisas em neuroeconomia.

Sylvia Xihui Liu
Tem como objetivo a pesquisa sobre a relação entre design e negócios e a criação de valor por meio do design. Em fevereiro de 2013, foi nomeada como professora-assistente de pesquisa da Faculdade de Design da Hong Kong Polytechnic University, onde concluiu seu pós-doutorado em 2011. Antes disso, atuou como gerente de design da empresa Nova Design (em Xangai) de 2002 a 2007. Como chefe do departamento de design, ela gerencia projetos de design que se estendem da área de comunicação a aparelhos domésticos e transporte. Seus serviços de consultoria abrangem design de produto, gestão de marca e estratégia de design. Seus clientes incluem Siemens, General Motors, Yamaha e Electrolux. Em conjunto com sua equipe, ela conquistou inúmeros prêmios internacionais de design, como o IDEA, o IF e o Red Dot. Sua pesquisa atual busca construir capacidade de design para empresas chinesas, definindo o papel do design na estratégia de negócios e na construção da identidade de marca. Também é consultora para as novas políticas de design chinesas.

Victor Margolin
Professor emérito de História do Design na Universidade de Illinois, Chicago. Editor-fundador e agora coeditor da revista acadêmica *Design Issues*.
Publicou amplamente sobre diversos tópicos, incluindo história do design, design social, design para o desenvolvimento, ensino do design e teoria do design. Lecionou em congressos, universidades e escolas de arte em muitas partes do mundo, e também realizou seminários práticos na Academia Bezalel de Artes e Design, em Jerusalém, e na Universidade Politécnica de Milão, onde coministrou uma conferência denominada *Design for the good society* para estudantes de design de serviço.
Os livros que escreveu, editou ou coeditou incluem *The American poster renaissance*; *Propaganda: the art of persuasion, WW II*; *The promise and the product*; *The struggle for utopia: Rodchenko, Lissitzky, Moholy-Nagy, 1917-1936*; *Design discourse*; *Discovering design*; *The idea of design*; *The designed world: images, objects, environments*; *A política do artificial:* ensaios e estudos sobre design; *Culture is everywhere*; *The museum of corn-temporary art*; e *Design e risco de mudança* (em português). Seus livros também foram traduzidos para cinco línguas. Os dois primeiros dos três volumes de sua coletânea *World history of design* foram publicados em abril de 2015.

Anexo 1

**ORGANIZAÇÃO DAS NAÇÕES UNIDAS
PARA O DESENVOLVIMENTO INDUSTRIAL**
Distr.
RESTRITO
UNIDO/ITD.180
18 de abril 1973

ISENÇÃO DE RESPONSABILIDADE: *As opiniões expressas neste documento são exclusivas do seu autor e não refletem necessariamente a visão da Organização das Nações Unidas para o Desenvolvimento Industrial. (Como estabelecido pela Circular Administrativa UNIDO/DA/PS/AC.69 de 17 de dezembro de 1990). Este documento foi reproduzido sem edição formal.*

Desenvolvimento pelo design

*Um documento de trabalho preparado para a UNIDO a pedido do ICSID
por Gui Bonsiepe - Consultor id.73-2557*

Sumário
Prefácio
Notas históricas
Descrição do design industrial
De interpretações orientadas pela arte a interpretações orientadas pela tecnologia
O núcleo do design industrial
Condições tecnológicas para o design industrial
Áreas de produtos do design industrial
O que o design industrial não é
Design industrial e profissões limítrofes
Sua relação com engenharia mecânica e marketing
Sua relação com outros campos de design
Design de artes e artesanato
Design industrial e sua importância para os países em desenvolvimento
Possíveis campos de atuação do design industrial em países em desenvolvimento
Algumas regras gerais para políticas de design industrial
O papel específico do design industrial em países em desenvolvimento
A situação nos países industrializados
A abordagem diferente do design industrial em países em desenvolvimento
Definições para grupos de design industriais em desenvolvimento
Promoção do design industrial
Informações
Apoio logístico à promoção e à informação do design
Formação de designers industriais
Design industrial em programas de assistência técnica
O papel do ICSID

Anexo: Estudos de Caso[1]
Design de uma máquina de semeadura agrícola
Design de mobiliário de baixo custo
Design de uma embalagem de ovos para o atacado
Design de uma marmita
Design de uma caixa de correio
Design de equipamentos para jardins de infância
Exterior de uma calculadora eletrônica de mesa
Conjunto de porcelanas econômico
Toca-discos
Caixa de plástico para o transporte de frutos do mar
Sala de operação para um MIS (sistema de gerenciamento de informação)

---

1 Nesta edição, não foram incluídos os estudos de caso relacionados no Sumário, por não estarem presentes no documento a que se teve acesso. [N.E.]

Prefácio

Este artigo foi elaborado em fevereiro de 1973, a fim de servir de base para a discussão entre os representantes da UNIDO e do ICSID.

As ideias e propostas expressas no presente documento não pretendem refletir uma opinião oficial, nem do ICSID nem de qualquer outra instituição ou grupo de designers industriais. O autor considerou as orientações dadas pela UNIDO no que se refere aos itens que este documento deve abranger e à sua finalidade: servir como um "abridor de olhos".

O autor tentou dar um relato do papel que o design industrial poderia desempenhar como fator de desenvolvimento nos países em desenvolvimento.

Este artigo é baseado em uma experiência de cinco anos de trabalho como designer industrial em países da América Latina, parte dos quais foi sob contrato de uma agência internacional. Além disso, houve publicações consultadas que lidam com o assunto "design industrial/países em desenvolvimento/desenvolvimento".

Existem hoje opiniões diferentes (refletindo diferentes interesses) sobre o papel que a indústria pode e deve desempenhar nos países em desenvolvimento. Como nenhuma opinião pode fingir que possui validade universal, o autor fez uso do direito de apresentar um ponto de vista que pode defender e que considera fazer justiça aos interesses dos países em desenvolvimento.

I. Notas históricas

Como **profissão**, o desenho industrial tornou-se reconhecido há cerca de duas gerações, quando, pela primeira vez, cursos universitários nesta especialidade foram oferecidos na Europa e nos Estados Unidos.

Como **atividade**, no entanto, remonta ao século XIX, quando a industrialização começou a mudar a fisionomia do mundo material.

Como **ferramenta para o desenvolvimento**, especialmente a promoção das exportações, seu papel foi reconhecido no início da primeira década deste século.

Como **ferramenta de marketing**, passou a ser usado no início dos anos 1930.

Como área de promoção governamental, estabeleceu-se em meados dos anos 1940.

II. Descrição do design industrial

(a) De interpretações orientadas pela arte a interpretações orientadas pela tecnologia

Uma interpretação de desenho industrial é como um casamento entre **arte e tecnologia** ou arte e indústria. Essa interpretação mostra as dificuldades que surgem quando um novo acontecimento é explicado em termos de fenômenos já existentes, conhecidos. Ela não dá informações suficientes sobre o caráter do design industrial para que se possa chamá-lo de uma mistura de arte e tecnologia.

Em seus primórdios, ao design industrial, que não era chamado por esse nome, foi atribuída a tarefa de **embelezar produtos industriais feios**. Arte (com letra maiúscula) era vista como uma força "civilizatória" para a indústria (brutal).

De acordo com outra opinião, o design industrial pode ser explicado como um resultado do fracasso das profissões de engenharia; supondo que os engenheiros não possuem nem sensibilidade estética nem a capacidade de síntese, isto é, de ver o produto em seu conjunto. Enquanto o designer industrial é visto como um indivíduo especialmente dotado, cuja tarefa consiste em coordenar os esforços de outros profissionais. Essa opinião não tem base empírica e resulta de uma ilusão. Ela tem causado desconfiança justificada entre industrialistas e tecnólogos e não pode ser considerada um argumento adequado para introduzir o design industrial na indústria.

Os já citados pareceres salientam em excesso os aspectos estéticos e culturais do design industrial, negligenciando outros aspectos tão ou ainda mais importantes, tais como **valor de uso, produtividade e inovação tecnológica**.

Na história do design industrial, pode-se observar a mudança de interpretações orientadas pela arte para interpretações orientadas pela tecnologia, e até mesmo pela ciência.

(b) O núcleo do design industrial

O design industrial está estreitamente entrelaçado com e dependente do contexto socioeconômico em que é exercido. Portanto, é imprudente tentar formular uma definição universalmente aceita de design industrial. Pode existir um acordo geral sobre **o que** o designer industrial está fazendo, mas a discordância que pode surgir quanto à pergunta "**para quê?**" tem de ser resolvida. O método e o conteúdo desta atividade podem ser bastante semelhantes em diferentes partes do mundo onde o design industrial formou bases; os objetivos, por outro lado, serão diferentes.

No entanto, no decurso das duas últimas décadas, têm sido propostas diversas formulações de design industrial que coincidem em certos traços da atividade e que podem formar um ponto de encontro para um consenso geral.

O design industrial centra-se em torno dos seguintes tópicos:

(i) Está preocupado com a **melhoria da usabilidade** de produtos industriais, elemento integrante de sua qualidade geral. Do ponto de vista do design industrial, um produto é, em primeiro lugar, um objeto que oferece certos serviços, satisfazendo assim às **necessidades do usuário**.

(ii) Está preocupado com as "propriedades formais" de produtos industriais. Características formais referem-se a toda a aparência de um produto, incluindo sua configuração tridimensional, sua "fisionomia", sua textura e sua cor. (O termo "formal" é preferível ao termo "estético", sendo mais descritivo do que avaliador.)

(iii) Trata-se de uma atividade **inovadora**. É um tipo especial de inovação tecnológica.

(iv) Está preocupado com a **comerciabilidade do produto** no que se refere a seu mercado de vendas, tanto em termos de fornecimento de matérias-primas como de demanda do produto.

(c) Condições tecnológicas para o design industrial

O design industrial está ligado à satisfação de necessidades, na medida em que tais necessidades podem ser satisfeitas por estruturas físicas convencionalmente chamadas de "produtos". A fim de ser capaz de satisfazer a essas necessidades individuais, coletivas ou de grupo, o design industrial pressupõe uma **tecnologia de produção** (máquinas, materiais, mão de obra, métodos de organização industrial, técnicas de gestão) e uma **tecnologia de distribuição** (marketing incluindo análise de necessidades, diversificação de produtos, publicidade, política de sortimento, avaliação de produção, embalagem). Sem essas duas tecnologias, o design industrial não pode existir.

(d) Áreas de produtos do design industrial

Embora o designer industrial lide com inovação de produto, não é em toda variedade da produção industrial que ele se envolve. A divisão – emprestada da economia – entre bens de consumo e bens de capital não serve para fins de design industrial. O fator decisivo que determina quando e onde o design industrial poderia e deveria participar difere entre as taxonomias de produto existentes.

O núcleo do design industrial é formado por aqueles produtos em que exista uma **interação operativa perceptiva e/ou operacional direta** entre o usuário e o objeto.

Por essa razão, o design industrial é de pouca importância quando o problema de design consiste no design de um cabo transoceânico – embora seja evidente que esse é um produto industrial.

Pela mesma razão, o design industrial é chamado ou deveria ser chamado quando o problema se encontra em um dos seguintes:

um assento de trator,
um arado,
uma ferramenta,
um aparelho de cozinha,
um instrumento médico,
uma fonte de luz,

um recipiente de leite,
um pacote de alimento,
um dispositivo para conservação de alimento,
um equipamento de transporte,
um brinquedo,
um componente para casas pré-fabricadas,
um dispositivo para fins educativos,
– para nomear apenas alguns produtos.

As **qualidades de uso** desse espectro tão amplo de produtos são determinadas por uma série de fatores, tais como:

conforto,
simplicidade de uso,
durabilidade,
funcionalidade,
segurança,
facilidade de limpeza,
facilidade de manutenção e reparação.

Esses fatores estão relacionados aos **custos**, que dependem de **fatores tecnológicos**, tais como:

montagem simples,
grau de padronização,
tolerâncias,
utilização do método de produção correto,
utilização do material correto,
acabamento.

(e) O que o design industrial não é

Diante dessas observações, uma conclusão pode ser estabelecida sobre o que o design industrial não é.

O design industrial não é apenas envolver com novas formas agradáveis, atraentes e elegantes produtos (supostamente) feios.

O design industrial não é cirurgia plástica.

O design industrial não é simplificação.

O design industrial não é tornar "sexy" antigas formas fora de moda.

É claro, o design industrial pode ser tudo isso, e seria ingenuidade ignorar ou negar que ele é praticado nesse sentido. Mas essa orientação não é adequada para países em desenvolvimento, e é altamente questionável em países industrializados (desperdício de recursos, crise ecológica).

III. Design industrial e profissões limítrofes

(a) Sua relação com engenharia mecânica e marketing

O design industrial não é apenas uma atividade multidisciplinar, mas também é interdisciplinar, ou seja, é uma atividade realizada em interação direta, e não apenas em paralelo, com outras disciplinas envolvidas no processo de design. Salvo em raros casos (produtos de baixa complexidade), não é só o designer industrial que projeta o produto, em esplêndido isolamento, podendo ser considerado como a única autoridade responsável pelo design.

O produto industrial, ao contrário dos produtos artesanais, resulta de um **trabalho em equipe**, com a participação de um variado número de outras profissões, incluindo profissões de design como engenharia mecânica.

Os vizinhos profissionais diretos do design industrial, especialmente no caso de produtos mais complexos, são a engenharia mecânica e a engenharia de produção, de um lado, e o marketing, do outro. Todos esses profissionais influenciam no design final de um produto. Os designers industriais compartilham núcleos – como foi mencionado anteriormente – em torno das qualidades de uso, incluindo as qualidades formais dos produtos.

A divisão de funções entre "designer de entranhas" e "designer de pele" é errada e enganadora, pois não existe uma clara linha divisória entre o interior e o exterior de um produto industrial. Estrutura e forma representam, ou deveriam representar, um todo coerente, e não uma mistura de componentes separados, muitas vezes incompatíveis entre si.

A diferença entre design industrial e engenharia mecânica não é vista quanto ao método (arte *versus* ciência), mas sim quanto à ênfase colocada em certos aspectos do problema de design. O designer industrial lida predominantemente com **aspectos não quantificáveis** da solução do problema de design.

(b) Sua relação com outros campos de design

Muitas vezes, o termo genérico "design" é utilizado para representar uma série de especializações da área, tais como:

design gráfico,
design de exposição,
design de embalagens,
design de interiores,
design arquitetônico,

design de moda,
design de artes e artesanato (e artesanato com base em design).

O design de interiores é uma disciplina independente. O mesmo se aplica para arquitetura, design gráfico e design de moda.

O design de embalagens fica na fronteira entre design gráfico, que se ocupa das informações bidimensionais da embalagem, e design industrial, que é o responsável por forma tridimensional, fechamento, empilhamento etc. da embalagem. Na verdade, escritórios de design industrial muitas vezes lidam com design de embalagem, e o lCSID considera a embalagem como parte do design industrial.

Assim, embora o **design industrial** esteja principalmente preocupado com essas duas áreas, design de **produto** e design de **embalagem**, há zonas intermediárias de atuação, tais como design de componentes arquitetônicos, que é um campo onde design industrial e arquitetura se mesclam, e design de exposição, que é muitas vezes visto como parte da atividade de design industrial.

(c) Design de artes e artesanato

O design de artes e artesanato é muitas vezes, especialmente nos países em desenvolvimento sem infraestrutura tecnológica, considerado como precursor ou etapa preparatória do design industrial e, por vezes, até mesmo identificado como a entidade completa de desenho industrial. A última assunção é falsa.

Há uma distinta diferença entre design de artes e artesanato e **design** para indústrias **artesanais**. O primeiro refere-se à fabricação parte por parte, em áreas como cerâmica, tecelagem, tecelagem com cana e junco, joias e artigos de couro, com meios tecnológicos e organização de trabalho simples. Enquanto o segundo refere-se especialmente a porcelana e têxteis, produzidos em escala industrial, com máquinas e organização de trabalho específicas. Esses produtos podem ser incluídos sob o título "design industrial", mas seria um erro tratar o design de artes e artesanato como única e principal estratégia para países em desenvolvimento. O potencial de desenvolvimento do design de artes e artesanato é bastante limitado. A **industrialização** é, precisamente, uma forma de superar os métodos de fabricação artesanais, e permanecer nesse nível leva a um autoinfligido corte nas possibilidades de desenvolvimento.

IV. Design industrial e sua importância para os países em desenvolvimento

O design industrial deve ser usado como uma ferramenta no processo de industrialização dos países em desenvolvimento. De fato, ele constitui um instrumento indispensável para esforços rumo ao desenvolvimento.

Sua importância – e a necessidade de formular uma política de design nos países em desenvolvimento – é baseada no fato de que ele pode ajudar a resolver os seguintes problemas:

(i) Economias dependentes contam com a importação de bens manufaturados (bens de capital, bens de consumo e bens de serviço social para hospitais e escolas). Essas importações exercem uma influência negativa sobre a já distorcida balança de pagamentos. Ao desenvolver e produzir seus próprios designs, países em desenvolvimento podem alocar suas reservas em divisas e seus rendimentos para fins produtivos, ou seja, direcionar esses recursos financeiros para a criação de uma diversificada infraestrutura tecnológica.

(ii) Produtos criados em países desenvolvidos não necessariamente se adequam aos requisitos e às necessidades dos países em desenvolvimento. Por essa razão, é imperativo que os países em via de desenvolvimento comecem a criar produtos próprios, que correspondam às suas **necessidades específicas** e que possam ser fabricados com a ajuda da tecnologia existente, ou de tecnologia que não requeira grandes investimentos de capital, e de preferência com matérias-primas locais.

(iii) Nos países em desenvolvimento, um dos problemas mais urgentes a resolver é a criação de empregos, a fim de integrar a população em atividades produtivas. O design industrial nos países em desenvolvimento poderia ser direcionado para a elaboração de produtos que utilizam mão de obra intensiva, em vez de produtos de capital intensivo, que caracterizam a tendência dos países industrializados. Isso é importante, pois o mercado de trabalho local tem uma carência de mão de obra qualificada nos países manufatureiros.

(iv) Em geral, países em desenvolvimento sofrem com o fato, entre outros, de que suas economias não são diversificadas, e muitas vezes a capacidade de produção das indústrias transformadoras não é totalmente utilizada, por falta de projetos inovadores. O design industrial pode ajudar a promover a plena utilização das instalações de produção e diversificar a produção industrial.

(v) O design industrial como um tipo de inovação tecnológica é um meio muito eficaz para a promoção das exportações. Os projetos desenvolvidos internamente com caráter inovador possuem um potencial de exportação, especialmente nas regiões onde acordos comerciais entre diversos países têm sido estabelecidos, particularmente onde o design de produto tem sido orientado pelo mercado.

(vi) Os produtos industriais ou, em termos antropológicos, artefatos materiais constituem uma porção cada vez maior do meio ambiente criado pelo homem. Eles são a expressão de uma cultura. Cada nação tem, em maior ou menor grau, sua própria identidade cultural. No que diz respeito aos produtos industriais formarem parte de uma cultura, o design industrial pode ajudar a criar esta identidade, superando o estado de cultura de segunda mão dos países em desenvolvimento.

(vii) Não parece existir uma lei ou um padrão histórico que a industrialização e o desenvolvimento devam seguir. Pelo contrário, a crise ecológica provocada pela tecnologia dos países "desenvolvidos" coloca em questão a justificativa de chamar essas tecnologias de "desenvolvidas". Embora o design industrial esteja menos preocupado com a criação de novas tecnologias do que com a utilização das tecnologias para satisfazer a determinadas necessidades, ele pode, ainda assim, estimular o desenvolvimento de outras tecnologias compatíveis com o ambiente.

(viii) Distribuição de renda é também um dos graves e explosivos problemas dos países em desenvolvimento. Muitas vezes, a maioria da população se encontra excluída do acesso a produtos industriais porque estes estão além do alcance de suas possibilidades financeiras. O design industrial poderia encontrar um de seus mais nobres objetivos, e uma de suas poucas justificativas que realmente valem a pena, no desenvolvimento de produtos para atender às necessidades das maiorias pobres.

(ix) Países em desenvolvimento precisam utilizar seus recursos limitados de uma forma otimizada, com o mínimo desperdício possível. Eles não estão bem aconselhados quando copiam estilos de vida e variedades de produtos dos países industrializados. Confrontada com a inegável escassez de meios, a formulação de políticas de produtos e a definição de prioridades tornam-se necessárias; priorizar quais necessidades serão satisfeitas em primeiro lugar, e quais necessidades serão satisfeitas em uma fase posterior de maior desenvolvimento, com um nível mais elevado de produtividade. **Racionalização** e **formulação de políticas de diversificação de produtos** podem se tornar algumas das principais áreas de design industrial nos países em desenvolvimento.

O design industrial é, portanto, importante para os países em desenvolvimento, pois ele pode ajudar a resolver nove problemas básicos:

1. Aliviar a balança de pagamentos.
2. Satisfazer a requisitos específicos e necessidades do mercado relevante.
3. Criar novos empregos.
4. Diversificar a produção industrial.
5. Criar mercados de exportação.
6. Criar identidade cultural.
7. Estimular o desenvolvimento de tecnologias alternativas.
8. Responder às necessidades das maiorias.
9. Racionalizar a saída da produção industrial.

V. **Possíveis campos de atuação do design industrial em países em desenvolvimento**
Embora, na opinião pública geral, o design industrial esteja em grande medida associado a bens de consumo, existem muitas áreas de produto nas quais designers industriais podem tornar-se, e já são, ativos.

Estas áreas incluem por exemplo:

equipamento para transporte de passageiros (bicicletas, ônibus, trens),
transporte de carga (caminhões),
equipamentos de saúde (salas de operação móveis para zonas rurais, instrumentos cirúrgicos),
material escolar (mobiliário escolar, equipamento pré-escolar, brinquedos educativos),
máquinas e ferramentas agrícolas,
componentes para construção de habitações de baixo custo,
ferramentas e máquinas para indústrias médias e leves,
embalagens de produtos alimentares, bem como métodos de distribuição e conservação de alimentos,
móveis para habitações de baixo custo,
bens de consumo duráveis de todos os tipos.

VI. **Algumas regras gerais para políticas de design industrial**
Quando um país em desenvolvimento começa a trabalhar nos campos acima mencionados – lista que não pretende ser exaustiva –, pode ser útil ter em mente as seguintes observações sobre uma política de design:

(i) Realizar atividade de design industrial nos países em desenvolvimento não significa desenvolver réplicas baratas ou versões de baixa qualidade de designs existentes, desenvolvidos nos países industrializados. Em vez disso, ela requer uma **definição** e uma **solução do problema de design** em termos de meios (escassos) e necessidades (abundantes) existentes.

(ii) A atividade de design em países em desenvolvimento não deveria derivar seus padrões de avaliação dos países industrializados; mas extrair seus pontos de referência a partir de sua própria realidade. Só essa realidade pode produzir **padrões de avaliação** dos esforços em design feitos por países em desenvolvimento.

(iii) Em geral, não seria viável visar a uma autarquia completa do design nos países em desenvolvimento. Portanto, torna-se necessário estabelecer **prioridades para os projetos de design** ou áreas de design de acordo com seus benefícios sociais globais e seu potencial de desenvolvimento (efeito multiplicador).

(iv) Quando se exercita a **transferência de design** como um tipo de transferência de tecnologia, podem-se seguir **duas estratégias**:

a) O design estrangeiro importado é adaptado para as possibilidades tecnológicas dos países em desenvolvimento, sem sacrificar as qualidades de usabilidade. Essa adaptação exige uma **reformulação** levando em conta os recursos tecnológicos e os parâmetros. Máquinas, materiais, nível de execução, tolerâncias possíveis, mão de obra, o volume de produção existente ou alcançável no país em questão. O objetivo é reproduzir um design estrangeiro com os recursos existentes, o que requer modificações. Por causa da reformulação, a ideia da cópia rápida e fácil de designs estrangeiros é uma ilusão.

b) O design estrangeiro importado é adaptado para os requisitos funcionais e as necessidades específicas dos países em desenvolvimento. Essa adaptação implica uma nova formulação de especificações de desempenho, e pode levar a grandes modificações do design existente, e até mesmo ao **desenvolvimento de um novo produto**.

É importante observar que, em ambos os casos, o design estrangeiro serve de ponto de partida, e não, como em uma mera cópia, de ponto final. Na adaptação de designs, o país adaptador precisa criar uma capacidade para trabalho inovador que ajude a reduzir o seu estado de dependência. Essa prática é o oposto da **transferência de tecnologia reprodutiva**, caso das licenças ou regimes de *royalties*.

(v) A transferência de design na forma de informação ou conhecimento prático, especialmente em **metodologia de design**, deveria ser feita de forma flexível, ou seja, a informação dos países industrializados deve ser adaptada às necessidades e às contingências dos países em desenvolvimento, e não vice-versa. Caso contrário, o conhecimento em design tende a se tornar imposto a uma realidade que não pode assimilar os conhecimentos transferidos. A **transferência de design** sem modificações, tanto em equipamento quanto em informações, dos países industrializados para os países em desenvolvimento é praticamente impossível, e causaria efeitos contraproducentes.

(i) Países em desenvolvimento que querem utilizar o design industrial como uma estratégia para o desenvolvimento necessitam atribuir prioridade máxima à **formação** de recursos de **mão de obra local** nas áreas de:
gestão do design,
pesquisa em design,
projetos de design.

A segunda prioridade refere-se ao **apoio logístico**, especialmente a equipamentos de oficinas de protótipo e a laboratórios, com mecanismos adequados e equipamentos de escritórios de design.

VII. **A diferença específica no papel do design industrial nos países em desenvolvimento e nos países industrializados**

    (a) **A situação nos países industrializados**

Em geral, o design industrial nos países industrializados tem à sua disposição **tecnologia sofisticada**, com uma grande variedade de materiais, processos de fabricação e mão de obra especializada. Além disso, existe uma estrutura de mercado altamente diversificada, com uma grande variedade de preferências sutis do consumidor.

A taxa de **obsolescência**, tanto tecnológica quanto psicológica, é geralmente muito alta. Nessas "economias de abundância", o design industrial tem uma participação decisiva na criação de inovação formal (estética, visual), especialmente em bens de consumo – um papel cada vez mais criticado por um número crescente de membros da profissão. Essa atitude crítica defende que a inovação formal, com sua alta rotatividade de mercadorias, tem de ser repensada por considerações ecológicas, para não mencionar as considerações sociais.

Assim, as empresas e organizações corporativas nos países industrializados utilizam design industrial como um instrumento de sua estratégia global de crescimento.

No **planejamento corporativo**, o design industrial desempenha um papel importante, coordenando as diversas manifestações de uma empresa no mercado e com o público em geral. Essas "mensagens" que constroem a imagem da empresa podem ser emitidas por produtos, arquitetura interior e exterior, embalagens, gráficos de estagnação, veículos, publicidade etc. Esses elementos em conjunto criam o chamado estilo da casa ou estilo corporativo.

O design industrial nos países industrializados encontra-se em uma situação na qual a relação entre os meios (tecnologia) e as necessidades (demanda) é precisamente a oposta à dos países em desenvolvimento. Nos primeiros, o **volume de necessidades** é menor do que o volume das forças ou meios produtivos, ao passo que nos países em desenvolvimento o volume de necessidades é maior do que a capacidade das forças produtivas.

    (b) **A abordagem diferente do design industrial nos países em desenvolvimento**

A diferença fundamental entre esses dois contextos opostos implica, naturalmente, em uma abordagem diferente de design industrial pelos países em desenvolvimento. A abordagem diferente pode ser descrita como segue:

        (i) Sobre a **importância** atribuída aos aspectos formais: embora indubitavelmente importantes, e dificilmente eliminados de qualquer esforço de design industrial, fatores formais desempenham um papel secundário nos países em desenvolvimento em comparação aos países industrializados, que podem se dar ao luxo de satisfazer demandas de inovação e sofisticação estéticas. Assim, o "bom design" tem lugar secundário nos países em desenvolvimento, a menos que o mercado de exportação seja visado.

(ii) Sobre **custos**: se o design industrial visa à satisfação das necessidades das maiorias pobres, ele é exposto a constrangimentos econômicos pesados. Portanto, o problema é: como obter um bom, e não simplório, valor de uso com baixo custo e baixo preço! Em geral, a flexibilidade da faixa de preço nos países industrializados é maior do que nos países em desenvolvimento.

(iii) Sobre **recursos tecnológicos**: em razão da falta de infraestrutura tecnológica, a gama de materiais, processos de fabricação e mão de obra qualificada, sobre os quais o designer industrial pode se apoiar, é bastante limitada. O design industrial nos países em desenvolvimento é forçado a trabalhar sob condições "imperfeitas" e limitadas.

(iv) Sobre **volume de produção**: os países em desenvolvimento frequentemente têm mercados bastante limitados, enquanto os países industrializados podem contar com enormes mercados. O uso de certas tecnologias é apenas econômico quando há uma grande oferta e um mercado potencial que possa absorver os produtos. O design industrial nos países em desenvolvimento deve, portanto, considerar suas limitações de mercado e possíveis economias de escala.

(v) Sobre **valor de uso**: a escassez de meios impõe a busca por um máximo de valor de uso para um mínimo relativo dos custos. Isso não significa design de produtos mais baratos. Designs "baratos" não são necessariamente produtos com menor custo. Muitas vezes eles são o resultado de falsas economias.

(vi) Sobre **utilização de recursos**: os recursos limitados de países em desenvolvimento requerem uma abordagem racional, que garanta a sua utilização otimizada. A preocupação com o benefício social total das atividades de design é um pré-requisito. Qualquer erro cometido neste campo pesa muito mais do que nos países industrializados.

(vii) Sobre **implicações econômicas**: os países ainda não industrializados têm também a possibilidade, pelo menos teoricamente, de optar por um padrão diferente de industrialização, que preste atenção à ecologia e que contenha medidas preventivas inerentes contra a liquidação do meio ambiente.

(viii) Sobre **problemas alimentares**: as populações de grande parte dos países em desenvolvimento não recebem alimento suficiente, nem em quantidade nem em qualidade, especialmente alimentos ricos em proteínas.

A imaginação e o esforço do design podem se concentrar na solução deste problema básico: produção e conservação de mais e melhores alimentos para centenas de milhões de pessoas. O design industrial pode contribuir para a solução do problema por meio do desenvolvimento de ferramentas adequadas e máquinas para a agricultura e, no futuro, talvez de aquicultura ou outras dessas inovações.

VIII. **Definições para grupos de trabalho em desenvolvimento**
O design industrial torna-se mais eficaz quando incluído como parte de uma **equipe de desenvolvimento de produtos**. Com a crescente complexidade dos problemas de design, torna-se cada vez mais necessário o trabalho em equipes interdisciplinares. A prática de empregos "um homem certo para o posto" é adequada apenas para problemas de baixa complexidade.

Uma equipe de desenvolvimento de produtos é composta geralmente por representantes
das ciências de engenharia,
das ciências comportamentais,
das ciências de gestão,
do marketing,
do design industrial,
dos consumidores,
dos trabalhadores.

Por exemplo, quando o problema é design de equipamento hospitalar, médicos e pessoal técnico de hospitais devem ser incluídos na equipe; ou, no caso de design de máquinas agrícolas, a colaboração dos agrônomos não pode ser perdida.

Além disso, outros participantes podem ser representantes do patrocinador do projeto, por exemplo, oficiais de exportação, oficiais de ministérios da indústria etc.

Existem quatro diferentes configurações institucionais nas quais o design industrial pode ser exercido como uma profissão:

1. Estúdios de design industrial privados (design autônomo).
2. Design industrial como parte ou equipe de desenvolvimento de produtos em uma empresa de manufatura.
3. Design industrial exercido em uma faculdade de uma universidade.
4. Design industrial em um instituto ou agência governamental, de preferência com participação da indústria.

A primeira alternativa requer um certo volume de demanda por design industrial e recursos financeiros nas indústrias. Muitas vezes, pequenas e médias indústrias, que prevalecem em países em desenvolvimento, não têm condições de investir em inovação tecnológica. A existência de estúdios de design autônomos pode não ser possível dentro da estrutura comercial de um país em desenvolvimento.

A segunda alternativa só é viável para uma empresa que possa financiar uma equipe interna permanente para o desenvolvimento de produtos. Uma equipe desse tipo requer um certa "massa crítica" antes que possa se tornar efetiva, caso contrário não irá funcionar em uma base interdisciplinar. Embora essa massa crítica possa não ser grande, a exigência existe, mas pode ser superada pela formação adequada de designers da disciplina apropriada.

A terceira alternativa sofre com a dificuldade de associar as universidades a problemas imediatos e urgentes da indústria, que muitas vezes precisam de equipes internas. A organização de uma faculdade ou departamento que trate de design industrial ou desenvolvimento de produtos, em geral, deve ser muito flexível, a fim de permitir um trabalho eficaz.

A quarta alternativa parece ser a forma mais promissora de organizar grupos de trabalho de design industrial em países em desenvolvimento. Como já foi mencionado antes, indústrias de pequena e média escala geralmente não têm orçamento suficiente para financiar atividades de design industrial como parte da inovação tecnológica. Muitas vezes, elas não consideram como sua a tarefa de investir em inovação tecnológica. Nesse caso, é o **governo** quem pode assumir a responsabilidade de **promover e financiar atividades de design industrial**. É também nesse nível que organismos internacionais podem se tornar eficazes.

Dependendo de situações específicas, atividades de design industrial poderiam ser exercidas sob a responsabilidade do ministério da economia, ou do ministério de comércio exterior, ou do ministério da indústria. Além disso, poderiam ser criadas equipes de desenvolvimento de produtos especializadas para certos setores de produtos, como agricultura, habitação e saúde.

IX. **Promoção do design industrial**
   (a) **Informações**

Uma vez que o design industrial deve ser utilizado como uma ferramenta para o desenvolvimento, o primeiro pré-requisito a ser cumprido é clarear as ideias sobre o papel e a função do design industrial.

Por conseguinte, o primeiro passo da introdução e/ou da promoção do design industrial consiste em tornar disponíveis informações sobre a natureza da atividade.

Sem informações sobre design industrial, não pode haver objetivos bem definidos para programas de assistência e políticas em design.

A informação deve ser voltada para:

agências governamentais,
universidades,
indústria (gestão),
público geral.

Métodos adequados devem ser usados para comunicar informações sobre design industrial para os diferentes "receptores". Os canais típicos de comunicação são:
exposições,
brochuras,
filmes,
programas audiovisuais,
programas de TV,
seminários,
conferências.

A informação deve ser orientada para os interesses específicos dos espectadores e abrange os seguintes itens:

1. História do design industrial.
2. Definição de design industrial.
3. Funções e objetivos do design industrial.
4. Definições institucionais.
5. Método de trabalho (metodologia) do design industrial.
6. Estudos de caso sobre desenvolvimento de produtos.
7. Fontes ou informações sobre desenho industrial (bibliografia).
8. Prática profissional.
9. Educação dos designers industriais.

(b) Apoio logístico à promoção e à informação do design
Em muitos países industrializados, os governos criaram **centros de design**. Sua finalidade é basicamente a promoção do design, e eles utilizam os métodos a seguir:

1. Organização de exposições.
2. Organização de mostras permanentes de produtos selecionados.
3. Organização de índices de design (informações detalhadas sobre produtos de diversos setores industriais).
4. Organização de conferências.
5. Organização de premiações anuais a realizações no campo do design industrial.

6. Organização de seminários e *workshops* de design.
7. Organização de uma biblioteca especializada.
8. Organização de uma coleção de *slides*.
9. Publicação de um periódico sobre design industrial.

Além disso, esses centros de design podem trabalhar como consultores para a indústria e como pontos de articulação para entrar em contato com as organizações internacionais, como o ICSID.

Além dessas duas funções principais, **informar e promover** centros de design industrial pode **gerar serviços de design industrial**. Esse ponto é muito importante para os países em desenvolvimento, porque a promoção do design sem o oferecimento de serviços de design poderia facilmente causar frustrações e até mesmo ter efeitos contraproducentes. A indústria pode reconhecer o papel do design industrial e estar disposta a introduzi-lo em suas políticas; mas isso requer a disponibilidade de designers industriais.

(c) Formação de designers industriais

Uma das principais desvantagens de países em desenvolvimento consiste na falta de mão de obra qualificada em design industrial. Portanto, alta prioridade deve ser atribuída à formação de designers industriais nos países em desenvolvimento. Programas e projetos de desenvolvimento industrial devem atender a essa necessidade.

Hoje, não existe consenso geral sobre a questão de onde o design industrial deve ser ensinado. Até que exista uma universidade de design, que "abrace todas as especializações do design" (tanto vertical quanto horizontalmente), cada solução será apenas um "remendo".

O design industrial é ensinado, hoje, nas seguintes instituições:

Academias de Belas Artes,
Escolas de Artes Aplicadas,
Departamentos ou faculdades de Arquitetura,
Institutos de tecnologia (geralmente como uma matéria do curso de engenharia mecânica),
Escolas politécnicas,
Escolas ou institutos de design,
Faculdades ou departamentos de design ambiental.

Conteúdo (currículo), métodos de ensino (didática) e orientações gerais de design industrial na educação ainda são questões controversas que terão de ser resolvidas no futuro. Mas, levando em conta que o design industrial é uma profissão exercida em um ambiente tecnológico (indústria), ele também deve ser ensinado em um **ambiente educacional técnico e científico**, com orientação correspondente. Só assim ele pode se tornar uma ferramenta séria e eficaz para o desenvolvimento.

Embora se saiba que o treinamento em design está em processo de evolução, os países em desenvolvimento devem participar de cursos existentes, a fim de garantir que os currículos cheguem ao ponto de incluir seus requisitos, bem como os dos países desenvolvidos.

Bolsas de estudo dadas para estudantes de países em desenvolvimento, a fim de estudar nos países industrializados, podem ser úteis até certo ponto, quando esses estudos estão ligados a problemas específicos que precisam ser resolvidos nos países em desenvolvimento, por exemplo, design de máquinas agrícolas. A esse respeito, as instituições de ensino dos países industrializados não estão bem preparadas, pois programas de estudo não podem (e dificilmente conseguem) atualmente corresponder às necessidades e às realidades dos países em desenvolvimento. Programas de estudo de desenho industrial que fingem "ajudar" o mundo em desenvolvimento têm, no melhor dos casos, uma função ideológica e servem mais para apaziguar a consciência pesada ou o descontentamento com a sociedade de consumo dos estudantes e professores nos países industrializados. Seu valor prático para os países em desenvolvimento é nulo, porque **soluções de design para os países em desenvolvimento só podem ser encontradas e trabalhadas dentro dos países em desenvolvimento**, e não ser importadas do exterior.

Além disso, pode ocorrer que o estudante fique alienado de seu próprio país, cedendo às tecnologias avançadas e às condições de trabalho dos países industrializados.

(d) Design Industrial em programas de assistência técnica

Agências internacionais como a UNIDO, preocupadas com o **desenvolvimento industrial**, podem se tornar um instrumento eficaz para introduzir e implementar atividades de design industrial em países em desenvolvimento por meio da iniciação de programas adequados.

No âmbito desses programas de desenvolvimento industrial, designers industriais poderiam contribuir com o seu conhecimento em diferentes fases do processo de desenvolvimento do produto, por exemplo:

(i) Detecção e formulação de necessidades. Definição de uma política de design industrial para determinados ramos industriais.

(ii) Formulação de um cronograma de tarefas de design, com especificações de desempenho e restrições financeiras, tecnológicas, sociais e culturais que definam o espaço de decisão no qual a solução de design tem de ser encontrada.

(iii) Análise das soluções de design existentes e avaliação.
(iv) Desenvolvimento de possíveis alternativas básicas para resolver o problema.
(v) Avaliação crítica e seleção da alternativa mais promissora (ou alternativas).
(vi) Detalhamento da alternativa selecionada em termos de detalhes ergonômicos, técnicos e formais: acabamento, cor, produtos gráficos etc.
(vii) Construção de modelos e protótipos.
(viii) Adaptação da proposta de design para a criação de instalações particulares de produção.

Ao trabalhar na solução dos verdadeiros problemas de design em países em desenvolvimento, o especialista em design industrial deveria treinar equipes homólogas.

Além disso, ele pode dar palestras de valorização do design industrial e cursos para outras profissões relacionadas, como engenharia e gestão. Pode também dar sua contribuição para o estabelecimento de oficinas de protótipos e a promoção do design industrial.

Além da **assistência a projetos de design**, deve ser colocada ênfase na **gestão** e na **pesquisa de design**. Todas as três especializações dentro da área de design industrial devem ser promovidas, pois elas dependem mutuamente uma da outra.

A **gestão do design** sem projetos de design torna-se um mero passatempo burocrático.

A **pesquisa de design** sem projetos de design torna-se um mero passatempo acadêmico.

Projetos de design sem pesquisa e gestão se tornam mera rotina de trabalho sem inovação e implementação.

X. **O papel do ICSID**
O ICSID (Conselho Internacional de Sociedades de Design Industrial), como uma organização que representa entidades profissionais de países de todo o mundo, poderia oferecer assistência à UNIDO nas seguintes áreas:

(i) Preparação de material de informação e promoção sobre design industrial para os países em desenvolvimento.
(ii) Elaboração de programas e projetos de desenvolvimento de design industrial.
(iii) Organização de seminários sobre design industrial nos países em desenvolvimento.
(iv) Transmissão de solicitações por pessoal especializado para as sociedades nacionais de design industrial.

(v) Estabelecimento de contato com especialistas de países ainda não formalmente representados no ICSID, e informação à UNIDO sobre a situação do design industrial nesses países.

(vi) Informação à ONUDI sobre ensino e cursos de design industrial que possam ser úteis para estudantes de países em desenvolvimento.

(vii) Coordenação das informações sobre projetos de design industrial e pesquisas relevantes na área para os países em desenvolvimento.

(viii) Preparação de literatura técnica especializada sobre design industrial.

Anexo 2

ORGANIZAÇÃO DAS NAÇÕES UNIDAS PARA O DESENVOLVIMENTO INDUSTRIAL
Distr.
RESTRITO
UNIDO/ITD.326
17 de março 1975

ISENÇÃO DE RESPONSABILIDADE: *Este documento foi produzido sem edição oficial das Nações Unidas. As designações empregadas e a apresentação do material neste documento não implicam a expressão de qualquer opinião por parte do Secretariado da Organização das Nações Unidas para o Desenvolvimento Industrial (UNIDO), relativa ao estatuto legal de qualquer país, território, cidade ou região ou de suas autoridades, ou relativamente à delimitação das suas fronteiras ou limites, ou seu sistema econômico ou grau de desenvolvimento. Designações, como "desenvolvido", "industrializado" e "em desenvolvimento" destinam-se* à *conveniência estatística e não expressam necessariamente um julgamento sobre o estágio alcançado por um determinado país ou região no processo de desenvolvimento. A menção de nomes de empresas ou produtos comerciais não constitui um endosso pela UNIDO.*

Diretrizes básicas para políticas de design industrial em países em desenvolvimento

Preparadas pela Secretaria da UNIDO
id.75-3845

Sumário
1. INTRODUÇÃO
2. GRUPO A – O lugar do design industrial no desenvolvimento
    Recomendação 1 – Design industrial como componente de inovação tecnológica
    Recomendação 2 – Localização do design industrial em programas de assistência tecnológica
    Recomendação 3 – Design industrial como atividade de planejamento
    Recomendação 4 – Política de diversificação de produtos
    Recomendação 5 – Transferência de tecnologia
3. GRUPO B – Objetivos e requerimentos, e áreas de atuação
    Recomendação 6 – Desenvolvimento de produtos para os mercados locais
    Recomendação 7 – Design para substituição de importações
    Recomendação 8 – Design para mercados de exportação
    Recomendação 9 – Designs de trabalho intensivo
    Recomendação 10 – Design para produção alimentícia
    Recomendação 11 – Compatibilidade ambiental
    Recomendação 12 – Tecnologia "apropriada"
    Recomendação 13 – Utilização de capacidades de produção existentes
4. GRUPO C – Componentes dos programas de desenvolvimento do design industrial
    Recomendação 14 – Criação de centros de desenvolvimento de produtos
    Recomendação 15 – Direitos autorais do design
    Recomendação 16 – Treinamento de capacidades locais de design
    Recomendação 17 – Promoção do design industrial
    Recomendação 18 – Informação sobre design industrial

1. Introdução

As recomendações presentes neste documento são resultado de uma reunião conjunta entre oficiais da UNIDO, de outras agências internacionais e de instituições nacionais preocupadas com os países em desenvolvimento, e membros do ICSID (Conselho Internacional de Sociedades de Design Industrial). O encontro foi realizado no início de junho de 1973 em Viena, onde foi decidida a elaboração deste documento. Como será visto, o design industrial constitui um instrumento indispensável para a industrialização dos países em desenvolvimento.

O documento consiste em um conjunto de recomendações que pretendem funcionar como diretrizes a partir das quais um programa integrado de design industrial e desenvolvimento de produtos para países em desenvolvimento possa ser formulado.

Em razão do fato de que o contexto específico de cada país em desenvolvimento difere vastamente – por exemplo, em nível tecnológico, grau de industrialização, recursos naturais, condições climáticas, força de trabalho, tradições culturais e tipo de economia – seria autodestrutivo tentar formular uma política específica a ser aplicada indistintamente em todos os países em desenvolvimento.

Logo, este documento oferece apenas um conjunto de recomendações a partir das quais políticas especiais possam ser derivadas.

As recomendações foram divididas em três grupos distintos, a saber:

GRUPO A: As recomendações de 1 a 5 definem o lugar do design industrial no desenvolvimento de uma planta geral de industrialização.

Grupo B: As recomendações de 6 a 13 definem os objetivos, requerimentos e áreas de atuação que deveriam ser considerados apropriados para enfatizar a elaboração de programas de design industrial particulares.

Grupo C: As recomendações de 14 a 18 definem os componentes a partir dos quais um programa específico de desenvolvimento do design industrial possa ser composto de acordo com as necessidades particulares de um país ou região.

2. GRUPO A – O lugar do design industrial no desenvolvimento

Recomendação 1 – Design industrial como componente de inovação tecnológica

O design industrial deve ser considerado e promovido como um componente da inovação tecnológica, especialmente como uma disciplina do desenvolvimento de produtos.

O processo de desenvolvimento de produto está preocupado com usabilidade, produtividade, comerciabilidade, lucratividade e qualidade formal (ou estética) de um produto.

Usabilidade refere-se à relação entre usuário e produto, o que implica que o produto deve ser prático, seguro, fácil de usar, e de simples manutenção e reparo. A usabilidade leva em conta também fatores ergonômicos, como requisitos antropométricos.

Produtividade refere-se ao uso adequado dos recursos tecnológicos, compreendendo estoque de maquinários, materiais disponíveis, habilidades e experiência da força de trabalho, conhecimento dos processos de fabricação e métodos organizacionais.

Comerciabilidade refere-se à demanda potencial de um consumidor ou comprador por um produto, não sendo necessariamente um indivíduo, mas podendo ser também uma agência governamental ou da administração pública.

Lucratividade refere-se à manufatura no sentido de proporcionar um valor de uso adequado a custos razoáveis, levando em consideração a disponibilidade de trabalho e as habilidades potenciais.

Qualidade formal ou estética refere-se às propriedades visuais e ópticas de um produto, à coerência das partes que constituem a forma global de um produto – textura, cor, acabamento.

Assim, está relacionada a contexto cultural, padrões sociais e comportamento dos usuários/compradores de um produto.

Recomendação 2 – Localização do design industrial em programas de assistência tecnológica

A atividade de design industrial deve ser incluída em programas gerais de industrialização, uma vez que o design industrial é um instrumento essencial de desenvolvimento. Logo, ao formular programas e projetos relacionados a indústrias de fabricação de bens de capital, bens de consumo, embalagens e componentes de construção, o design industrial deve ser incluído na medida em que desempenha um papel importante no desenvolvimento de indústrias manufatureiras.

Recomendação 3 – Design industrial como atividade de planejamento

O design industrial complementa disciplinas já existentes, como economia, engenharia etc., envolvidas com o processo de planejamento industrial ao trazer ao foco de interesse considerações quanto à qualidade dos produtos, à política de diversificação, à padronização, ao potencial de exportação etc.

Assim, quando um país em desenvolvimento está interessado em utilizar o design industrial como um fator de industrialização, seus designers industriais devem ser introduzidos às equipes de planejamento pertinentes no nível correspondente de poder de decisão.

Recomendação 4 – Política de diversificação de produtos

Em face dos recursos limitados de trabalho e especialmente de capital, o uso racional dos meios disponíveis torna-se pré-requisito, e a definição de prioridades, inevitável. Desse modo, o designer industrial deve contribuir para a formulação de políticas de diversificação de produtos nos países em desenvolvimento.

Recomendação 5 – Transferência de tecnologia
Quando a tecnologia, em forma de produtos ou técnicas, é transferida para um país em desenvolvimento, o designer industrial deve participar da avaliação das alternativas oferecidas e contribuir para a formulação de recomendações à agência governamental responsável pela importação da tecnologia. Assim, designs de produto e tecnologia apropriados podem ser mais bem avaliados em relação à cultura e às necessidades do país.

3. GRUPO B – Objetivos e requerimentos, e áreas de atuação

Recomendação 6 – Desenvolvimento de produtos para os mercados locais
Se a satisfação da demanda local é o objetivo do governo de um país em desenvolvimento, as necessidades reais de todos os estratos sociais devem ser estudadas cuidadosamente, e a criação de soluções de design deve ser estimulada, levando em conta restrições tecnológicas, culturais e econômicas.

Uma análise cuidadosa pode revelar que soluções completamente novas teriam de ser desenvolvidas, para as quais não existe nenhuma experiência comparável nos países desenvolvidos.

Deve ser dada ênfase ao design de produtos para a população rural, que geralmente constitui a maioria esmagadora da população dos países em desenvolvimento.

Isso é particularmente um processo inovador de design.

Recomendação 7 – Design para substituição de importações
A substituição de importações como uma política formulada nos anos 1950 nem sempre levou aos efeitos econômicos esperados. Ela favoreceu, principalmente, produtos de consumo fabricados por indústrias leves. Além disso, essa política geralmente é orientada para a tentativa de substituir bens que foram projetados para satisfazer às necessidades de países já industrializados, que não são necessariamente idênticas àquelas dos países em desenvolvimento.

As áreas nas quais os serviços de design industrial são utilizados devem, então, ser estendidas para encorajar a inovação não apenas no campo das indústrias leves, mas também das médias e pesadas.

Recomendação 8 – Design para mercados de exportação
O design industrial é uma ferramenta essencial para a promoção da exportação, e ênfase deve ser dada, então, a uma estratégia de inovação, como também à concorrência com tipos de produtos e mercados já "ocupados".

A promoção da exportação não deve ser apenas direcionada a economias industrializadas, mas também a áreas regionais cujos membros tenham estabelecido acordos comerciais entre eles.

Recomendação 9 – Designs de trabalho intensivo

Nos lugares onde a criação de empregos produtivos é pré-requisito, as políticas de desenvolvimento de produtos devem considerar o design de produtos de trabalho intensivo. No entanto, uma abordagem muito rígida e unilateral deve ser evitada. O critério principal a ser considerado em decisões a respeito da conveniência do desenvolvimento de designs de trabalho intensivo são as habilidades disponíveis, o potencial de treinamento da mão de obra e os efeitos comparativos sobre o rendimento nacional de investimentos em tecnologias baseadas em capital ou trabalho intensivo.

Recomendação 10 – Design para produção alimentícia

Geralmente, uma grande parte da população dos países em desenvolvimento não recebe alimento suficiente, nem em quantidade nem em qualidade, especialmente alimentos ricos em proteínas. Para resolver esse problema básico, programas de desenvolvimento de produtos devem incluir o design de utensílios para produção, conservação e distribuição de alimentos.

Recomendação 11 – Compatibilidade ambiental

Programas de desenvolvimento de produtos devem levar em conta fatores ambientais: de um lado, problemas de recursos, de outro, problemas de poluição. Assim, a busca por fontes não convencionais de energia (vento, raios solares) em relação a certos produtos e o design de reúso de produtos e materiais devem ser incentivados.

Recomendação 12 – Tecnologia "apropriada"

Esforços de design devem ser ligados ao desenvolvimento de tecnologias "apropriadas". Esse termo implica uma tecnologia voltada para as habilidades existentes e potenciais e a necessidade de desenvolvimento do país em questão, e não apenas um tipo de tecnologia que foi utilizado há 30, 40 anos ou mais em países desenvolvidos durante seu período de desenvolvimento.

Em alguns casos, a tecnologia "apropriada" pode ser a tecnologia mais avançada à disposição.

Recomendação 13 – Utilização de capacidades de produção existentes

Preferencialmente, deve ser dada ênfase a programas que não requerem grandes quantidades de investimento monetário, mas que se apoiam na utilização e/ou melhoria das instalações e métodos de produção presentes.

Frequentemente, a capacidade de design local, os designs desenvolvidos localmente e a tecnologia local são subestimados pelos próprios países em desenvolvimento. Desse modo, programas de desenvolvimento industrial devem ser sensíveis aos métodos de produção e ao design locais e tentar conservá-los ou melhorá-los, uma vez que métodos e designs desenvolvidos ao longo de décadas podem ser mais adequados às necessidades locais e capazes de se estender para a produção mais elevada necessária ao desenvolvimento de mercado.

4. GRUPO C: Componentes dos programas de desenvolvimento do design industrial

Recomendação 14 – Criação de centros de desenvolvimento de produtos

Centros de desenvolvimento de produtos devem ser organizados o quanto antes na área de desenvolvimento industrial, com uma base multidisciplinar que incorpore engenharia, marketing etc., todos componentes do design industrial. Os centros devem ser equipados com escritórios de design, oficinas para construção de protótipos e modelos, testes de protótipos, e instalações para treinamento e seminários, e devem fornecer serviços de informação industrial.

Os centros cumpririam as funções descritas nas Recomendações 15 a 18, a seguir.

Quando um país em desenvolvimento considerar apropriado, um relatório diagnóstico deve ser feito, preferencialmente por uma equipe de pesquisa formada por um especialista ou um grupo de especialistas estrangeiro, em conjunto com parceiros nacionais. O relatório deve servir de base para um programa de assistência técnica onde isso for considerado desejável.

Recomendação 15 – Direitos autorais do design

Quando uma base técnica para atividades inovadoras de design é criada em países em desenvolvimento, é necessário também elaborar procedimentos que garantam os direitos autorais dos designs desenvolvidos localmente. Assim, a formulação de normas de proteção ao design será necessária.

Recomendação 16 – Treinamento de capacidades locais de design

O aumento da capacidade local de inovação deve ser incentivado. Países em desenvolvimento devem se tornar autossuficientes em design o mais rápido possível.

A fim de treinar a força de trabalho local, os seguintes passos devem ser seguidos:

1. Unir parceiros locais a especialistas estrangeiros em um programa de desenvolvimento de produto.
2. Criar oficinas locais, regionais e internacionais de design, nas quais designers de diferentes países em desenvolvimento possam trocar suas experiências.
3. Oferecer bolsas de estudo a alunos de países em desenvolvimento em instituições de países desenvolvidos, de modo a melhorar seus conhecimentos. Contudo, o programa dessa instituição deve ser voltado aos problemas dos países em desenvolvimento.

4. Oferecer excursões de estudo a designers em regiões e países apropriados, buscando a revisão de métodos e treinamento de design e de exigências de produto.

Deve-se tomar cuidado para que os programas de treinamento não resultem na negligência pelos designers de sua própria cultura, em razão da ênfase àquelas dos países onde o treinamento é realizado.

Recomendação 17 – Promoção do design industrial
A fim de promover o design industrial local, os seguintes passos devem ser seguidos:

i. Organização de uma exposição itinerante que será apresentada nas unidades de produção dos países interessados, a fim de instigar o interesse de administradores, equipe técnica e trabalhadores em geral. O material deve enfatizar o processo de design, em vez do resultado.
ii. Preparação de uma brochura curta e de alto impacto, dirigida a decisores políticos de alto escalão dos países em desenvolvimento.
iii. Preparação de um documento mais detalhado, direcionado aos conselheiros de decisores políticos de alto escalão.
iv. Preparação de um material de favorecimento do design, na forma de filme ou programa audiovisual.
v. Organização de uma premiação internacional de design na forma de bolsas de estudo para designers industriais de países em desenvolvimento.

Recomendação 18 – Informação sobre design industrial
A fim de preencher as lacunas de informação, os seguintes passos devem ser seguidos:

i. Coleção e disseminação de estudos de caso de projetos de design, principalmente de países em desenvolvimento (tanto com resultados positivos quanto negativos, explicando, no segundo caso, a razão do fracasso).
ii. Construção de um sistema de informações, em nível nacional, regional e internacional, sobre questões relevantes para o design, por exemplo, listas de projetos de desenvolvimento de produtos em execução, lista de projetos de desenvolvimento de produtos concluídos, lista de projetos de pesquisa relevantes para o design em instituições governamentais, públicas e possivelmente privadas, tanto nos países desenvolvidos como nos em desenvolvimento.
iii. Construir e disseminar uma bibliografia classificada sobre design industrial para países em desenvolvimento.
iv. Construir e disseminar uma bibliografia comentada sobre design.

v. Elaborar e disseminar uma lista de filmes sobre design industrial e assuntos relacionados.
vi. Produzir um manual técnico de design industrial para países em desenvolvimento.
vii. Construir e tornar acessível um arquivo de *slides* sobre design industrial.
viii. Elaborar uma lista de designers cuja experiência possa ser útil na solução de problemas de países em desenvolvimento.
ix. Disseminar conhecimento sobre tecnologias de baixo custo.